环 境 司 法 文 库

王树义 王旭光 主编

国家2011计划司法文明协同创新中心
最高人民法院环境资源司法理论研究基地（武汉大学）

论环境公益损害救济
——从"公地悲剧"到"公地救济"

Relieving Damages of Environmental Public Interest:
From the Tragedy of Commons to the Relief of Commons

傅剑清 著

中国社会科学出版社

图书在版编目(CIP)数据

论环境公益损害救济：从"公地悲剧"到"公地救济"/傅剑清著.—北京：中国社会科学出版社，2017.4

（环境司法文库）

ISBN 978 – 7 – 5161 – 9954 – 1

Ⅰ.①论… Ⅱ.①傅… Ⅲ.①环境保护法 – 研究 – 中国 Ⅳ.①D922.684

中国版本图书馆 CIP 数据核字(2017)第 042075 号

出 版 人　赵剑英
责任编辑　梁剑琴
责任校对　刘　娟
责任印制　李寡寡

出　　　版　中国社会科学出版社
社　　　址　北京鼓楼西大街甲 158 号
邮　　　编　100720
网　　　址　http：//www.csspw.cn
发 行 部　010 – 84083685
门 市 部　010 – 84029450
经　　　销　新华书店及其他书店

印刷装订　北京市兴怀印刷厂
版　　　次　2017 年 4 月第 1 版
印　　　次　2017 年 4 月第 1 次印刷

开　　　本　710×1000　1/16
印　　　张　13.75
插　　　页　2
字　　　数　230 千字
定　　　价　58.00 元

总　　序

司法是适用或执行法律的活动，随法律的产生而产生，亦随法律的变化而变化，呈动态的过程。

我国的环境司法是二十世纪七十年代末八十年代初，随着我国环境立法的产生而出现的一种司法现象，至今只有短短三十余年的历史。历史虽短，但发展很快，新问题也很多，例如环境司法专门化、环境公益诉讼、环境权利的可诉性、环境案件的受案范围、审理程序、"三审合一"、跨区域管辖、气候变化诉讼、证据规则、生态性司法、环境法律责任的实现方式、环境诉讼中的科学证据、专家证人等。这些问题几乎都是近十年来逐渐出现的，并且还在不断产生，亟待环境法学理论界和环境法律实务界的关注和深入研究。

国家 2011 计划司法文明协同创新中心是 2013 年经教育部和财政部批准设立的一个学术研究协同创新平台，中国政法大学为协同创新中心的牵头高校，武汉大学、吉林大学和浙江大学为主要协同高校。其他协同单位还有最高人民法院、最高人民检察院、中国法学会、中华全国律师协会等。协同创新中心担负五大任务，即探索科学的司法理论，研究构建先进的司法制度，促进司法的规范运作，培养卓越的司法人才，培育理性的司法文化。协同创新中心的活动宗旨和历史使命是，促进我国司法的文明化进程，加强我国司法文明的软实力，助力法治中国建设，提升我国司法文明在当代世界文明体系中的认同度和话语权。环境司法和环境司法文明是我国司法和司法文明的一个重要组成部分，尤其在用严密的环境法治和最严格的环境法律制度推进和保障生态文明建设的今天，显得更为重要。因此，环境司法的理论、实践和文明发展，无疑是司法文明协同创新中心关注的重点。

最高人民法院环境资源司法理论研究基地（武汉大学）是最高人民法院在武汉大学设立的一个专门从事环境资源司法理论研究的机构，研究范围包括中外环境司法理念、理论、环境司法制度、环境司法运行、环境司法改革以及环境司法文化等。

国家 2011 司法文明协同创新中心和最高人民法院环境资源司法理论研究基地（武汉大学）共同推出的《环境司法文库》，旨在建立一个专门的学术平台，鼓励和促进环境司法问题研究。《环境司法文库》向国内外所有专家、学者和司法实务工作者开放，每年推出数本有新意、有理论深度、有学术分量的专著、译著和编著。恳请各位专家、学者、司法实务工作者不吝赐稿。让我们共同努力，为我国环境司法的健康发展，为环境司法文明建设作出力所能及的贡献。

国家 2011 计划司法文明协同创新中心联席主任

最高人民法院环境资源司法理论研究基地（武汉大学）主任

王树义

2016 年 6 月 16 日

内容摘要

　　"人与自然"的哲学价值取向是环境公益损害救济立法的基石。目前的"人类中心主义"与"生态中心主义"哲学观均建立在人与自然二者对立的逻辑基础上，这与"人和自然实际上是融和共生"的实际情况不符，以此指导立法有失偏颇。人类尚没有完全掌控和主宰自然的能力，自然不能作为法律规范的客体；故环境法学研究和立法应当持"人类生态中心主义"的观念，既保持人类相对于自然生态（包括生物物种）的优先价值取向，又限制当代人对自然生态和资源的破坏行为，维护人类世代相传的自然环境。环境公益损害与环境侵权、环境公害的概念关系密切，但亦有明显区别，前者更具前瞻性。

　　"公地的悲剧"是现代经济学上的一个重要理论，它对环境公益损害的产生原因有较好的解释力，在公地环境中，理性的个人选择行为反而会导致群体利益的损害，这是公地的悲剧产生的原因；该问题解决方法主要有三类：（1）"科斯定理"之私有产权市场模式；（2）政府强制外部管制的完全公有化模式；（3）"公共事物治理之道"的集体自治模式。三类方法各有利弊，均不宜独立适用。社会经济学研究表明，通过组织集体行动可以避免"搭便车"，组织时需要解决三个问题：（1）新制度的供给问题；（2）可信承诺问题；（3）相互监督问题。同时，"公地的救济"制度设计应当考虑宪法规则、集体选择规则和日常操作三个层次。社会心理学研究表明，制度改革时，受心理因素影响，个人对改革成本与收益的评估容易发生偏差。经济学的这些探索成果对环境法理论研究和立法有很强的启示作用。

　　环境公益损害有时空影响广、受害对象多和因果关系复杂、社会性强等特点，要求环境法对环境公益损害救济实行独特的法律原则、独特的调整模式、独特的法律责任和执法体系，这已对传统公、私法的划分形成冲击。环境公益损害救济的法理包括：第三法域的划分、公共信托原则、环境权、新生态主义理论等。

我国环境公益损害救济的困境有：（1）宪法选择规则层面缺陷，包括公众参与原则的缺位、国家环保责任不明、环境司法监督和救济不力；（2）集体选择规则层面缺陷，包括制度内救济渠道不畅、救济与政府自身利益冲突、救济模式单一、私力救济的随意化、缺少社会与保险救济途径、公众知情权无制度保障；（3）日常操作规则层面缺陷，包括损害形式多样、因果关系难以查明、损害影响范围广、持续时间长、损害者与受害者之间的经济实力和举证能力不平等、因果关系举证困难等。

在国外环境公益损害救济制度中，英国、美国、日本和德国等均已采用各有特点的责任判定原则。日本还建立了颇有特点的环境公害防止协议制度。

我国应当建立自己的环境公益损害救济制度。首先，在宏观的制度构想上，从横向三个维度上构筑环境公益损害救济制度的主体框架，包括增加制度的供给、提高可信承诺和完善监督机制。其次，在微观制度的搭建上，从纵向三个层次提供丰富多样的供选方案，充实制度内容。包括：（1）在宪法选择规则层面，确立环境保护国家义务、环境司法监督权、公民环境救济请求权、环境合作原则、环保公众参与原则、环保团体和环境自治组织原则、环保契约自由等根本性的法律原则。（2）在集体选择规则层面上，围绕环境损害的无过失责任原则建立一套完整的环境损害责任认定体系，包括界定危害环境的概念、界定"设施"的概念范围、明确设施经营者为责任主体、确定损害赔偿范围、引用疫学上的因果关系理论对环境公益损害举证责任进行突破；建立环境公益损害强制责任保险制度和社会救助制度，夯实诸如环境质量标准、损害者不明或者无力赔偿时受害人的损害填补方法等基本政策基石。（3）在日常操作规则层面，建立环境影响登记与报备制度、环境公害防止协议制度，立法完善受害人与企业之间利益衡量与容忍程度的划分标准，放宽环境损害救济的请求时效，正确选择刑罚措施，对明知故犯的恶意污染者、重大环境事故行为人、谎报环境信息的污染者和造成人身健康损害的污染行为予以严惩。

关键词：环境公益　公益损害　公益诉讼　救济治理

目　　录

前　言

纵观今日中国社会，环境法事业蒸蒸日上，诸如"环境权""环境法制建设""可持续发展"之呼声不绝于耳。但是，耳熟未必能详，风移未必俗易。正如一切流行之物那样，环境法还真有些"剪不断，理还乱"。笔者认为，这一方面是因为，在现代汉语的语汇里，"环境法"不久前还是一个十分陌生的词汇，人们甚至还不大习惯用它来指称这一法学学科；另一方面，则是与环境法理论的缺乏和混乱有关。真理是朴素的，未曾深入便难以浅出。即或有所深入，但要讲出让普通人一听就懂且心悦诚服的道理来，也委实不易。

对于环境法的定位，学者们各抒己见，有主张环境法"公法"说者①，有主张环境法"社会法"说者②，或强调环境法的"私法"性，更有将环境法划分为"第四法域——生态法"说者③。产生这一争论的原因，与现代社会变迁引起传统"市民社会与政治国家"理论的变革息息相关。环境法处于绝对"公法"与"私法"之间的法域，它既要求保障"私法自治"层面的个人权利，阻却国家对"私域"的过度干涉；又要求个人权利服从"公益"，主张合理运用公权力控制私权利的盲目性。为了调和这对矛盾，有学者提出"社会人""生态人"的说法④，希望通过社会团体、环保结社等方式作为第三方代表行使部分环境"公权力"职能。从理论研究的角度看，这显然是一种大胆的尝试和突破。然而，各国法律的发展都有其深厚的历史、文化传承与积淀，结合当今中国现实法制环境，笔者更关心的是如何在中国法律文化发展的旷野上开垦一片供环境法

---

① ［日］原田尚彦：《环境法》，于敏译，法律出版社 1999 年版。
② 吕忠梅：《论环境法的本质》，《法商研究》1997 年第 6 期。
③ 郑少华：《生态主义法哲学》，法律出版社 2002 年版。
④ 同上书，第 74—81 页。

生长和发育的土壤。

此时，笔者想到了"公众参与"。正如先哲所说"人民群众是历史的缔造者"，公众参与是指公众通过各种方式，参与社会生活，影响和引导社会发展。其意义在于将体制外的"民众自力救济"方式转化为体制下的权利诉求，以避免大规模的不满现状的反体制动荡；通过体制内的最大限度参与，可以实现社会民主，增强社会资本，以促进国家政治民主在高水平层面上的实现；通过公众参与，可以保障公众的"私权""社会权"以及"公民权"；同时，广泛的公众参与也能够很大程度上防止"政府失灵""寻租"和"市场失灵"现象的发生。① 考查环境法在世界各国的发展历史，"公众参与"无疑在其中扮演着不可替代的角色。

回视处于社会剧烈变革的当代中国，"法治"一词跳入眼帘。"依法治国"的要求一方面是推动社会变革的力量，另一方面又是社会改革成果的直接体现。同样，环境保护事业也不例外，"环境法治"正日益成为现阶段中国环境法学者提得最多、反映最为强烈的语言。但是，由于种种原因，我国环境保护的立法和执法还始终受到"过分依赖政府主导"的错误思想引导，整个环境法体系均表现出典型的"管理型法制"的特点。② 一方面，由于长期以来政府对环境保护问题的大包大揽，导致公众在环境保护问题上缺乏公众参与观念，缺乏维权意识；另一方面，在改革引起的政府社会动员力与社会控制力有所减弱的情况下，对于既负有促进经济发展又负有加强环境保护之双重任务的政府而言，试图靠这单一管理模式推动全民参与环境保护事业的确有些力不从心。面对日益严峻的环境形势，面对日显缺乏的环境损害救济方式，走出一条既能发动公众参与又能推动环境法治建设的新路子成为我们必然的选择。

具体到制度层面上，随着环境保护与粗放式经济发展之间矛盾的加剧，重大环境公益损害事件频发，如"松花江污染事件""洞庭湖蓝藻事件""湖南镉污染事件"等。这些事件不仅危害环境安全和公共健康，而且极易引发群体性对抗事件，甚至有不少演变为大规模的群体性游行、堵厂、示威行动。这一现象足以引起法学界对环境公益损害救济问题的反

① 郑少华：《生态主义法哲学》，法律出版社 2002 年版，第 19 页。
② 参见傅剑清《环境保护呼唤"法治"——对我国环境保护"管理型法制"的定位思考》，《湖南公安高等专科学校学报》2002 年第 6 期。

思。当环境保护、可持续发展、科学发展观已成为中国社会发展的主流思想，并占领了法律和道德制高点时，为什么环境公益损害事件有愈演愈烈的趋势？为什么在政府落实科学发展观的同时，环境公益损害问题却日趋严重？环境公益损害究竟应当如何救济？谁来救济？救济谁？传统民法救济理论和公共管理理论在环境公益损害问题上为何屡屡失灵？这些都是笔者一直在思考的问题。

经过梳理，笔者发现，近几年来，国内对于环境侵权救济问题的研究成果较多，但对于环境侵害及其救济问题的专题研究很少。通过对 CNKI 数据库 2000 年 1 月—2009 年 6 月已发表的与环境侵害救济相关论文的检索发现，与"环境公害救济"有关的论文 0 篇，与"环境侵害救济"有关的论文 13 篇（硕士论文 2 篇，期刊论文 11 篇），与"公共利益救济"有关的论文 6 篇（硕士论文 1 篇、期刊论文 5 篇），与"环境公益救济"有关的期刊论文 4 篇，且全部是环境公益诉讼方面的内容，与"环境侵权救济"有关的论文 42 篇（硕士论文 6 篇：期刊论文 36 篇），与以上检索词有关的博士论文 0 篇（见图 1）。

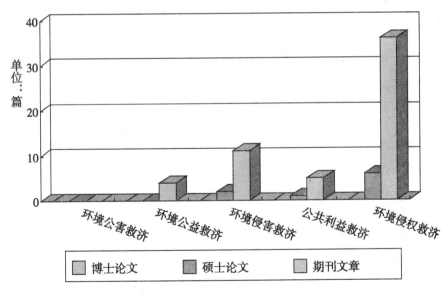

图 1　2000 年 1 月—2009 年 6 月已发表环境侵害救济相关论文检索（CNKI）

关于环境侵权法及救济，已有的研究成果主要集中在以私权利救济为主的制度层面，著作方面如王明远教授的《环境侵权救济法律制度》

（2001）、曹明德教授的《环境侵权法》（2000）、邹雄教授的《环境侵权救济研究》（2004），论文方面如陈泉生教授的《论环境权的救济》（1999）、王灿发教授的《环境损害赔偿立法框架和内容的思考》（2005）、王彬辉博士的《环境污染纠纷的法外私力救济及其解决之道》（2004）、徐双斌硕士的论文《环境侵权的私力救济》（2006）等。这些成果着重从侵权行为法的角度对环境私权利的救济进行研究，在个体之间的环境侵权问题上已经达到了深入和全面的程度，但是，对于侵害环境公共利益的行为以及超出侵权行为法所能调整的环境破坏、公害损害和公共环境利益救济方面，则少有建树。在这些研究成果中，有的建议将环境破坏等公害行为均确定为环境侵权行为，这样环境侵害概念与侵权法不一致的矛盾似乎就可以解决了，但实际上对法律的这种修改，无论用怎样宽泛的环境侵权概念也无法将大气污染、生态破坏、河流污染、森林减少、气候变暖等公害行为都吸纳进去。

对于单独的环境侵害救济问题，近年来虽有少数学者开始涉足，特别是在环境侵害与环境侵权的关系问题方面，有一定的研究，但由于研究视角的不同，尚没有形成专门的环境侵害救济理论。如吕忠梅教授在其著作《环境法新视野》（2000）及后的修订版（2007）中，专节对环境侵害与环境侵权的关系做了提纲挈领式的解读和说明；陈泉生教授在其《论环境侵害与法学理论的发展》（2004）一文中，提出环境侵害行为与传统的侵害行为不同，具有其独特的性质，传统的法学理论因囿于自身的时代实践，无法适应环境侵害这一现代社会新型的侵害行为，唯有对其重作调整，方能对付日趋严重的环境危机。此后，陈泉生教授又在《论环境法的国家干预原则》（2006）一文中，对国家在环境保护中的主导干预地位的必要性做了专门论述。徐祥民教授、邓一峰博士在其合著的《环境侵权与环境侵害——兼论环境法的使命》（2006）中，提出环境侵权只是环境侵害行为的一小部分，环境侵害问题已经超出了侵权行为法调整的范畴，对环境侵害问题的研究应当是环境法学的使命。随后，邓一峰博士在其论文《环境诉讼制度研究》（2007）中，从诉讼法律制度构建的角度，指出环境侵权诉讼与环境侵害诉讼的区别，并在程序保障、起诉资格、私人检察总长等理论基础上分析建立环境诉讼制度的可能性。遗憾的是，他的研究视角只局限于环境侵害救济的一个方面——诉讼制度，而忽视了环境侵害责任主体、救济主体、侵害主体、受害主体以及环境权利、行政救济、立法救济、国家和政府的责任等一系列环境侵害救济的基础性理论问题的研究。近年来，有学者提出将生态本身的损害纳入法律的保护范围，并就生态损害的法律性质进行了深入的研究，如梅宏博士的《生态损害预防的法理》（2007）和竺效博士的《生态损害的社会化填补法理研究》（2007）这两篇博士论文，均主张将生态系统本身的损害纳入法律救济范围，并对救济方式做了有益的探讨，但是，梅宏博士在人与自然的关系问题上立场不甚鲜明，无法确定其生态损害的评判标准是否适用人类视角；而竺效博士的确站在人类利益的视角论述了生态损害救济的必要性问题，但在救济方式上则侧重于微观层面的社会化填补手段，在宏观整体救济制度设计和制度有效性的评价问题上则似有不足。李伟芳博士在其《跨界环境损害法律责任论》（2007）中对国家的环境责任做了论述。不过，这些论述多为说明性的、专门的理论梳理和研究。

综上可知，我国当前环境侵权救济理论的弱点在于法学界仍局限于传统侵权法理论框架，对于以公共环境为媒介的间接侵害行为，本应担负起救济理论创新责任的环境法学，却始终没有建立自己独特的公害救济理论。具体体现在以下六个方面：（1）重环境侵权救济研究，轻环境公益损害救济研究。（2）对环境公益损害的性质以及以环境为媒介发生于侵害主、客体之间的关系理解不全面、不深入。（3）对政府的责任和政府在环境公益损害救济中的角色定位不准、认识不足、研究不够。（4）对于围绕环境这一媒介产生的公共利益的损害救济没有主导性理论建树，特别是对于环境公益损害纠纷各方协商立法、协议救济的理论准备缺位。（5）对环境公益损害救济中司法权与行政权的关系研究不够，局限于中国行政法学的研究范式，未建立以公益保护为重点的环境司法和环境行政理论。（6）环境公益救济制度的系统化研究不够，制度设计时多考虑某一方面的单一救济措施，没有实现从宏观到微观各层面制度的协调配合。

将目光从国内转向国外，不难看出，国外对于环境侵害问题的立法及研究成果也很丰富，但是，总体上来比较，不论是英美法系还是大陆法系国家，由于其政治体制和国家管理形式的不同，特别是司法权在国家权力结构中的地位与我国存在很大区别，其环境侵害方面的救济理论对我们的研究虽有一定的参考作用，但并不能以"拿来主义"的方式在我国沿用，我们需要按照自己的国情设计符合中国政治、经济和法律体制的环境侵害救济理论及制度。如英美法系立法是沿袭传统的"妨害行为"（nuisance）的概念，将"妨害行为"的理论体系分为二种：一种为基于"不法妨害排除令状"（assize of nuisance），以保护私益受侵害；其性质为侵权行为的一种类型（a type of tortious conduct）或属于侵权行为责任领域之一（a field of tort libility）；另一种为保护公益妨害，其可构成轻罪（misdemeanor）而成立刑事上的犯罪，但同时也构成民事上的侵权行为。而在大陆法系的德国、法国在立法上则是秉承传统的"干扰侵害"（immission）的概念，其由拉丁语的"immission"而来，意即"侵入之意"。该概念原是指烟雾、音响、振动以及声、光、电、热、辐射等不可称量的物质侵入邻地所造成的干扰性妨害或损害。德国的"干扰侵害"法理与英美法系的"妨害行为"法理，在法制的构成上完全不同，前者属物权法之范畴，强调利用共同关系和相邻共同关系，以请求排除侵害为中心；而后者则属债权法上的侵权行为，以损害赔偿为基础。日本立法则采用"公害"这一概念。日本《公害对策基本法》规定："公害，是指由于工业或人类其他活动所造成的相当范围的大气污染、水质污染、土壤污染、噪声、振动、地面下沉和恶臭气味，以致危害人体健康和生活环境的状况。"从日本现行环境立法看，环境法不仅是公法的领域，而且涉及私法、刑事法的广泛领域，从救济类型看，可分为私法性救济和行政上的救济。环境行政上的诉讼，依其在何种场合以何种形态出现，大致地可以分为以下两类：（1）受到限制的事业者不服过于严厉的限制和其他行政措施提起的环境行政诉讼；（2）受害者方面提出的行政机关的措施过于宽缓的环境行政诉讼。

究其本质，环境公益损害的实质是个体行为对人类生存所依赖的良好环境品质的破坏，而环境品质的下降所损害的是人类（包括当代人与未来世代人）共同的利益，其损害路径是"个人行为—环境品质下降—人类共同利益损害"。从制度层面来看，我国环境公益损害救济制度的不足主要表现在四个方面：一是环境司法救济无力，对于环境公益损害引起的纠纷，可司法裁决的事项稀缺、程序障碍繁多、司法权力相对弱势。二是环境公益损害救济与政府自身利益有冲突，政府在环境纠纷中，常常既是裁判员身份，又是保护一方利益的运动员身份，在强势的环境行政管理权力下，没有足够的监督机制保证政府环境决策和救济行为的正当性。三是因具体环境公益损害纠纷的性质、种类和引发原因各异，中央订立的环境管制与污染标准往往未能照顾到地方的环境保护和经济发展的要求，地方立法、部门立法又往往未能照顾到企业和地方公众的环境保护要求与各自的利益需求，区域性环境污染标准和公害防治责任不明，公众与政府、公众与企业、政府与企业之间没有就预防环境公益损害事项建立直接协商、确定标准制度，致使纠纷发生后，三者各执一词，在环境公益损害是否构成以及谁来承担侵害责任方面无章可循。四是环境侵权救济立法理念陈旧、技术落后、进程迟滞、效率低下，无法适应对区域性环境公益损害、跨界环境污染、急性短期环境公益损害和缓释性长期环境公益损害等复杂多样的救济需要。对此，如何先设置适宜人类生存的环境标准，并以此为依据，通过形式多样的公众信息渠道，获知环境品质下降的事实，再根据科技设定的因果关系推定规则，确定有人类共同利益受损的事实发生，然后根据一套迅速有效的责任判定机制，追究个人行为责任成为构建环境公益损害救济制度的根本。在此指导下，笔者从七个方面予以分析论证：

第一部分，从生态学、系统学的角度来分析环境公益损害的广泛性和公害性，并以此为基点，运用概念分析的方法，重点澄清"环境公益损害"与"环境侵权"的概念内涵。强调环境公益损害是围绕环境这一中间媒介发生于多数人之间的复合型侵害关系，不是传统的公法和私法调整范畴，环境公益损害救济主要解决的是对环境这一"公地"的救济，对环境公益损害及其救济问题的研究是环境法的基本问题之一，是环境法独特的调整对象之一，也是环境法存续和发展的基础问题之一。

第二部分，从社会经济学关于"公地的悲剧"理论研究成果入手，着重分析经济学对"公地的救济"提出的几种主流解决方案及其利弊，探讨制度变革成本分析原理及公共事务治理的基本原理和要求。

第三部分，通过对公私法划分原理的剖析，指出第三法域的兴起和环境公益损害救济法律制度的特殊性，是环境法特有的研究对象；再选取环境法中与救济有关的几项法学基础理论，结合社会经济学"公地的悲剧"理论成果，探索建立环境公益损害救济制度所必需的法理渊源与创新理论。

第四部分，用比较分析的方法，总结国外环境公益损害救济理论及实践的有益成果，为构建当代中国环境公益损害救济新体系寻找理论和实践依据。

第五部分，结合美国公民诉讼制度和日本公害审判，研究环境保护诉讼制度的形成和发展，探讨环境公益诉讼促使环境政策形成的机能。首先，环境公益诉讼的目的并非局限于损害赔偿，而是保护环境不受污染和破坏；其次，环境保护成效主要取决于国家的环境行政权的运作状况，由于多方面利益平衡的牵制加上环境问题的复杂性和高度科技性，往往导致环境行政机关不积极行政或者滥用行政权力以致环境公共利益保护不力，环境公益诉讼能够对此予以制约。环境公益诉讼制度的基本目的，一是公众通过诉讼获得司法支持，有效地制止损害环境的行为，维护公民环境权益；二是督促环境保护政府部门执行其法定职责义务，加强环境管理；三是以大量个案司法裁判的社会效应，提高公众环保意识；四是推动法院做出新的司法判例，平息对有关环境法律条文的争议，修补法律漏洞，促进环境法制的发展和完善。

第六部分，对当前我国环境公益损害救济的困境及产生原因进行分析。坚持"小叙事、大视野"的分析原则，寻找问题的根源，引出解决思路。重点论述我国环境公益损害救济的困境在于"公地的悲剧"和"信息的封闭"，难点在于环境责任主体的确定、救济权力体系的构架、侵害因果关系的判定、环境权利内容的创新和环境信息公开等；产生困境的原因有：国家和政府的环境责任不明、环境权利内容虚设、环境法治与环境政治之间矛盾突出、环境救济权力划分不当、环境司法救济权处于弱势地位、环境信息的采集和公开程度低下等。

第七部分，根据"公地的悲剧"理论所总结的公地救济制度设计的基本原则，从横向和纵向两个维度提出建立我国环境公益损害救济法律制度体系的建议。其中，横向维度考虑从制度供给、可信承诺、有效监督三个方面形成框架上的"三足鼎立"，纵向维度则考虑从宪法选择、集体选择规则和日常操作规则三个方面将各类救济措施系统化，在框架基础上进一步充实并形成有机组织的协调体系。

为了做到从法学基础理论出发，逐步推导出各个步骤所需要建立的法律原则和法律制度，兼顾宏观法理和微观法律制度两个层面，最终建立一个全方位、多角度的立体法律救济框架，笔者以社会经济学的制度成本分析、集体行为分析理论成果以及法学上的无过失责任原则、政府的环境救济责任、环境民主协商和环境司法监督权等理论成果为基础，探索建立我国环境法特有的环境公益损害救济理论，并据此提出若干制度创新的建议，例如，提供多元化的环境公益损害救济方式，建立司法与行政并重的纠纷解决机制，确立以损害救济为核心的"公民环境权"，确立环境合作原则、无过失责任原则和公众参与原则，建立环境公益损害强制责任保险制度，建立环境公益损害防止协议书制度和设立专门环境法院等。

第一章　法域之维的环境与环境公益损害

　　环境法学者的勇气和智慧在于，用有限的法律手段，实现人类世代永续发展这一无限宽广的伟大命题。

　　环境法是充满争议与活力的法学领域，即使是在"环境"这一基本概念上，学者们仍然认识不一。产生这一概念分歧的原因比较复杂。首先，从文义上理解，"环境"一词本身极具多义性，如广义的环境是指相对于主体且围绕在主体四周的一切事物，狭义的环境是指人类生存所必需的周围自然物质条件和地理、人文条件。其次，"主体"是决定环境概念内涵和外延的核心环节，根据参照主体的不同，环境的范围也要重新界定，比如，我们研究地球所处的环境，就需要将太阳系、银河系等宇宙天体和空间物质均纳入进来。因此，根据"环境"所指向的主体不同，科学研究的对象和研究方法也要发生变化，如社会学研究社会环境、人文环境、经济环境，生态学研究天然环境、人工环境等。近年来，有环境法学者研究"自然的权利""动物的权利"等，也是其将法学研究的"环境"及参照主体延伸至生态圈、动物圈的结果。因此，对环境下定义，与其说是一个法学问题，不如说是一个哲学问题。定义的内容和范围与研究者在"人与自然的关系问题"上所持的哲学立场有关。

第一节　人与自然的哲学思辨

一　重提人与自然的关系

　　讨论环境公益损害救济问题，首先要解决的是人与自然的关系问题以及人的行为之"是非问题"，即哪些是需要通过法律手段予以确定并保护的利益，哪些行为是法律要提倡的有益行为，哪些行为是法律要禁止的有害行为，哪些行为后果是需要救济的，哪些是不需要法律救济的。笔者认为，当代环境立法的主要目的应当是保证国人能够健康而有尊严地生存，保证人类社会的永续发展。要达到这一目的，就必然要求人类正确认识自己与自然的关系，并据此主动调整自己的行为，以适应可持续发展的需要。现代科学技术的发展帮助我们认识自然，并更充分地认识人类行为对自然产生的影响。目前，思想家们已经提出不少关于定位人与自然关系的法哲学，如环境伦理学之父 A. 利奥波德的"土地伦理"思想、挪威学者 A. 乃斯的"深层生态学"理论、澳大利亚学者 P. 辛加的"动物的权利"理论、美国学者 P. W. 泰勒的"生命中心主义的自然观"、现代环境伦理学家 R. F. 纳什和美国 C. 莫里思教授的"自然的权利"环境伦理思想，[①] 我国环境法学家蔡守秋教授的"调整论"，[②] 等等。这些理论各有千秋，而笔者重提人与自然的关系的目的，并非要确立一种与前人截然不同的法哲学观点，而是为环境公益损害救济立法寻找正确的价值取向和利益判断标准。

二 "人定胜天"还是"无为而治"：人类中心主义与生态中心主义

人与自然的关系问题是生态学与环境法学共同面对的哲学问题，其核心是主客二分法的界定问题，即人与自然的关系是对立还是统一的。主张二者是对立的观点有"人类中心主义"与"生态中心主义"理论。"人类中心主义"主张"人定胜天"，认为人是环境保护主体，只有对人类有益的事物，才受到保护，如果对人类无益者，则无须受到保护和救济；并且，人类是优于自然界而存在的，人类可以利用自然界的物质为自己生存发展服务，当整个生态系统发生危机时，人类始终处于优先受保护的地位。"生态中心主义"则相反，它认为人的行为应当服从自然、"顺应天道"，生态系统本身具有独立的价值和演变规律，人类的生存和发展仅是生态系统演进中的一个"插曲"，而非终极目的。因此，如果整个生态环境发生危机时，人类的生存并不当然受到优先的保护，甚至为了维持生态

---

① 汪劲：《伦理观念的嬗变对现代法律及其实践的影响——以从人类中心到生态中心的环境法律观为中心》，《现代法学》2002 年第 2 期。

② 蔡守秋：《建设和谐社会、环境友好社会的法学理论——调整论》，《河北法学》2006 年第 10 期。

平衡，人类必须接受必要的牺牲。① 从表面上看，生态中心主义要求人类顺应自然，似乎是二者的统一，但其实质仍是将自然与人视为非此即彼的对立物体。无论是生态中心主义还是人类中心主义，其实质均是将人与自然对立起来，试图在人与自然之间决出高下、分出伯仲，是主客二分法的两个极端立场，均存在难以克服的缺陷。"人定胜天"要面对的问题是人类如何管制自然，管制的基础或标准是什么？"顺应天道"所要面对的问题是什么是自然状态？是有人类的自然还是没有人类的自然？结果，环境法领域的困难问题出现了：怎样决定人类对生态扰动的行为哪些应该被规制，而哪些又应该放任之？哪种环境应当被保存？有哲学家在人与自然的划界标准问题上花费了大量时间，也有哲学家对此提出质疑，如加拿大卡尔加里大学（University of Calgary）的哲学教授 Marc Ereshefsky 提出两个问题：首先，区分人与自然的基础是什么？其次，这样的区分对于决定保存何种环境是必要的吗？他认为，关于人类是否属于自然以及人类是否具有独特性的争议对于决定保存什么样的环境品质并没有帮助。② 笔者赞同这一质疑观点，毕竟，不论人类如何将自己与自然划清界限，没有人类的自然，或者没有自然的人类，都意味着人类自身的毁灭，维护适宜人类生存的环境品质才是最重要的。

三　"天人合一"：人类生态中心主义哲学的环境观

正确的环境价值观决定了哪些环境应当被保存，也决定了环境公益的内容和范围，更影响着对环境公益法律救济制度的设计思路。在人类中心主义和生态中心主义哲学之间，笔者尝试提出以下环境法学应当持有的人类生态中心主义环境价值观，并以此扩展、确立环境法独有的环境利益法律关系。

过去很长一段时间，"人类中心主义"主导着人类的行为，人与自然的关系是对立的，人类无限度地"征服自然"，从自然界索取资源并排放废物，直至出现全球性的生态危机。自 20 世纪 20 年代以来，石油化学工业的大规模发展，带来了严重的工业污染，致使人类生存环境恶化，人类

---

① 参见吕忠梅《环境法新视野》，中国政法大学出版社 2000 年版，第 25 页。

② Marc Ereshefsky，"Where the Wild Things Are：Environmental Preservation and Human Nature"，*Biology and Philosophy*，Volume 22，Number 1，January 2007，pp. 57－72.

被迫转变无视自然的观念，进而确立重视自然、与自然协调发展的思想，以 1972 年《斯德哥尔摩宣言》为标志，人类开始探索实现人与自然和谐共处的相处之道。此时，"自然中心主义"思想兴起，自然界的权利、动物的权利呼声渐高，不少学者据此提出了将自然界或者环境本身作为权利的主体和法律的调整对象之观点，但是，由于"自然中心主义"与人类自身价值观有重大冲突，至今仍是停留在道德呼吁层面上的"空中楼阁"。典型的例证是，在动植物界的某些物种相对于人类生产过剩时，人类会采取捕杀或者去除的方式以遏止动植物物种的数量，以维持人类的生存。然而，按照"自然中心主义"的观点，此种情况下，有必要采取捕杀人类的方式来维持其他动植物物种的生存，这显然不能为当今人类所接受；况且，即使有必要去除一部分人口，那么，哪类人是应当被捕杀的对象呢？

好在现代科技带领人类转变生产模式，走出了一次次生态灾难的阴影，人类逐步重新找回了自信。虽然从生态学的角度看，人类生存于由各种生物和物质所组成的复杂而且封闭的生态系统——"生物圈"中，在该圈内，每个物种和物质都相互发生联系和作用，互为因果关系，而整个生物圈的稳定取决于它内在的物质与能量循环以及对损害的自我补偿能力，如果生态系统的内在负担过重，超出了它的自我修复能力，整个系统就会崩溃，而作为生态圈成员之一的人类也将不能幸免于难。但是，实践证明，生态系统有很强的自我补偿功能，而人类既是生态系统的产物，又是生态系统的改造者，现代科技的发展已使人类有很强的认识和改造环境的能力，人类只要善于运用科技，是可以实现人类与自然和谐发展的，关键在于人类能够认识生态系统的保存规律，并严格控制自己的行为，既保持生态系统自身必要的物质和能量循环，又使生态系统向有利于人类生存和发展的方向转变。当人类意识到必须控制自己的行为时，法律成为必然之选。① 然而，面对错综复杂的环境污染因果关系和无法界定产权的环境公共资源和物质，面对发达国家与发展中国家的利益冲突，面对当代人与后代人的利益平衡，素有"公平与正义的使者"之称的法学家们也有捉襟见肘之感。幸而环境法作为法学界的新生力量，半个世纪以来，在全球

---

① 王树义、黄莎：《中国传统文化中的和谐理念与环境保护》，《河南省政法管理干部学院学报》2006 年第 2 期。

范围内所向披靡、颇有建树；"公共信托理论""环境权理论""代际公平理论""公民诉讼理论"……各国环境法学家们，为人类可持续发展道路披荆斩棘，硕果尤新。对于我国致力于环境法研究的学者们来说，值得骄傲的是"环境保护"思想已经占领了当代中国社会道德的制高点，可持续发展观已经成为我国政府的基本国策，任何与可持续发展目标相悖的行为都将受到道德舆论的谴责；值得自豪的是，环境法学在我国作为独立的法学学科已"自立门户"多年，环境保护相关的政策和立法呈现出百花齐放、百家争鸣的局面，环境法的前途一片光明；值得反思的是，我国环境法学界至今在"人类中心主义"和"自然中心主义"哲学间动摇，在环境法的调整对象和调整方法上争论不休，在环境利益损害及其救济问题上举步维艰。

笔者认为，对法学这一人文科学的研究来说，"环境"应当是带有很强的"人类中心主义"因素的概念，客观上，它是指以人类为主体的周围事物，即人类生存和健康所必需的物理因素、化学因素及生物性因素组成的，对人类具有影响力的外部事物和条件，它包括外太空、地球大气、水域、陆域、生物圈以及其中的各项元素等，也包括人类通过有意识的劳动加工和改造了的自然环境。所有这些因素中，有的是我们人类生存绝对必需的，如氧气、水等；有些则不太重要，如氮气、氖气等。这些重要环境因素及其品质优劣，是我们人类最关心的。而且，我们所说的环境品质，一般是纯粹以人类为中心的，对人类有利的，就是优质的，对人类不利的，就是劣质的。对于环境品质中的有益因素，如森林、绿地、清新空气、清洁饮水等，是人类要追求的；对于环境品质中的有害因素，如垃圾、污染、恶臭、传染病、辐射、噪声以及干旱、洪水等，则是人类要去除和防止的。另外，需要强调的是，从人类世代传承、可持续发展的主观角度来看，环境是当代人留给后代人的生存空间和物质遗产。[①]

至于法学上的环境概念是否需要考虑生态中心主义的元素，笔者持否定态度。理由有三：其一，从环境法律规范的制定主体来说，规范的制定者必须要有掌控约束被规范对象的地位和能力，人类现在虽然掌握了改造生态系统的部分能力，但尚没有掌控及主宰自然界的能力。环境法律规范的制定主体是人类及其管理者（国家），其约束对象是人类自身，约束方

---

①　参见陈泉生、何晓榕《生态人与法的价值变迁》，《现代法学》2009年第2期。

式是规范人类改造自然的行为，约束目的是防止人类破坏生态圈，维持人类生存所必需的好的环境因子。而对于自然界乃至宇宙万物来说，其客观运行规律是不受人类法律约束的，自然界本身有自然法则（包括物理学、化学、生物学等人类已经认识的和尚未认识的自然规律），用以约束生态系统内外部的运行，即使是太阳这样的恒星天体，也受自然规律的约束，有其产生、辉煌、灭亡的时刻，在人类的科技能力尚未发展到可以控制太阳的起落之前，人类是无法立法去保护太阳或者去除太阳的。其二，从环境法律规范的制定目的来说，它是人类为了能够在自然界中持续生存和发展而制定的，并非因自然界需要人类或者自然界需要可持续发展而制定的。从唯物主义的观点看，人类只是自然界物种进化的产物之一，即使人类物种灭亡，地球和宇宙仍然会持续运行下去，因此，自然界本身并不必然选择人类，也不必然需要人类，更不需要人类制定的环境法律。其三，从环境法律保护的客体来说，人类制定的法律主要保护对于人类物种生存有利的自然因素，当人类与其他物种在某一自然因素的需求上发生根本性冲突时，环境法律必然只能优先选择保护人类，保护对人类有利的环境。这与自然法则对待人类的态度并无二致，当人类行为与自然界的根本法则发生冲突时，生态系统会通过恶化的环境因子，影响人类的健康，改变人类的生存条件，并不排除再次上演 6000 万年前"恐龙式悲剧"。从这个角度来说，有学者提出"自然界的权利""动物的权利"，也只能存在于人与其他物种没有根本性生存冲突的前提下，它们仅仅是人类对自己破坏自然行为的"忏悔"，以及人类对其他物种"造物主"般的怜悯，是人类的自我反省与道德回归，不具备上升为法律规范的基础。

同时，笔者认为，以人类利益为中心的环境观并不排斥自然对人类所具有的重要价值，笔者不赞成人类中心主义中无视自然、否定自然的观点，也不赞成将某个（类）私人个体的利益作为环境法保护的对象，而主张以人类整体可持续发展的利益为中心，将有利于人类生存的良好生态作为保护的对象。本书研究所持的立场是以当代人与后代人对自然所共同拥有的利益作为出发点，将有利于人类生存的自然环境作为基本立法价值取向。从某种意义上说，本书的环境观可以定位为有别于传统的"人类中心主义"和"生态中心主义"，笔者尝试提出"人类生态中心主义"的观点，既保持人类相对于自然生态（包括生物物种）的优先价值取向，又限制当代人对自然生态和资源的破坏行为，保护和维持有利于人类世代相传的自然环境，对于人类行为导致自然生态破坏和环境质量下降，向不利于人类生存的趋势发展的情况下，不仅要考虑该行为对当代人类造成的直接损害，还应当将该行为破坏自然生态造成将来后代人的利益损害考虑进去。这种对当代人和后代人共同利益的损害，可以用环境品质的下降、生物种类的减少等具体可量化的标准来衡量，这有助于破解长期以来环境法关于"环境是无主财产，无法管理"的难题，也有助于摆脱环境公益损害救济制度设计中，对自然界的损害或者环境本身的损害没有利益主体主张，而且损害计算不包括未来生态价值损失的困局。

目前，人类生态中心主义环境价值观尚不能全面取代传统法律的价值观，但是，现代环境科学技术和可持续发展理论已为观念变革奠定了充实的实践和理论基础，环境立法完全能够对这种新型的"人类—环境"关系中反映出来的人类整体利益价值观和人类未来世代生态利益价值观予以体现和确认。在此价值观的指导下，环境立法的目的除了保护人类的健康外，还应当率先瞄准人类整体享有良好的生存环境之生态利益和人类世代相传的可持续发展利益这两大目的。如著名环境法学者汪劲教授所述，"就法的基本理念而言，人类的利益仍然应当在现行法律理念中占统治地位，只不过必须以环境伦理的价值观对传统法价值观存在的缺陷予以补充和完善"①。

第二节　法域之维的环境及其基本特征

一　环境法中的环境及其类型

环境法意义上的环境是一个与空间有关的概念，人是其中最重要的形式要件，只有与人类相关并影响其精神、科技、经济及社会等条件及彼此间关联性的外部因素才是本书所论环境的范畴。同时，环境又是人与其他生物共同关联形成的，其他生物根据它们各自的需要，生存在其本身的环境中，因此，环境又可被视为多种生物环境综合作用的组合体。科学上，根据研究的需要和不同的划分标准，环境的分类方式千差万别；法学上，

---

① 汪劲：《伦理观念的嬗变对现代法律及其实践的影响——以从人类中心到生态中心的环境法律观为中心》，《现代法学》2002 年第 2 期。

比较有代表性的是依社会、空间和生态学的观点将环境分为社会环境、自然环境和人工环境。社会环境是指由社会、文化、经济、人际关系与国家政治制度交错形成的人类生活空间；自然环境是指包含动、植物与微生物等生物在时空、土地、水与大气等物质中的存在状态，包括自然生态、矿藏资源、气候、地形景观；人工环境是指经过人类活动改造自然形成的人类生活居住地以及由其中的建筑物、道路、工厂、交通工具、历史遗迹等组成的空间。虽然这种分类方式的概念相互之间具有重叠性，但三者共同组成了一个完整的环境概念，即与人类相关的社会、文化、政治、设施、制度所形成的整体空间。本书认为，环境法中的环境概念重点在于上述自然环境和人工环境，社会环境是整个法学研究的概念，而不是环境法所特有的分类概念。

二　环境法中的环境之基本特征

（一）物质因子之总和

环境是人类公众生存和健康所必需的物质因子之总和。保护环境就是为了人类的世代生存，并非某一个人的生存，这是目前人类社会的一个不可否认的公理，因此环境立法在直接目的方面就是人类健康以及生存所需的物质和生态利益。从目前环境立法的现状看，这一目标是各国环境立法最直接的要求，也是环境立法最基本的出发点。同时，环境也非人类对某单一类型的物质需要，而是各类物质因子的总和，况且，环境是通过人们生存所必需的各个物质因子（如大气、水、阳光）体现出来的。环境立法的目标是最大限度地维护社会公众对这些物质所应当享有的权益，以满足人们生存和生活需要，保障最大多数人的健康，如果缺乏这些生存所必不可少的各类环境物质，人类的健康无从谈起。

1. 整体性

从范围上比较，物是大陆法系中设有物权法的国家所特有的法律概念，而财产则是各国法律中共有的概念。"物与财产不是同一概念，但关系极为密切。财产是指属于某特定人的一切权利及权利关系的综合。"[①]财产权作为物权的上位概念，与人身权相对应，其下，则有物权与债权相

---

①　魏振瀛主编：《民法》，北京大学出版社 2000 年版，第 118 页。

对应。① 民事权利的客体是物，民法上的物属于财产。环境之物与财产之物有交叉，但不重合或者包含。财产具有可用金钱估计的经济价值，与权利主体结合，能为人所实际控制或支配；环境之物中，土地、森林等无疑满足财产之物的条件，然而空气、阳光等则难以以金钱计算其经济利益，也不能设定所有权主体，无法成立财产物权法律关系。从法律保护目的上比较，财产之物设定的本质在于"法律将特定物归属于某权利主体，由其直接支配，享受其利益，并排除他人对此支配领域之侵害或干预"②。而环境之物设定的目的在于保障物的高质量保存以及社会公众从中获益。"生态性物权实际上是通过功能定义将物的生态功能与经济功能进行整合的新型物权，它的实质是在传统物权对物的经济功能加以界定的基础上增加了对物的生态功能的肯定。"

从逻辑上说，环境中的物质因子是人生存的必要条件，而非充要条件，即环境是人们赖以生存的物质因子总和，但并非有了这些物质因子的存在，人类就能健康地生存。人类要健康地生存，不仅需要环境因子的物质属性，还必须要这些环境因子妥善结合，形成适宜人类生长的高质量环境（如适宜人类生存的地球大气，不仅仅需要空气中有氧、氮、氢、氦等物质，还需要它们及其化合物以合适的比例混合存在）；因此，环境保护不仅要维护环境的数量，更要从维护环境物质质量的角度保障人类健康。环境所具备的这一特点在美国 Menzer v. Village of Elkhart③ 案中有所体现，该案中，地方政府为了保持 Elkhart 湖水和空气的洁净，限制机动船进入 Elkhart 湖面。原告认为地方政府的这一管理措施出于地方利益而损害了州范围内公众对 Elkhart 湖作为物质利用的权利，因此要求法院对地方政府的这一管理措施做出评判。法院强调说，只要地方政府实施管理的目的是强化环境质量，则州利益受到损害或地方利益获得偏袒的危险就是微乎其微的。该案中地方政府正是通过限制 Elkhart 湖面上机动船的使用而保护公众环境质量，该环境质量利益高于湖的其他使用价值。学者们把该案中地方政府的这一管理措施看作为了保护公共健康与安全而成功解

---

① 周林彬：《物权法新论———种法律经济分析的观点》，北京大学出版社 2002 年版，第 103—104 页。

② 梁慧星主编：《中国物权法研究》（上），法律出版社 1998 年版，第 20 页。

③ See Menzer v. Village of Elkhart Lake, 186 N. W. 2d 290, 296（Wis. 1971）.

决湖水诸多用途之间冲突的一个标志。

2. 延展性和连续性

对于整个人类来说，环境是大自然馈赠的宝贵礼物，而对于人类世代来说，环境也是前代人留给世世代代后人的遗产，因此它应该为了全体人类而得到保留，而非为某一个（类）人而保存。环境法上的环境必须以人类可持续发展、衡平代际间利益为导向，它是从环境法角度提出的人类长期发展的战略与模式，也是环境立法的较高层次的目标。事实上，可持续发展观中的环境本身就是从人类社会世代相传的角度来定义的，就地球生态的承受能力来看，按照现在人类的物质消耗水平，如果没有核战争或者意外事件，足以维持相当长时间的平衡，当代人的生存暂可无忧。因此，环境法及环境保护更重要的意义是规范当代人的行为，以保障我们的下一代以至无穷世代的生存和发展。当代人需要能够保持自己健康的环境，而后代人则需要自己的祖先能够保存这种良好的自然环境，并永久传承下去，让我们的"地球村"永续存在。对此，著名的代际公平理论有过完整的定义，该理论的代表人物挪威前首相布伦特朗夫人领导的联合国世界环境与发展委员会（WCED）于1987年在其报告《我们共同的未来》中所下的定义是：可持续发展是指"既满足当代人的需要，又不对后代人满足其需要的能力构成危害的发展"①。可见衡平代际间利益与实现社会利益的可持续发展具有一致性，前者是后者的重要内容，后者是前者的目标指向。衡平代际间利益的前提和基础是代际公平（intergeneration equity）。美国学者 C. 康贝尔·摩翰等人认为代际公平有两个要素：一是为了未来世代的人类而保存自然系统，使他们能够像现在这一代那样在同样的生活质量和生活标准中永存；二是为了未来世代人类的利益而保存国家重要的区域，因为它们的美学要求、历史性质或生态意义都具有使用和欣赏的价值。② 有学者从公共信托原则保护的环境之物看环境，认为，作为受托人的国家依据公共信托原则保护的环境正是构成自然系统的诸要素以及具有美学、历史意义、有着使用和欣赏价值的人文资源；国家对它们

---

① 世界环境与发展委员会：《我们共同的未来》，王之佳、柯金良译，夏堃堡校，吉林人民出版社2007年版，第15页。

② William Futrell, Celia Campbell Mohn, Barry Breen, *Sustainable Environmental Law*, West Publishing Co. , 1993.

的保护没有期限而永久存在，因而自然资源和人文资源能够得以较完善地为后代人保存下来。代际公平体现为三个基本原则：第一，保存选择原则（conservation of options），即每一代人既应为后代人保存自然的和文化的资源的多样性，以避免不适当地限制后代人在解决他们的问题和满足他们的价值时可得到的各种选择，又享有可与他们的前代人相比较的多样性的权利；第二，保存质量原则（conservation of quality），即每一代人既应保持行星的质量（指地球生态环境的质量），以便使它以不比从前代人手里接下来时更坏的状况传递给下一代人，又享有前代人所享有的那种行星的质量的权利；第三，保存接触和使用原则（conservation of access），即各世代应当将从过去世代继承的遗产衡平的使用权赋予各个成员，为了将来世代要保护这种使用权。①

3. 公共性

环境中各物质因子（空气、水等）的用途本身具有独特的公共性质，以至将其用于纯粹的私人用途是不适当的。对于水、空气这类生物必需环境要素来说，任何个人不能独享，也无法独享，人们使用环境的同时不能影响和排除他人对该物的使用。对于人类作为生物生存所必需的环境因子，任何人缺少了它们，就意味着病痛和死亡，因此，各国政府都有义务为了社会整体的利益管理环境的用途并以此为基础考虑该环境物质本质上所蕴含的公共性与人们使用方式的相互依赖性，并保证不以破坏性使用环境和掠夺性耗尽资源的方式损害他人及后代人的共同利益。

4. 稀缺性

稀缺性是对特定物进行特殊法律保护并防止该领域私有权绝对化的必要性与正当性的重要依据之一。环境法上的环境内容的认定可能更多是出于实际需要，对于人类生存所需要的环境因子的研究则十分关注稀缺性这一特征。在18世纪60年代产业革命以前，人类生产力尚不足以对地球环境生态造成威胁，人类在敬畏自然的宽广与博大的同时，认为自然资源是无限的，取之不尽用之不竭，可以不受限制地无偿使用，自然界消化废物的能力是无限的，可以随意把废弃物排向环境，环境是不可能被破坏的。然而，18世纪60年代至20世纪60年代间，科学技术迅猛发展，人类对

---

① ［美］E. B. 魏伊丝：《公平地对待未来：国际法、共同遗产与世代间衡平》，汪劲等译，法律出版社2000年版，第41—42页。

自然环境的开发能力达到了空前的程度，各类资源以前所未有的速度消耗，人类一方面为战胜自然的辉煌胜利而感到自豪，另一方面又因对于自然的盲目征服，遭到自然的严重报复而感到震惊，这一时期，产生了马斯河谷事件、伦敦烟雾事件、水俣病事件、洛杉矶光化学烟雾事件等严重的公害事件，爆发了多次能源和资源危机；[①] 这期间，人类砍伐了70％的原始森林，灭杀了无数的野生物种，给后代人留下的只有遗憾和叹息。人们开始意识到，环境是具有稀缺性的物品，正如中国的一句谚语："柴多米多没有日子多"，许多在过去人们看来是无限的资源和生物物种，已经成为或者正在成为现在乃至后代人无比稀缺的物品（如石油、红木甚至水资源等）。需要指出的是，可再生与不可再生、是否以消耗的方式使用等都并非环境稀缺性的判断标准，应当说，只要有公众对该物的正当需求在无制度壁垒的限制下仍无法得到满足，此物即是稀缺的。

第三节　环境公益损害的概念与特征

一　环境公益

（一）公益

公益即公共利益，以字面上的解释，可以认为是"公众的利益""公共的利益"。公益的维护和提倡，可以说是现代国家积极的任务，也是许多实际政治运作所追求的目标之一。公益概念的特殊之处在于其概念内容的不确定性，具体可表现为利益内容的不确定性和受益对象的不确定性。[②]

1. 利益内容的不确定性

首先，利益本身含有不确定性。利益与价值密切联系，利益是价值判断的结果，是主体对客体的价值评判，是客体被主体所获得或肯定的积极

---

① 参见百科词条"世界著名八大公害事件"，http：//www. hudong. com/wiki/% E4% B8% 96% E7% 95% 8C% E8% 91% 97% E5% 90% 8D% E5% 85% AB% E5% A4% A7% E5% 85% AC% E5% AE% B3% E4% BA% 8B% E4% BB% B6。

② 参见傅剑清《环境公益诉讼若干问题研究》，硕士学位论文，武汉大学，2003 年，第 15 页。

的价值。① 利益的内容不限于物质上的利益，还包括精神、文化、风俗等无形的利益。

其次，利益的形成及利益价值的认定，是受当时社会客观事实所左右的，公益的具体内容也是随着动态的国家、社会发展要求而不断发展变化的。尤其是宪法的公益理念，它通过针对国家、社会需要而制定法律的立法者将公益的理念予以成文化，并最终通过法院在审理个案时对案件所涉及的公益进行判断及裁判，但其判断标准与当时社会的认识水平和价值衡量尺度有关，依然是弹性的、浮动的。

2. 受益对象的不确定性

对于公益概念，有人以大众福祉、公众利益、社会利益等解释之，即享有利益的对象是公共的。迄今为止，法学界讨论的公益概念问题，重点是围绕"公共"如何界定的问题。公共，公为平均；共为合力。合起来的意思是：共同进行平均分配；亦指公有的，公用的；大家。② 语出《史记·张释之冯唐列传》："释之曰：'法者天子所与天下公共也。今法如此而更重之，是法不信于民也。'"对"公益"的法律界定是世界性的法律难题，是利益博弈的平衡点，界定范围过宽将损害物权稳定与安全秩序，界定过窄将影响公益事业的发展。有学者认为，提出一个能被普遍接受或关于公共利益概念的客观定义是不可能的，尤其不可能用实质性的词句去为公共利益下定义。③ "当问到什么是公共利益时，困难就随之产生了。它是大多数人的利益吗？倘若回答是肯定的，那么，怎样去确定大多数人在政策中真正希望的东西……"④ E. R. 克鲁斯克、B. M. 杰克逊在《公共政策词典》中指出，公共利益是社会或国家占绝对地位的集体利益，而不是某个狭隘或专门行业的利益。公共利益表示构成一个政体的大多数人的共同利益，它基于这样一种思想，即公共政策应该最终提高大多数人的福利，而不只是少数人的福利。⑤ 这里有一个至关重要的问题，就是大

① 参见陈新明《德国公法学基础理论》（上册），山东人民出版社 2001 年版，第 182—183 页。

② 见百度百科词条"公共"，http://baike.baidu.com。

③ See Framk J. Soraut，"The Public Interest Reconsidered"，*Journal of Politics*，1957，19（4）：616 - 639.

④ ［美］詹姆斯·E. 安德森：《公共决策》，唐亮译，华夏出版社 1990 年版，第 222—223 页。

⑤ ［美］E. R. 克鲁斯克、B. M. 杰克逊：《公共政策词典》，麻理斌等译，上海远东出版社 1992 年版，第 30 页。

多数人与少数人的利益之间的关系，公共利益如果以牺牲少数人的利益为前提，显然是不符合公平和正义原则的。即便同属多数范畴，51%和99%所包含的利益诉求之广度截然不同，持有同样政策意见的群体之利益诉求强度也是不同的。"公共利益"之"公共"即Public包括所有社会成员，应该是多数和少数的总和。阿克顿勋爵认为："我们判断某个国家是否真是个自由国家，最可靠的办法就是检验一下少数派享有安全的程度。"①因此，这里的多数概念应该是有一定限制的，否则多数就不会公正平等地对待那些少数。只有多数受到限制并认识到所有社会成员的平等地位，才能构成彼此尊重、相互包容的公共理性之前提。多数不是恒定的部分，多数原则要求的是可以改变的多数。②值得我们思考的是德国的纽曼（F-J. Neumann）提出的观点。他认为，对公益的判断可以包括两种情况：第一，"公共性原则"，即开放性，受益人是不确定的。公益是一个不确定的多数人的利益，而判断受益人的多少则是由该利益效果所及之范围所决定的；也就是说，只要有大多数的不确定数目的利益人存在，即属公益。这是强调数量上的特征。第二，"客观公益"，它是基于国家、社会所需要的重要目的及目标——或称"国家任务"作为判定公益概念的要素。③这一标准将对公益的认定由人的受益转化为目的的价值，也称为"客观公益"，它是借助于国家权力来达到的。但是，哪些是国家目的？哪些是国家社会急需的目的和目标？是否会导致国家可以借以达成这些目标来侵犯私益或其他更重要的公益？对此纽曼并未予以回答，但他关于"公益的对象是不确定的多数人"的观点至今仍是广为人们承认的标准。而他关于国家任务的观点，正是我们讨论国家在保护公益方面的权力与公民的权利之间关系的一个切入点。

（二）环境公益

环境法中的环境公益，即环境公共利益，是公众对环境享有的利益。环境公益属于公共利益中的一类，但因环境的特殊性质，环境公益的内容也相应有别于其他的公共利益：

---

① "The History of Freedom in Antiquity"（1877），see *Essays on Freedom and Power*，New York：Meridian Books，1955，p. 56.

② ［美］乔·萨托利：《民主新论》，冯克利、阎克文译，东方出版社1998年版，第36页。

③ 陈新民：《德国公法学基础理论》，山东人民出版社2001年版，第183—186页。

首先，环境法中的环境公益是人类根本利益，在所有公共利益中处于优先地位。环境公共利益关系到人类维系生命和世代传续的根本利益，其重要性要优于其他公共利益，当其他公共利益与此冲突时，必须为人类的生存和健康让路。

其次，环境法中的环境公益的内容已经超越了物质所有权属性，而体现为适宜人类生存和发展的环境品质。环境由若干的物质因子组成，这些物质因子（如森林、土地、水等）在组成一定品质的环境生态系统时，具有公共物品性质；但当它们作为特定人类的生产资料或者生活资料时，又可以成为独立的"物"而能够成为所有权的客体，其产生的利益表现为私人利益。这两种价值是同时表现在环境这个客体上的，环境并不会因为具有公共利益和私人利益的双重价值而自动分开：一棵树，若表现为公共利益，那么它可以制造新鲜空气、涵养水源、防风固沙、调节气候；若表现为个人利益，那么它可以生长果实、提供燃料、作为制作家具的原料、还可以变卖。[①] 环境法所调整的环境公益则超越了物质所有权属性，实质是人类健康地生存的利益，这不仅需要环境因子的物质属性，还必须要这些环境物质妥善地结合，形成适宜人类生长的高质量环境。

再次，环境法中的环境公益在时间维度上要大大长于其他公共利益。环境公益不仅为当代人所需要，而且为后代人所需要，环境公益也是前代人留给后人的遗产，并需要永久维护下去的利益。

最后，环境法中的环境公益在空间维度上具有跨地域性特点，其利益主体和影响范围要远远高于其他公共利益。在地球环境中，所有的环境物质和能量都在相当大范围内进行流转，许多环境事件的影响范围都超越了国界、洲界，如温室效应和沙尘暴的影响，已遍及全球各地，所有波及的人们，不分国家、种族、信仰，均主张共同环境利益，这是其他类型公共利益所不具备的显著特点。

二 环境公益损害与环境公害

环境公益损害与环境公害密切相关，谈到环境公益损害救济的概念，首先要了解什么是环境公害。在人类工业文明未发达之前，人类控制自然能力尚有局限，地球生态系统为各种生物提供相对稳定繁衍生息的条件，

---

① 吕忠梅：《环境公益诉讼辨析》，《法商研究》2008 年第 6 期。

人类与生态系统的关系仍是互益共存的。但在工业文明时代以后，人类认识和掌控自然的能力空前发展，目前，人类不仅在地球生态系统中处于绝对优势地位，而且掌握了足以毁灭地球生态环境的核聚变技术，足以成为地球生态界的主宰。不过，人类尚无法脱离地球生态系统独立生存，这使得人类与自然的关系变得异常紧张而复杂。人类的活动正急剧地改变着地球生态系统的物质和能量循环，生态系统又在物质不灭和能量守恒定律规范下努力适应着人类的活动。生态平衡不断地被打破，被迫退守至下一个平衡点，一批批顽强的物种就在这退守平衡过程中逐渐绝灭。面对地球环境的恶化，人们开始反省甚至怀疑，人类难道一定会是地球上坚守至最后的物种？在这种"兔死狐悲"式的哲学反思中，环境公害概念应运而生。日本《河川法》中第一次采用"环境公害"一词，指河流侵蚀、妨碍航运等对公众所造成的危害。① 1967 年《环境公害对策基本法》将"环境公害"定义为：由于事业活动和人类其他活动产生的相当范围内的大气污染、水质污染（包括水的状态以及江河湖海及其他水域的水质情况的恶化）、土壤污染、噪声、振动、地面沉降（采掘矿物所造成的下陷除外）以及恶臭，对人体健康和生活环境带来的损害。后来，妨碍日照、通风等，也被法律规定为环境公害。② 而且，上述列举式的定义内容随着新的公害为人们所认识而不断扩展。我国 1978 年《宪法》中首次使用"环境公害"一词，但至今尚无法定解释。现在人们通常把因环境污染和生态破坏等对公众生命健康和财产安全所造成的危害称为环境公害。③ 在人们通常的理解中，环境公害包括环境污染造成的公害和生态破坏造成的公害。前者仅指能对公众生命健康和财产安全造成危害的环境污染，而后者除包括对公众造成危害的环境污染外，还包括能对公众造成危害的生态破坏。笔者认为，上述定义值得肯定，本书需要补充的是，公害与私害的概念是从英美法系国家借鉴而来的，私害是指对专属个别自然人或法人及其他组织所享有的私权益造成侵害和妨碍的行为。而公害则是指对属于广大公众成员共同享有的权益造成侵害和妨碍的行为。具体到环境领域，与

---

① 参见百科词条"环境公害"，http：//www.hudong.com/wiki/%E7%8E%AF%E5%A2%83%E5%85%AC%E5%AE%B3。

② 包茂宏：《日本环境公害及其治理的经验教训》，《中国党政干部论坛》2002 年第 10 期。

③ 参见百度百科词条"环境公害"（http：//baike.baidu.com）和 1978 年修订《中华人民共和国宪法》第 11 条第 3 款"国家保护环境和自然资源，防治污染和其他公害"。

前述的环境概念相对应，环境公害的定义，也应当是基于人类为主体的环境视角推开的，它作为现代人类文明发展的副产品，是指人类活动导致人类赖以生存的环境中的物理、化学、生物性质改变，足以影响人类健康和资源永续利用的公共利益损害行为。从法律角度来分析环境公害的概念，它具有如下内涵：第一，它是一种现象、状态。它是对人类生存足以发生影响的环境破坏现象。第二，它是一个开放性的概念，其内容随着人类认知程度的变化和防范措施的落实而不断"吐故纳新"，某些人一时无法认知的潜伏性环境损害行为，也会因人类科技水平的提高而逐渐被纳入到概念之中。第三，它是因人为活动产生的损害，不包括自然灾害、动物行为造成的损害。法律的功能在于规范人类的行为，自然界和动植物均不是法律规范的对象。第四，它以足够导致人类生存环境品质下降的环境污染和自然生态破坏行为作为概念构成的要件，它不包括那些损害"环境"以外的其他公共利益的行为。

"环境公害"与"环境公益损害"有密切的联系，但亦有明显差别。"公害"一词是与"公益"相对应的概念，在中文里的含义更侧重于从主观上判断某一事物是"益"还是"害"，公害是从"对人类有害的"这一负面价值评价角度对某一事物所作的主观定性，如害虫、害鸟等。"公害"与公害造成的"环境公益损害"之间是因果关系，而不是同等关系；而且，从研究法律救济的角度来说，法律救济的对象不能是"环境公害"这一对人类有害的事物本身，或者是"公害"这一造成"危险或者损害"的原因，而只能是"公害对人类造成的损害"这一客观状态或者后果。因此，本书将研究对象"环境公益损害"定义为因环境公害造成人类损害的客观状态或者后果。需要说明的是，"环境公益损害"虽然包含相邻地区、区域之间因资源利用、环境污染产生多数人共同的利益损害（如土壤污染、河流污染等造成的损害），但不包含人们个体之间因相邻关系产生的私妨害（如相邻房屋住户之间因采光、噪声、恶臭等产生的损害）。

三　环境公益损害与环境侵权

澄清"环境公益损害""环境侵害"和"环境侵权"的概念，对救济制度设计和立法指导思想影响重大。关于"环境侵害"与"环境侵权"，国内学者争论已颇为激烈。"环境侵权说"者认为，"环境侵害"强调损害结果，疏于对行为的惩处，且环境侵害只反映环境受损的一种客观状态，而没有反映出以人为保护主体的立法要求，特别是没有涵盖人身健康受到侵害的内容；而"环境侵权"的优点在于不强调证明损害结果，只要证明有侵害行为就可以主张救济，且与《民法通则》第124条确定的特殊民事侵权制度相衔接，与"有权利就有救济"的法律思想相吻合，对于环境污染造成人类健康和财产受损害的各类情形，完全可以通过对现有制度的修正实现救济。持"环境侵害说"者认为，侵害是一种不利益的事实状态，侵害概念的内涵更丰富；环境侵权仅针对人的私权利的侵犯有效，无法囊括公权力损害、环境本身受到的损害和社会公益损害，环境侵害的提法更能反映环境本身的损害和环境公共利益损害救济的特殊要求，以环境侵害为基础设计的救济方案更符合对环境这一特殊对象保护的需要，并能与传统侵权理论划清界限，进而形成环境法独特的救济体系。笔者虽然同意"环境侵害说"的观点，不过，由于"环境侵害"与"环境侵权"两个概念在词形、词意和内涵上仍有很大程度的交叉和重叠，而"环境侵害"一词，似有"生态中心主义"倾向，不完全符合对人类有利的生态利益保护的要求，也不足以满足当代环境法关于保护有利于人类整体生存和持续发展的环境品质的要求，与其在这两个词之间咬文嚼字，不如直接采用"环境公益损害"的概念，这既能突出环境公益损害救济的特殊要求，也充分尊重现有立法已广泛采用的"环境侵权"概念；既有利于推动传统环境侵权法律制度的优化与发展，又有利于围绕"环境公益损害"建立环境法独有的全新的救济体系，避免环境法学在此问题上产生与民法学"争地盘"的嫌疑。

而将"环境公益损害"概念与"环境侵权"区分的理由如下：第一，环境公益损害概念中关于人类整体享受良好环境生态品质的利益、后代人的利益的内涵，是环境侵权所无法涵盖的；第二，环境侵权追究的是民事责任，而环境公益损害的后果则不仅有民事责任，还会导致刑事责任、行政责任；第三，环境公益损害除了一般民事主体能够引起之外，还可能因行政机关公权力行为或者国家行为所致，该情况是民事侵权理论难以应付的；第四，环境公益损害的发生以环境为媒介，侵害行为首先损害人类赖以生存的环境要素，再通过环境的生态作用间接导致人类利益的损害，这是民事侵权理论难以解决的；第五，随着人类认识视域的扩展，环境除了经济价值外，还有生态价值和精神价值，采用环境公益损害的概念具有前瞻性，可以涵盖将来可能出现的对环境本身生态价值和人类精神价值的赔偿，这为环境救济理论的发展留下了更大的空间。

四　环境公益损害的特征

（一）高度科技背景

一方面，环境公益损害的最大特点就在于其与科技发展水平紧密相连，环境公益损害是人类文明的副产品，从产生、发展到形成，从它获得人们的认识、了解、论证、确立以至于采取措施进行分类、治理和预防等，这所有的过程，都与人类科技发展水平息息相关。许多环境公益损害起因是科技发明成果，而它们的危害往往是常年积累后才被人们所认识和发现。例如 20 世纪初期广泛用于制冷剂的人工化学合成物氟利昂，直到它被大量使用 50 余年后，才通过科学家对臭氧层的探测活动，发现它已对地球生态屏障造成巨大破坏。又如高效农药 DDT 在生物圈内的循环聚积，起源于科学发明，又在多年后被科学证实是一场超级生态灾害。同时，某些环境公益损害的认定，由于涉及非常复杂的因果关系，必须经过大量的科学研究和论证，才能得出一个肯定的答案。而且，受人类科技水平和认识水平的限制，相当部分的环境公益损害，在其原因不明时，人们只能通过统计推理的方法，判断其可能会对人类造成损害，至于损害的程度、时间及范围，科学界一时无法得出确切的结论。再者，环境品质的界定、人工行为对环境产生影响的评估、环境公益损害预防规划以及环境公益损害治理效果的评定，均涉及高度的科技背景，需要科学进步为我们提供更准确、更有效的方法。

另一方面，由于人类科技水平具有局限性，世界各国政府在实施社会管理决策时，往往会面临决策所依据的科技信息不全面的困境，今日所做的决定在日后都有可能被证明是错误的或者不妥的。如我国在 20 世纪五六十年代推行的鼓励生育政策，已给当代中国带来了巨大的人口压力，该决策失误虽系时代使然，但更源于决策者对于人口学相关的科学信息无知。因此，科技发展既可以带来新的环境公益损害，也可以认识未知的环境公益损害。由于科技背景风险的存在，有的决策者为求慎重或不敢负责任，而采用拖延策略，一味等待科技进一步研究后再决定；有的则漠视科技信息提示可能的风险，以"掩耳盗铃"的方式仓促决策。其实，面对科技与资讯不全条件下给政府决策可能带来的风险，成熟的政府管理者们考虑更多的不是停止决策，而是如何充分利用最新的科学技术，减少和防范决策风险和损害后果，对于已为科学研究证明是错误的旧有政策，政府需要迅速变更，并立即对决策错误引起的环境损害进行救济。

（二）广泛利益冲突

由于环境本身具有"公共财产"的性质，环境公益损害问题与社会经济发展和资源的利用息息相关，环境公益损害的认定、预防、管理和救济往往涉及对已有市场主体利益的重新分配，用与不用或者如何使用可能带来环境公益损害的物质，关闭造成环境公益损害的工厂等，都将引发广泛的利益冲突。任何一项防治公害措施政策的出台，都会影响到中央与地方政府的利益、行业与企业的竞争利益、企业的经济利益与受害人的健康利益、消费者的消费权益、从业人员的工作利益。同时，环境公益损害的潜伏性还会导致利益隔代分配的问题，上一代人在享用物质文明成果的同时，其遗留下的长期环境污染物质和资源破坏，会严重影响下一代人的生存利益。此外，环境公益损害所带来的利益冲突亦可能表现在国际上，臭氧层的破坏、温室效应、酸雨、沙尘暴、核污染等问题都影响到国际性或者区域性利益，各国对这些公害问题如何采取补救措施，又如何落实，往往引发处于不同发展阶段的国家之间的利益冲突。为了平衡这些广泛而复杂的利益冲突，环境公益损害的救济不能绝对式地保护单一利益，而必须在资讯公开、科学决策和民主协商的框架下，对各类冲突做正确的利益衡量和轻重缓急次序的排定。

（三）主体的不确定

如前所述，环境损害行为分为私害行为和公害行为两种，私害行为侵害的对象是固定范围内的若干自然人、法人和其他组织，其受害主体能够确定且可以量化，即使其实施损害行为的主体不确定，但通过确定受害地域所有权的管理责任（如高度危险作业和坠地落物损害），私损害的受害人也可以通过民法的私权利救济途径得到有效救济。而公害行为侵害的主体和受害主体均不容易界定，这是典型的"公地"，大家都是公地的过客，来去匆匆间，谁损害了公地以及谁在公地上受到了损害，的确不容易确定，即使有人主张自己是受害者，但公地的领域是开放的，公地也没有所有权人，无法确定损害主体，权利无法救济。

（四）主体的不平等

无论是类似于2005年的松花江水污染事件而造成的事故型公害污染，

还是类似于淮河众多污染源造成的累积型公害污染，加害人和受害人的地位都具有不平等性。加害人多为经济基础雄厚，有着良好风险控制能力的企业或集团，受害人则多为经济薄弱，没有风险抵抗能力的普通农民、渔民和市民。加害人和受害人经济实力悬殊，受害人难以运用法律手段维护自己的合法权益。公害污染中加害方和受害方主体经济地位的不平等客观上造成受害人举证能力和维权能力的不足，增加了其主张权利的困难。对于累积型公害污染，还存在着污染主体众多、责任难以明确、因果关系复杂等问题，需要更多公权力的介入以达到对受害人的有效救济。

（五）损害后果的复合性

环境损害后果十分复杂。类似于淮河污染的累积型公害污染，其污染源往往来自生产生活的各个领域，既有工厂排出的废水、废液，也有两岸居民的生活污水、垃圾，还有农民使用化肥而造成的污染等。甚至这些污染事件中受害人本人也往往同时是污染物的排放者。诸多污染源产生的污染物种类繁多，性质各异，这些污染物常常是经过转化、代谢、富集等反应后，才导致污染加剧而造成损害。如1956年日本发生的"水俣病"，是因当地的一家氮肥厂将含汞的废水排入河中，使汞富集于鱼体之内，当地居民吃了这种鱼而致病。在这个系列环节中，单一的某个环节并不会导致"水俣病"，但经过这一完整的富集过程，最后导致了"水俣病"这一损害后果。[①]

（六）损害的持续性

累积型公害污染损害常常透过广大的空间，经历长久的时间，经过多种因素的复合积累后形成，因此而造成的损害是持续不断的，短期内很难被发现。同时，由于科学技术水平和人们认识上的限制，某些类型的污染常常缺乏有效的治理方法。事故型公害污染则对环境具有更大的破坏性，其损害持续时间也较长，切尔诺贝利核电站的泄漏和爆炸事故使附近数十万居民背井离乡，至今尚有数万居民不能回到故土，当地环境也遭到了毁灭性的破坏。

（七）损害的关联性

公害污染所涉及的范围通常比较广泛，从地域上看，受影响的地区可能限于几个村庄、县市，也可能跨越几个省区，几个国家，乃至整个地

---

① 参见百度百科"水俣病"，http://baike.baidu.com/view/42227.htm.

球；从利益内容看，公害污染往往同时侵犯公民身体健康权、休息权、财产权等多项权利；从受害人人数上看，此种类型污染中受害人人数往往较多。随着全球经济的发展，环境问题也日益严重，例如空气污染、公海污染。在这个人类共同生存的地球上，在人类想出移居其他星球的办法之前，这些问题也就成为全球共同关注的焦点。相对于每个独立的国家来说，环境就是一个全球性公共领域——"公地"，因为它具有明显的外部效应。

第二章　公地悲剧理论及其对环境公益损害救济的启示

第一节　"公地悲剧"——环境公益损害救济的逻辑起点

公地的悲剧是现代经济学上的一个重要理论。公共资源具有消费竞争性、非排他性和不确定性等特征，使资源使用者面临强烈的搭便车、规避风险和责任的诱惑，从而使公共资源一直面临着过度使用、退化和潜在毁灭等"公地悲剧"问题。人们对现象的关注可以追溯到古代。亚里士多德就曾指出："最多的人共用的东西得到的照料最少，每个人只想到自己的利益，几乎不考虑公共利益。"① 霍布斯（Hobbes）关于在自然状态中的人的故事是公地悲剧的一个原型：人们寻求他们自己的利益，最后彼此相互厮杀。亚当·斯密认为："君王的注意，至多只能在极一般的、极广泛的考虑上，看怎样才有所贡献于全国大部分土地的改良。至于地主的注意，则是在特殊的细密的计较上，看怎样才能最有利地利用他的每寸土地。"②

一　"公地悲剧"现象的发现

现代经济学家们将目光聚焦于公地悲剧问题，是从对十五六世纪英国的"圈地运动"中"公共牧地退化"现象的研究开始的。③ 封建时代的

---

① 转引自［美］V. 奥斯特罗姆、D. 菲尼、H. 皮希特编：《制度分析与发展的反思——问题与抉择》，王诚等译，商务印书馆1992年版，第84页。

② ［英］亚当·斯密：《国民财富的性质和原因的研究》（下卷），郭大力、王亚南译，商务印书馆1972年版，第392页。

③ 盖志毅：《英国圈地运动对我国草原生态系统可持续发展的启示》，《内蒙古社会科学》（汉文版）2006年第6期。

英国，曾经有这样一种土地制度，即封建主在自己的领地中划出一片尚未耕种的土地作为牧场（称为"公地"），无偿向牧民开放。这本来是一件造福于民的事，但由于是无偿放牧，每个牧民都养尽可能多的牛羊。随着牛羊数量无节制地增加，公地牧场最终因"超载"而成为不毛之地，牧民的牛羊最终全部饿死。此后，随着资本主义时代的来临，由于工业发展的需求，一些贵族通过暴力手段非法获得土地，开始用围栏将公共用地圈起来，据为己有，并将农民驱逐出牧场，迫使其变为供资本家使用的自由劳动力，这就是我们历史书中学到的臭名昭著的"圈地运动"。"圈地运动"使大批的农民和牧民失去了维持生计的土地，历史书中称为血淋淋的"羊吃人"事件。但是"圈地运动"的阵痛过后，英国人惊奇地发现，草场变好了，英国国民作为整体的收益提高了。由于土地产权的确立，土地由公地变为私人领地的同时，拥有者对土地的管理更高效了；因为，为了长远利益，土地所有者会尽力保持草场的质量。英国正是从"圈地运动"开始，逐渐发展为"日不落帝国"。1968 年，美国学者哈丁（Hardin）在《科学》杂志上发表了一篇题为《公地的悲剧》的文章，对上述现象进行了归纳和总结。① 哈丁在总结该案例时指出，这是一个"向所有人开放"的牧场，每一个牧民可以在该牧场上自由放牧并获得牲畜收益。由于牧场是公共的，牧民从增加牲畜中得到直接利益，放牧引起牧草总量的减少以及草场的逐渐退化等损失是潜在的和渐进的，该损失将由现存牧民以及未来加入的牧民共同承担；因此，在眼前逐利心理影响下，每一个理性的牧民都会尽可能多地增加自己放牧牲畜的数量，通过更多占用牧草资源，将损失转给他人或者后人承担（即行为的外部性）；并且，在获利效应驱动下，不断会有新的牧民加入放牧队伍，只要牧民放养一头牲畜的产出价值大于其放牧成本，这一过程就不会结束。结果，公共牧场必将因过度放牧直至毁灭。哈丁说："这是一个悲剧之所在。每个人都被锁定在一个系统中，这个系统迫使他们在一个有限的世界里无节制地增加他自己的牲畜。在一个奉行公地自由使用的社会中，每个人追求他自己的最大利益，毁灭是所有人都趋之若鹜的目的地。"在此，哈丁所隐含的结论是，个人的理性策略将导致集体的非理性结果，似乎向理性人能够获得理性结果这一基本信条发起了挑战。

---

① 参见百度百科"公地悲剧"，http://baike.baidu.com/view/548733.htm。

二　对"公地悲剧"的早期理论分析

(一) 囚徒的困境

继哈丁之后的经济学家们在研究"公地的悲剧"产生原因时，又提出了"囚徒困境博弈论"，[①] 这被概括为一种所有对局人都拥有不完全信息的非合作博弈。在非合作博弈中，对局人之间的交流是被禁止的或不可能的；它考虑这么一种情况：参与同一桩犯罪活动的 A、B 两个嫌疑犯被隔离审讯；每个嫌疑犯都有承认犯罪从而把另一个囚犯也牵扯在内的选择，又都有否定参与犯罪的选择；如果一个嫌疑犯坦白而另一个否认，则坦白者将被开释而另一个嫌疑犯将承担全部的惩罚，比如说判处 10 年监禁；如果两个嫌疑犯都坦白了，则按其犯罪事实酌情减刑，比如说各判 5 年监禁；如果两个嫌疑犯都否定参与犯罪，则两人均会被无罪开释。两个嫌疑犯会怎么做？如果坦白，怕严惩，10 年、5 年都有可能；如果坚持否认，虽然两人均会被无罪开释，但因两人无法沟通信息，一旦自己否认而同伙坦白，则自己将面临重罚，"二害相权取其轻"，由于担心同伙背叛，他们冥思苦想的结果只能是坦白。问题的关键是两个嫌疑犯没有办法协调他们的行动，如果能够相互信任，彼此的情况都会好一些。囚徒的难题在现实生活中俯拾皆是，比如说军备竞赛和军备控制的问题、卡特尔中的欺骗问题，以及我国俗语中"三个和尚没水吃"的问题等都是极其典型的案例。谁都想占便宜，结果却是谁都丢失了便宜。萨缪尔森和诺德豪斯认为这是一种"理性的无知"，它表明"利己之心是如何导致不合作的、污染的和扩军备战的世界——一种恶劣的、野蛮的和使生命短促的生活方式"。而且即使交流是可能的，对局人之间的口头协议仍被假定为是没有约束力的，除非有约束力的协议明确作为博弈结构的一部分（即 A、B 之间就是否坦白达成有约束力的有效承诺）。[②]"完全信息"是指所有对局人都知道博弈树的全部结构以及与结局有关的回报。对局人是否知道其他对局人目前的选择，取决于这些选择是否是可观察的及承诺是否有效的。

"公地悲剧"成为后来的经济学家们共同使用的一个重要术语。自此

---

① 廖靓：《破解环保博弈的"囚徒困境"》，《经济管理》2006 年第 11 期。

② 参见［美］卡里·W. 约埃《萨缪尔森和诺德豪斯〈经济学〉学习指南》，汪祖杰等译，复旦大学出版社 1995 年版，第 145 页。

以后，"公地悲剧"成为描述资源和环境退化的一个代名词：任何时候只要许多人共同使用一种稀缺资源，便会发生资源和环境的退化。如果"公地"只限于少数牧场和渔场的话，研究"公地悲剧"就没有什么普遍意义。事实上，"公地悲剧"已经被用于描述诸多经济现象，例如萨赫勒的饥荒（PicardiandSeifert，1977）、酸雨问题（R. Wilson，1985），摩门教会的组织（Bullock and Baden，1977）、城市犯罪（Neher，1978）、现代经济中公营部门与私营部门的关系（Scharpf，1985），国际合作问题（Snidal，1985）以及塞浦路斯的种族冲突（Lurnsden，1973）等问题。① 值得一提的是，"公地悲剧"理论在我国学者的研究中，还成为研究公有产权和我国传统公有制企业性质的逻辑出发点。

"公地悲剧"的实质就是个人理性的聚集形成非理性的结果，当每一个理性的人都试图扩大自己的利益，施外部性于他人，无限制地扩大社会成本时，其最终结局不是全赢而是全输，这就是"囚徒的困境"。著名经济学家萨缪尔森在《经济学》第18版中提出"污染博弈"模型，指出每一个不受管制地追求最大利益的企业向大气和河流排放污染，如果某一企业要消除污染，其顾虑就在于其他企业如果不同时治理污染，自己的治污成本就会导致产品价格提高，从而导致生意受挫，利润下降，甚至破产。因而所有厂商不可能采取利他主义态度即放弃或减轻污染，而只能恶性竞争。② "公地的悲剧"就是这种博弈的后果。

"公地的悲剧"理论对我国当前的环境问题具有较好的解释力。"公地悲剧"中对环境造成损害的经济活动的基本特征是小而分散，每一个人（厂商）对环境的损害往往是微不足道的，但这些微小行为的集合会造成巨大的破坏，被称为"微小行为的暴行"。我国最为严重的环境问题是水污染、大气污染，其污染源来自工农业生产中的废气、废水、固体废弃物和日常生活中的垃圾等。环境作为"公地"，每个人都在向其抛出垃圾，当抛出垃圾的人或厂家极多，并且没有有效措施促使所有人都减少其抛出的"垃圾"的数量时，公地悲剧就产生了，环境污染问题就会愈加

---

① ［美］埃莉诺·奥斯特罗姆：《公共事物的治理之道：集体行动制度的演进》，余逊达、陈旭东译，上海三联书店2000年版，第19页。

② ［美］萨缪尔森、诺德豪斯：《经济学》（第18版），萧琛主译，人民邮电出版社2008年版，第286页。

严重。我国人口多，日常生活垃圾多，高污染企业多，不明晰的产权多，"三废"多，"囚徒的困境"愈明显。我们不能把这一切都归因于环保意识的落后，因为许多地方虽然已深深意识到环境污染的严重性和治理环境污染的紧迫性，但为了保证本地在与其他地方的竞争中不处于劣势，谁都不愿先放弃污染环境的行为。可见，中国的环境问题具有深刻的社会背景。

（二）集体行动的逻辑

曼瑟尔·奥尔森（Manur Oson）在《集体行动的逻辑》一书中，以个人追求自己的福利为参照，对促使个人追求他们共同福利的困难性，做了一个与囚犯困境博弈密切相关的考察，奥尔森还特别对以下群体理论中表现出的乐观主义提出了挑战。该群体理论认为：具有共同利益的个人会自愿地为促进他们的共同利益而行动，群体易于为维护集团自身的利益而行动，在逻辑上应该是从理性的和自利的行为这一已被普遍接受的前提出发所得出的结果；换句话说，如果某一群体的成员有共同的利益或目标，并且如果这一目标的实现会使所有群体成员的境遇都比过去更好，那么已有的逻辑推论便是，只要在这个群体中的个人是理性的和自利的，他们就将为这一目标的实现而行动。奥尔森对只要存在着一种与群体有关的利益、就足以激发集体的行动去获取这一利益的假定提出挑战。在人们引证最多的一段话中，奥尔森指出：除非一个群体中人数相当少，或者除非存在着强制或其他某种特别手段，促使个人为他们的共同利益行动，否则理性的、寻求自身利益的个人将不会为实现他们共同的或群体的利益而采取行动。奥尔森的观点基本上是建立在这样一个前提之上：即如果一个人在集体物品被生产出来后，能当然地享有这一物品所带来的收益，那么这个人就不会有动机为这个集体物品的供给自愿奉献力量。奥尔森的著作比许多引用这段名言的人所断言的要乐观些。奥尔森认为中等规模的群体是否会自愿提供集体利益，仍是一个尚未解决的问题。他关于中等规模群体的定义不是取决于介入行动的人数的多少，而是取决于每个人的行动引人注目的程度。①

公地的悲剧、囚徒的困境和集体行动的逻辑，相互之间是紧密相连的，这些模式对认识个人试图实现集体利益时所面临的许多问题，规定了

---

① 参见［美］奥尔森《集体行动的逻辑》，陈郁等译，上海人民出版社 1995 年版。

一种可接受的方法。这些模式的中心问题是搭便车问题。任何时候，一个人只要不被排斥在分享由他人努力所带来的利益之外，就没有动力为共同的利益作贡献，而只会选择做一个搭便车者。如果所有的参与人都选择搭便车，就不会产生集体利益。然而，搭便车的诱惑如果支配了决策的进程，最终的结局将是任何人都不希望的。另一种情况是，有些人可能提供集体物品而另一些人搭便车，这会导致集体利益的供给达不到最优水平。因此，这些模式对解释完全理性的个人在某些情况下是怎样产生并不理性的结局，是非常有用的。不过，上述模式在早期过于绝对化，不加分析地落入了冷酷悲剧的假设，忽视了此类问题中还会存在人类相互合作和信息的共享，悲剧性的结局在实践中并非必然发生。

第二节　"公地悲剧"的经济学解决方法

自美国学者哈丁在《科学》杂志上揭示了"公地的悲剧"现象以来，"公地的悲剧"成了一个众所周知的问题。关于公地问题的解决，哈丁提出了几种方法："我们可以将其卖做私有产权；或仍作为公共财产保持它，但是分配'公地'进入的权利。"对于进入权利的分配，他又提出了几种办法，包括：以财富多少，通过拍卖机制分配，或根据某些一致同意的标准：如论资排辈、抽签、先来后到，等等。① 在哈丁之后，许多经济学家也提出过解决公地问题的办法和思路，其中，最有代表性的观点有以下三类。

一　科斯定理与市场失灵

（一）科斯定理

罗纳德·科斯从公共产权配置出发，试图消除公地悲剧造成的负外部性。他认为，之所以出现对公共物品的滥用，就在于公共物品产权的模糊，只要明晰公共物品的产权，不管产权初始如何配置，只要公共物品可以自由交易，就可以在没有政府干预的情况下解决公共物品使用中的负外部性问题。这就是著名的科斯定理。以科斯为代表的西方学者试图最充分

---

① ［美］哈丁：《生活在极限之内：生态学、经济学和人口禁忌》，戴星翼、张真译，上海译文出版社 2007 年版，第 115 页。

地利用市场这双"看不见的手"解决"外部影响"的问题。1960 年，科斯在其著名论文《社会成本问题》中指出，只要"权利"是明确的，私人之间的交易活动在不存在交易成本的情况下，私人之间达成的契约同样能解决外部效应所引起的问题，实现资源的最优配置。① 人们后来将其理论称为"科斯定理"，该定理大致可以表述如下：在完全竞争条件下，若假定不存在交易费用和收入效应，根据西方经济学的帕累托最优状态标准，如果既定的资源配置状态的改变使得至少有一个人的状态变好，而没有使任何人的状态变坏，则认为这种资源配置状态的变化是"好"的，否则认为是"坏"的。② 根据该理论，"公地的悲剧"问题可以用明晰产权的方式予以解决，即只要权利是明晰的，无论权利如何分配，在生产外部效应和受外部效应影响的私人之间所达成的资源协议，将导致同样的资源配置效率。这种由私人通过权利交易解决外部效应问题的办法，相当于把环境资源系统本身当成一种特殊的私人"物品"，并为它建立一个市场；而在私人交易中支付的偿付金，无论由哪一方支付，就是这一市场上的产品价格，即环境资源系统本身的价格；在这一过程中，外部效应在市场上被"内部化"（internalization），从而保证了资源最优配置的实现。

（二）科斯定理在"公地"中的困境

从经济学的角度，科斯定理似乎找到了解决公地悲剧的良方。但是，从法律规范的角度来界定科斯所说的公共物品产权则困难重重。这是因为可以界定产权的公共物品必须要满足三个前提条件：一是它有确定的范围或者能够清晰界定的边界或者固定的组成要素，能够进行交易；二是有权分配公共物品产权的个人或家庭是明确的；三是有相应的产权交易市场。而公共物品，特别是环境物品的范围具有天然不确定性。例如地下水、空气、水体、臭氧层等。另外，需要置于产权控制之下的是公共物品本身，还是这些物品所具有的某些特性呢？例如，需要明晰产权的是空气和水体本身呢，还是它们的清洁性呢？姑且不考虑环境公共物品不确定的特性，仅就清洁空气而言，又如何将其分配给不同主体呢？无法通过物理手段置

---

① 参见 ［美］科斯《企业、市场与法律》，盛洪、陈郁译，格致出版社 2009 年版，第59 页。

② ［美］科斯等：《财产权利与制度变迁——产权学派与新制度学派译文集》，刘守英等译，上海三联书店 1994 年版，第3—58 页。

于某一主体的控制之下，这恰恰是环境公共物品的悲剧所在，即使在名义上明确了产权，仍不能阻止人类活动对环境的破坏。科斯定理的生命力还在于交换，而在环境领域，即环境利益的享有者与需要消费环境利益的经济主体进行交换，仍然存在三个无法突破的瓶颈：（1）高昂的交易费用，不管环境物品的产权配置给企业还是居民，巨额的交易费用都会使单个主体出让或购买环境物品成为不可能。因为，如果双方的交易仅涉及确定的少数人，则受影响的第三人不难与交易者就赔偿或改进生产方式等达成协议。在外部效应明显的领域，受外部效应影响的经常是众多而分散的非特定主体，此时交易协议就要由产生外部效应的主体与各个受影响的主体一一谈判而达成。交易对象的寻找和确定、谈判必备信息的收集、损失的精确计算等工作的完成需要耗费大量的时间和物质资源，如此巨大的交易成本本身难以使资源达到有效的配置。例如，受到紫外线损害的居民是无法与全球所有氟利昂生产者和使用者达成交易协议的。（2）科斯定理在不存在收入效应的假设下强调市场对资源高效的自主分配，至于这种分配是否符合公平的要求、是否有利于社会的长治久安，科斯定理则并不关注。我们知道，任何一种权利分配都必然伴随着不同的收入分配效应。权利对于权利拥有者而言，意味着一种收入；对于没有拥有权利的主体而言，意味着利益的失去或者付出。通过科斯定理，我们只能得到一个资源的最优分配方案，一旦市场行为异化，出现最优的"性恶"方案，则该分配方案可能恰恰与环境保护目标背道而驰。（3）市场只能在外部效应发生以后才能引导人们通过协议达到各方都能容忍的状态，但此时不利后果往往已经产生，特别是"环境公地"中，当人们发现环境质量已恶化时，污染往往已经比较严重了，甚至形成难以恢复的严重后果（如沙漠化），要清除这种后果可能需要耗费大量的资源，于是，"科斯定理"存在无法回避的重大缺陷，即市场行为的滞后性不能适应环境损害长期潜伏性和爆发突然性的需要。

二　公有化模式及政府失灵

（一）公有化模式及其优点

过去很长一段时间，西方经济学家受其国家私有经济体制的影响，很少对公有产权进行规范意义上的讨论，不少学者对公有产权存在研究上的偏见，认为公有产权即是经济低效率和悲剧，常用的例子是苏联的解体和中国改革开放前的经济窘迫。但是，近年来，面对私有产权在解决"公地的悲剧"问题上的软弱无力，经济学家们开始关注公有产权的作用，并提出了"公地的悲剧"之公有化解决模式——通过资产公有化及政府强制管理，由中央和地方政府对绝大多数自然资源进行控制。戴维·埃伦菲尔德（D. Ehrenfeld，1972）建议，如果"预计私人利益不能保护公共领域，那么就需要公共机构、政府或国际机构的外部管制"。罗伯特·海尔布伦纳（Heilbroner，1974）甚至认为，"铁腕政府"或是军事政府对于控制生态问题是必要的。彼特·斯蒂尔曼（P. Stillman，1975）指出，那些"强大的中央政府或一个强大的统治者"是公地管理必不可少的。在对发展中国家水资源管理中存在的问题进行分析后，卡鲁瑟和斯通纳提出的看法是：没有公共控制，"过度放牧、公共牧场土壤的侵蚀，或者以较高的成本捕到较少的鱼"，都必然会发生。他们的结论是："如果经济效率来自公共财产资源的开发，那就要求对公共财产资源实行公共控制"。对自然资源，如牧场、森林和渔场，实行集中控制和管理的政策方案，已经得到广泛的赞同，在第三世界国家尤为如此。①

　　公有化模式的优点在于：（1）政府或者公共机构拥有主要环境资源的所有权，在公地管理中起到主导作用，有利于统一协调"公地"内各方的利益，对"公地"资源的使用实施集中控制以实现其保护职能。（2）政府或者公共机构还可以通过投入财政资金等公共资源推动"公地"的开发与保护；如负责基础设施建设，特别是道路设施、供水供电设施等。（3）制度层面上，政府对"公地"内成员的行为有很强的约束作用，这主要体现在其设计、实施、监督和强制执行的各种外在制度上，这种制度是由权威机构以有组织的方式强加于社会并自上而下地付诸实施的规则，它往往借助于国家强制力集中控制，如用规划手段规定资源开发使用的方式，用行政控制、罚款、征税、补贴、管制等手段避免环境"公地"被破坏性地使用，用财政支持、补贴方式加强当地基础设施建设。（4）公有化在早期有很强的激励机制，在开发的前期，政府以其信用为担保，投入大量人力、财力、物力，辅之以"典型带动"的作用，带领"公地"内成员统一开发利用"公地"，因此政府的举动能给"公地"内

---

　　① ［美］埃莉诺·奥斯特罗姆：《公共事物的治理之道：集体行动制度的演进》，余逊达、陈旭东译，上海三联书店2000年版，第21页。

居民强烈的发展预期，使他们能很快地团结起来，出钱出力，"集中力量办大事"，在政府决策正确的情况下，能够短期内有效地促进"公地"的开发利用进入良性轨道。（5）政府在提供"公地"资源保护标准方面具有明显的信息和成本优势。要为环境"公地"系统提供一个维持资源可持续利用的保护标准是成本很高的一件事情，既受观念的影响，又受具体专业知识的限制。在这一方面，政府比个人和其他组织具有明显的信息和成本优势。一个运作良好的政府能够从环境"公地"长远保护的视野提供保护标准，能动用高水平的科研组织及人员、科学技术制定保护标准。

（二）公有化模式的弊端

不过，实践证明，公有化模式并非解决环境问题中"公地的悲剧"的灵丹妙药，该模式的弊端也是显而易见的。

1. 不完全信息与不对称信息问题。如果政府能够准确地确定一个"公地"资源的完全信息，准确无误地安排资源的使用、监督各种行动并对违规者实行成功的制裁，那么政府便能够改变"公地的悲剧"中囚徒困境博弈的结局，形成一个对牧人来说是效率最优的均衡。但是，该模式有效的前提是建立在信息准确、监督能力强、制裁可靠有效以及行政费用为零这些假定的基础上的。没有准确可靠的信息，中央机构可能犯各种各样的错误，其中包括主观确定资源负载能力，罚金太高或太低，制裁了合作的牧人或放过了背叛者等。不完全信息的所有形式都有令人关注的含义，均容易导致政府对资源使用者产生不切实际的约束和激励，依此设计的制度会对成员行为产生适得其反的效果，导致制度目标失败。

2. 政府在制度监督和实施中的高成本。在政府管理中，制度的监督和强制实施是成本高昂的过程。设计和执行有效监督机制的制度安排本身成本是很高的，而政府对成员个体行为直接监督是一个成本更高的过程，需要投入大量的人力、物力、财力和信息资源；况且，在大范围、多成员的"公地"内，中央政府不可能直接对每一个成员进行管理，而必须分级管理或者授权管理，在此过程中，要防止下级政府及官员的"寻租"现象，又要投入更多的重复监管成本，在环境"公地"保护的长期效益缓慢产出与政府短期成本急剧支出的不平衡之间，公有化方法对政府的管理负担是沉重而低效的，改革开放前的中国计划经济就是典型例证。

3. 政府的约束机制多于激励机制。政府通常以约束机制见长，往往约束强而激励弱，在强有力的约束机制和前期的激励机制下，短期效果可能非常显著，"公地"的开发和保护工作能够迅速开展。但从长期来看，该机制缺乏内生激励，内部个体往往认为这是政府的事，与自己无关，没有积极性和主动性去维护"公地"。特别是制度改革中后期的激励比较弱，两者不能均衡。

因此，在环境"公地"公有化解决方法下，政府需要保持对信息的完全掌握、投入高昂的监管成本以及强有力的约束和激励手段，从历史的角度来看，这种理想主义的"全能政府"至今尚没有出现过，即便出现，也难以持久。况且，不论是中央政府还是地方政府或者信托管理公共机构，都必须面对形形色色的集体组织和利益团体，美国著名经济学家奥尔森演绎的"集体行动的逻辑"（logic of conectvie action）说明，尽管每个人都能获益于集体的形成或存在，但他们并不是为了公共利益而行动，个人理性不会促进集体的公共利益。在奥尔森看来，集团的共同利益实际上可以等同或类似一种公共物品，任何公共物品都具有供应的相连性与排他的不可能性两个特性。公共物品的这两个特点决定了集团成员在公共物品的消费和供给上存在搭便车的动机。无论是大集团的成员还是小集团的成员，他们每时每刻都在理性地追求个人利益的最大化。奥尔森还认为，一个集团的人数是影响集体行动至关重要的因素，在大集团和小集团中的集团行动完全不同。在小集团中，利益互动可能产生集体利益，但是大集团成员追求个人利益最大化的结果却不会促进公共利益。因为：首先，同一集团的成员虽然有共同的目标和一致的利益，但是他们之间同时存在着深刻的冲突。在大集团中，这种利益冲突往往大于利益的一致，从而严重阻碍集体的公共利益的实现。其次，公共利益本身存在着强烈的搭便车的诱惑，集团越大，这种诱惑越强烈。最后，大集团的组织成本高昂，阻碍成员增加公共利益的努力。对于小集团，虽然其利益互动可能会产生集体利益，但奥尔森认为，由于其内部存在因成员的大小或对集体物品的兴趣相差悬殊所形成的不平等，因此，在小集团中不仅同样难以取得最大限度的集体利益，而且还"存在少数'剥削'多数的令人惊讶的倾向"[1]。在政府因信息失衡出现决策失误或者外在控制力减弱的情况下，"公地"的保护局面将迅速衰竭，在搭便车效应和囚徒的困境博弈行为推动下，"公地的悲剧"将再次上演。

---

[1]　参见［美］奥尔森《集体行动的逻辑》，陈郁等译，上海人民出版社1995年版。

三 集体自治模式的探索

（一）公共事务的治理之道——集体自治行动①

"公地的悲剧"理论模型说明，个人的理性行动最终导致的却是集体的非理性的结果。许多分析家均认为，除非彻底私有化，或者通过强权的控制，人类几乎难以摆脱这些悲剧性的梦魇。但是，事实又表明，人类社会中虽然到处都是公地的悲剧，但许多人却自主地摆脱了公共选择的悲剧，从而改善了福利。美国著名行政学家、政治经济学家，2009年诺贝尔经济学奖获得者埃莉诺·奥斯特罗姆教授在其代表作《公共事物的治理之道：集体行动制度的演进》一书中，着眼于小规模公共资源问题，在大量的实证案例研究的基础上，开发了自主组织和治理公共事物的制度理论，为解决公地的悲剧开辟了新的路径，根据其研究，公地内的人们能够在一定条件下把自己组织起来，进行自主治理，从而能够在所有人都面对搭便车、规避责任或其他机会主义行为诱惑的情况下，取得持久的共同收益。埃莉诺·奥斯特罗姆运用博弈论分析了这些理论模型所隐含的博弈结构，并从博弈的角度探索了在理论上可能在政府与市场之外自主治理公共资源的可能性。她提出了"自筹资金的合约实施博弈"，认为没有彻底的私有化，没有完全的政府权力的控制，公共资源的使用者仍可以通过自筹资金来制订并实施有效使用公共资源的合约。

埃莉诺·奥斯特罗姆教授认为，在公共资源环境中，理性的个人可能导致资源使用拥挤或者资源退化的问题。这时，理性的个人的问题就是如何通过组织避免独立行动的不利后果，要解决公共资源的集体行动问题，需要解决三个问题：（1）新制度的供给问题；（2）可信承诺问题；（3）相互监督问题。对此，埃莉诺·奥斯特罗姆教授通过研究分布在世界各国具有代表性的成功和失败的公共资源集体自治案例进行分析（成功案例存续时间最短的超过100年，历史最长的已超过1000年，如瑞士和日本的山地牧场及森林的公共资源，以及西班牙和菲律宾群岛的灌溉系统的组织状况，失败的案例如土耳其近海渔场、加利福尼亚的部分地下水流域、斯里兰卡渔场、斯里兰卡水利开发工程和新斯科舍近海渔场制度），总结

---

① ［美］埃莉诺·奥斯特罗姆：《公共事物的治理之道：集体行动制度的演进》，余逊达、陈旭东译，上海三联书店2000年版，第19—30页。

了集体自治制度得以有效运行所包含的八项"设计原则"：（1）清晰界定边界。公共资源本身的边界必须予以明确规定，有权从公共资源中提取一定资源单位的个人或家庭也必须予以明确规定。（2）占用和供应规则与当地条件保持一致。规定占用的时间、地点、技术和（或）资源单位数量的占用规则，要与当地条件及所需劳动、物资和（或）资金的供应规则一致。（3）集体选择的安排。绝大多数受操作规则影响的个人应该能够参与对操作规则的修改。（4）有效监督。设立积极检查公共资源状况和占用者行为的监督者，或是对占用者负有责任的人，或是占用者本人。（5）分级制裁。违反操作规则的占用者很可能要受到其他占用者、有关官员或他们两者的分级制裁（制裁的程度取决于违规的内容和严重性）。（6）冲突解决机制。占用者和他们的官员能够迅速通过低成本的地方公共论坛，来解决占用者之间或占用者与官员之间的冲突。（7）对自治组织权的最低限度的认可。占用者设计自己制度的权利不受外部政府威权的挑战。（8）分权制组织。在一个多层次的分权制组织中，对占用、供应、监督、强制执行、冲突解决和治理活动加以组织。

埃莉诺·奥斯特罗姆教授还认为，这些原则是长期有效的公共资源自主组织、自主治理制度的基本构件，"这些设计，对公共资源及其相关制度的存续提供了一种可信的解释。这些设计原则能影响激励，使占用者能够自愿遵守在这些系统中设计的操作规则，监督各自对规则的遵守情况，并把公共资源的制度安排一代一代地维持下去"。缺乏其中的某项原则，将导致集体自治制度的失衡和失败。

对于"囚徒困境博弈"，埃莉诺·奥斯特罗姆认为其结论过分悲观，原因在于其理论假设局限于单一的囚徒困境结构和操作层次的分析，没有考虑到公地资源博弈中参与者之间会存在多层次的信息互享，并因此导致的合作现象。为此，埃莉诺·奥斯特罗姆教授考察了美国大洛杉矶地区南部一系列地下水流域的取水制度的起源。她分析了该地区发生的抽水竞赛导致的地下水资源退化、因此而引起的诉讼博弈以及企业家的努力。在这些案例中，如果按"囚徒困境"模型推断，抽水者们是无法自行终止抽水竞赛（一阶困境）的，自然也难以为终止抽水竞赛提供制度安排（二阶困境），但实际上，当地水资源生产者为了摆脱恶劣的抽水竞赛，在大量的诉讼无法解决问题之后，终于自主地建立了公共企业，对地下水资源进行适当的管理，形成了"多中心公共企业博弈"的格局。并且，加利福利亚州的抽水者们自觉地为公共自治制度建立提供了大量的帮助。"他们创建了新的民间协会。他们为分配抽水量而提起的诉讼支付了大笔费用。他们起草了法案，把它介绍给州立法机构，并在其他水生产者那里寻求到了足够的支持，使法案得以通过。他们创立了特别行政区，向所有在那些流域抽取地下水者收税，也向所有在地下水之上的财产收税。他们花费了似乎是无穷无尽的时间向公众提供有关流域地质结构的信息，以及各种热点问题、各方打算和未来可能性的信息。"

在研究公地中人们如何决定选择集体自治制度问题时，埃莉诺·奥斯特罗姆教授认为，一套新的制度取代旧的制度，可以界定为制度变迁。制度的变迁与否主要取决于这两套制度的收益和成本之比较。在此，要计算制度纯粹的收益总和是不可能的，这就需要确定影响收益评价的环境变量。埃莉诺·奥斯特罗姆教授认为，要估价一套制度的总收益，需要确定9个环境变量：占用者人数、公共资源规模、资源单位在时空上的变动性、公共资源的现有条件、资源单位的市场条件、冲突的数量和类型、这些变量资料的可获得性、所使用的现行规则以及所提出的规则。同时，制度变迁的成本包括转换成本，也包括监督和实施成本。影响转换成本的环境变量包括决策者的人数、利益的异质性、为改变规则所使用的规则、领导者的技能和资本、所提出的规则、占用者以往的策略和改变规则的自主权等变量，并且还包括当地占用者以往的制度决策以及外部政府所制定的要求。影响监督和实施成本评价的环境变量包括公共资源的规模和结构、排他技术、占用技术、市场安排、所提出的规则以及所使用规则的合法性等。除了上述环境变量影响制度的收益和成本评价之外，共有规范以及其他机会评估也通过影响当事人的贴现率从而影响制度的收益和成本。当事人居住地与公共资源的远近、当事人对可能拥有的其他机会的了解程度等，都会影响他们的贴现率，从而改变现有的收益和成本评价。

在这些分析的基础上，埃莉诺·奥斯特罗姆教授进一步分析了集体自治制度变迁的过程。她认为，市场的效率在于使企业家有积极性采取有效的措施以立于不败之地；但是对于无法界定产权的公共资源来说，私有化市场竞争反而会给公共资源带来毁灭性的恶果。这时，公共资源的制度变迁理论就应该有别于标准市场经济中的制度变迁理论。就如埃莉诺·奥斯特罗姆教授所说的，"一个较好的理论态度不是把规则变更的决策视为机械的计算过程，而是把制度选择视为对不确定的收益和成本进行有根据的评估过程"。"这样，我们就可以运用社会心理学家的研究成果，来分析人们对成本与收益的评估偏差。这些偏差主要表现在如下几个方面：一是人们对即时损失的重视程度要高于对未来收益的重视程度；二是当存在资源恶化指标并被普遍认可作为未来资源损害度的准确预测指标时，或当领袖们能够使其他人相信'危机'迫近时，人们便会愿意接受限制他们使用资源活动的新规则；三是与长期不确定的收益和成本相比，前期转换成本的计算不仅要容易些，而且更直观地主导了人们的判断；四是人们对以频率为基础的概率进行准确估计的能力也非常有限，他们对近期事件的重视程度往往要远远高于对很久以前发生的事件的重视程度；五是制度变革初期很少会有一个全能的治理规则，在规则的变革与大量不确定性相连的情况下，人们不太可能采用不熟悉的规则，而乐于接受其他人已在相似环境中使用过并被证明效果较好的规则；六是还需要注意如果制度变迁的收益超过成本，当事人也并不一定会自动地抛弃旧制度，选择新制度。如果人们觉得现有规则运作得还不错，他们就不会有什么动力去继续寻求更好的规则。'如果还没有坏掉，就不要去修它'，这种观念不仅适用于物质资本，而且适用于制度资本。"①

比较集体自治与政府管理两种方式在解决"公地的悲剧"问题的优劣时，埃莉诺·奥斯特罗姆教授认为，这要对政府管理方式进行两个层次的探讨。首先，假设官员是正直的，非常愿意帮助解决公地资源退化问题，"牧民"们就会等待政府来解决问题。对于当地的"牧民"来说，其主要问题是如何向不了解当地情况但又有权、有积极性来解决当地问题的官员介绍当地的"事实"，以引导官员创造一种优化当地境况的制度安排。那些能向外部官员充分表达自己立场的人，便最有可能赢得最有利于他们的规则（或例外解决办法）。从可能性上来说，正直、勤勉的国家官员完全可能在一些他们管辖的公共资源区提供很适合当地情形的新的公共资源制度。但是，这种制度供给方式也会出现消极后果，"试图把一套规则强加于整个辖区，而不是制定适合辖区内各地情况的特殊规则，会使官员们在建立和实施那些对当地占用者似乎是有效而公正的规则时遇到极大的困难。试图使当地占用者承诺遵守那些被他们认为是低效率、不公正的

---

① ［美］埃莉诺·奥斯特罗姆：《公共事物的治理之道：集体行动制度的演进》，余逊达、陈旭东译，上海三联书店2000年版，第47页。

规则是困难的，监督和实施这样的规则的成本必然要高于监督和实施由占用者参与制定的、适合当地情形的规则的成本"。其次，假设官员是腐败的、不正直的，这时制度供给问题就会变得更加困难，当地"牧民"也许有可能在法律框架之外创立他们自己的地方制度；然而，这些"牧民"必须是非常同质的，对他们的公共资源的状况很了解，对他们同伴的行为很了解，贴现率低，并在整体上具有前面所列举的、在这个极端上所希望有的全部特征。更有可能的结局是如公地悲剧、囚徒困境和集体行动的逻辑等模型所描述的悲剧性结果。任何人都不与他人合作，所有的人都生活在噩梦之中。①

（二）对集体自治型制度模式的评价

集体自治型制度模式的相对优势在于解决自主治理的制度供给、承诺和监督问题，主要依靠内在的力量特别是内在制度，而不是依靠外在的政府强制力量或其他力量解决"公地悲剧"问题。优点具体来说有以下两个方面：一是有利于建立一套符合当地实际的精致管理规则。因此，社区内一般会形成有一定行政资源、经济资源的组织，给予该组织一定的权力，并以制度性的合作规则来保证团体中的个人自觉遵守自治规则。没有由当地居民提供的、长期的关于不同经济价值的公共资源在时间和空间上的具体信息，没有当地居民对彼此之间的了解，没有经过当地居民对制度的不断修改和试验，政府管理安排下的官员们是不大可能设计出来精致的、对当地居民有切实意义的规则的。二是对当地居民有较强的激励和约束。从理论上看这一模式的激励机制在于一群相互依赖的人将自己组织起来，为了持久的共同目标与共同利益，进行自主治理、自主协调，并由此制定相应有效的制度安排，而不用担心因为引进了外界力量而削弱自身收益，因此团体中的每个人都有明确的目标和较高的激励。其约束机制在于团体内部依靠协商制定的成文规则（如许可证、奖惩措施等）与不成文的内在制度（舆论、风俗等）对团体内的每个人造成了影响力与压力，迫使他们按照团体一定的规则办事，否则将遭到团体的共同制裁。由于这种制度是出自居民内心自发要求追求长期利益的最大化，具有较强的激励性，同时又在内部达成了全体认同的约束机制，比较容易达到约束与激励

---

① ［美］埃莉诺·奥斯特罗姆：《公共事物的治理之道：集体行动制度的演进》，余逊达、陈旭东译，上海三联书店 2000 年版，第 50 页。

的均衡。

集体自治型制度模式的障碍在于：对一个公共资源系统进行自主管理的制度设计时，要同时满足埃莉诺·奥斯特罗姆教授总结的 8 项条件不是一件容易的事情。该模式要求当地居民要有足够强的自治意识与素质，能够解决可能进入的外来者取代当地居民占用资源的可能性，选举的自治管理组织必须有足够权威、能够值得信赖，这些条件受历史条件和国家政治环境的影响很大，不容易达到。

第三节　"公地悲剧"理论对环境公益损害救济的启示

自哈丁总结"公地悲剧"现象已经过去近半个世纪，社会经济学家们对其解决模式的探讨从未停止过。通过上述梳理，笔者认为，社会经济学家们的这些探索成果对环境法理论研究和立法有很强的启示作用，具体表现在以下方面。

一　理论模型化的陷阱

埃莉诺·奥斯特罗姆教授在研究集体行动的逻辑时指出："政策分析家的工具箱中有各种各样的工具，理论模型可能在特定的情况下是有效的，但是未必一定能够提供理想的政策选择方案。大量的经验性个案研究表明，实际的制度安排，要比任何简单的博弈结构更复杂。"[1] 这说明，政策分析家除了要进行理论思维之外，还需要以认真细致的经验研究为基础。探讨"如何以对人类在处理与公地悲剧部分相关或完全相关的各种情形中表现出来的能力和局限的实际评估为基础，去发展人类组织的理论。经验上可靠的人类组织的理论，能够把组织人类活动的各种不同方法及其后果传递给决策层，从而成为政策科学的实质性组成部分。理论探讨包括对规则的研究，它包括对现实场景中复杂事物的抽象，并确定以所观察到的复杂现象为基础的理论变量。为了对封闭系统中各种变量之间的逻辑关系做更细致的分析，还需要对每种特定的理论模型做进一步的抽象和

---

① ［美］埃莉诺·奥斯特罗姆：《公共事物的治理之道：集体行动制度的演进》，余逊达、陈旭东译，上海三联书店 2000 年版，第 67 页。

简化，这是政策科学的核心"①。埃莉诺·奥斯特罗姆教授认为，在"公地的悲剧"问题上，社会科学家的理论模型至多可以当作分析框架，因为"无法在一个模型中容纳下此等复杂的情形。当在模型关系中选择时，往往只能包括一个子变量群，即使如此，通常还会将其中的某些变量再设为零或某个绝对值。典型的假设还包括完全信息、独立行动、利益的完全对称，无人的失误，无互惠准则，监督和实施的零成本，以及环境无自主转化能力。这些假设所导致的是非常特殊的模型，而不是一般的理论"②。实际上，政策分析家往往以模型为基础，这已经导致环境管理出现了一些严重的问题，就如埃莉诺·奥斯特罗姆教授所说："完全依赖模型作为政策分析基础这一做法存在着一个认识上的陷阱，这就是学者会因此认为他们是无所不知的观察家，能够通过对系统的某些方面的规范化描述，领悟复杂的动态系统运作的真谛。有了这种自以为万能的错误自信，学者在向政府提建议时感到非常得心应手，而政府也相信学者的模型是万能的，能够纠正一切场景下存在的不完善的问题。""以公共资源问题的分析来说，社会科学家的模型化分析，对支持政府的更加集权化发生了四个方面的不良影响：一是使用公共资源的人被视为短期利益最大化的追求者，不会使用增进长期共同利益的合作战略。二是公地内的成员似乎落入了陷阱之中，没有外部政府的解决方案便不能从陷阱中解脱出来。三是把公地内成员自己可能建立的制度搁置一旁，或被作为低效率的制度加以拒绝，而不考虑如何使这些制度能有助于他们获得信息，减少监督和实施成本，公正地分配占用权和供应义务。四是所提出的由政府强制实施的解决方案本身，是以理想化的市场或理想化的国家模型为基础的。"③由此，我们不得不反思与社会经济学管理制度息息相关的法学理论研究，特别是充斥着需要应对大量"公地的悲剧"现象的环境法学，我们的法学家和立法者在设计环境立法时，是否未充分考虑制度供给、可信承诺、相互监督和制度建立与实施成本问题，是否有法学研究的理论模型与立法需要脱节之"闭门造车"现象。

---

① ［美］埃莉诺·奥斯特罗姆：《公共事物的治理之道：集体行动制度的演进》，余逊达、陈旭东译，上海三联书店 2000 年版，第 69 页。

② 同上书，第 34 页。

③ 同上书，第 72 页。

二 制度评估的新方法

绝大部分环境公益损害与"公地的悲剧"有关，因此，在对相应的法律救济制度进行设计和评估时，我们有全新的视角和科学的方法。如社会经济学研究表明，"公地"的救济制度设计应当考虑宪法规则、集体选择规则和日常操作三个层次，其中，宪法选择规则决定如何成立公地管理组织或者谁有资格制定公地管理规则；集体选择规则决定公地管理组织或外部当局如何选择并制定公共资源管理规则，包括政策决策的制定、管理和评判；操作规则是对资源管理使用规则的强制实施和监督的操作过程，它直接影响"牧民"的日常决策，包括：何时、何地及如何使用公共资源，谁来监督并如何监督其他人的行动，哪些信息应当公开和交换，如何进行奖励或制裁等。"一个层次的行动规则的变更，是在较之更高层次上的一套固定'规则'中发生的，更高层次上的规则的变更通常更难以完成，成本也更高，因此提高了根据规则行事的个人之间相互预期的稳定性。"环境公益损害救济制度作为法律类管理规则，其设计和评估也要遵循上述规律。又如埃莉诺·奥斯特罗姆教授在研究人类的集体行为时，与罗伊·加德纳、詹姆斯·沃克通过一系列的实验，考察在什么条件下个人会相互合作，占用或者获取特定实验室条件下所产生的公共资源，也考察在什么条件下传统理论的预测是正确的，研究结果表明：（1）当不允许占用者相互沟通时，他们倾向于过分占用，其总的占用水平逼近所预料的水平；（2）当允许占用者相互沟通时，他们所得到的共同回报显著高于其不能相互沟通之时；（3）当天赋条件较差时，面对面的沟通能够使占用者达成和维持接近最优占用水平的协议；（4）当天赋条件较好时，某些参与者倾向于违背协议，导致个体成员的共同回报也低于天赋条件较差的场合；（5）如果有机会对违反规则者进行监督和惩罚，但需要费用，占用者将愿意支付这些费用，以惩罚那些过分占用者；（6）当占用者公开讨论并就其自己的占用水平和惩罚体制达成协议时，违背协议的水平就非常低，其结果接近最优结果。① 这些最新研究为法学家们评估和设计环境法律制度无疑是颇有助益的。通过引入"公地的悲剧"理论研究成果，

①　［美］埃莉诺·奥斯特罗姆：《公共事物的治理之道：集体行动制度的演进》，余逊达、陈旭东译，上海三联书店 2000 年版，第 6 页。

无疑可以检验和评估现有环境法律制度的可行性，纠正并防止错误法律理论模型对复杂的立法实践的误导，推动环境法律救济理论研究和立法的发展。

三 "产权界定"困境的突破

"公地的悲剧"理论研究表明，由于"公地"本身所有权的性质不确定或难以确定，单纯的公有化、私有化甚至集体所有制的产权界定模式是无法适应环境公益损害救济这一以保护生态环境质量为目的的特殊法律制度需要的。通过上述社会经济学家们对"公地"内人们集体自治行为的研究，我们有充分的理由相信，环境法及环境公益损害救济立法可以跳出"产权的界定"这一两难困境，而将研究的重点转移到探索建立一种制度，能将环境"公地"中相互依赖的"牧民"组织起来，"从而使所有人都能够正确面对搭便车、规避责任或其他机会主义行为的诱惑，取得持久的共同收益"。如前所述，社会经济学研究给我们提供了一条全新的思路，即"在一个有限重复的囚徒困境博弈中，对局人确切收益的不确定性能够产生合作均衡和其他许多均衡。在这样的条件下，一个对局人会向另外一个对局人显示合作的意图，为的是使他们形成一系列互利有效的对局"。这样，当我们将环境公益损害救济立法的重点集中到解决可信承诺和相互监督问题上，就能够努力安排"公地"内的人们建立"互惠"的社会规则，形成一种信任的社群观念，以达到"公地的繁荣"。这里的"互惠"包括："（1）努力确定"公地"内的其他人涉及谁；（2）评估其他人是有条件的合作者的可能性；（3）如果确信其他人是有条件的合作者，决定与其他人进行初步合作；（4）拒绝与不互惠的人合作；（5）惩罚违背信约的人。"从根本上来说，"互惠"涉及对做出积极反应的其他人的积极行为做出反应，同时以某种形式的惩罚对其他人的负面行为做出反应。当公地内的大多数人认识并运用"互惠"规则时，每一个人都有可能因值得信任和作为一个互惠者而得到尊重，并因此获得利益。

第三章　环境公益损害救济的法理

第一节　第三法域的划分

一　对公私法划分的挑战

私法与公法各自相对独立的前提是市民社会与政治国家彼此分离，然而在当代，当由工业革命带来的社会问题和公害日益严重时，环境公益与自由资本经济之间的矛盾日趋尖锐，资本企业在自主经营、追求自身经济利益的同时，必须接受公众环保需求的限制；而国家也不得不关注环境公害问题，从而放弃"守夜人"的角色，在市场机制失灵时，越过"公域"界限，介入"私域"，并运用政治与法律手段予以调节。由于国家利益并不等于公共利益，如代际公平中后代人的利益、河流上下游区域的利益、工业排污与农业生产之间的行业利益以及采光权、清洁空气权、清洁水权等群体利益，均不属于或者不全部属于国家利益范畴，面对这些环境公共利益的救济需求，不论是公法奉行"国家或政府干预""权力法定""越权无效""法无授权不可为"的理念，还是私法倡导的"意思自治""人格独立""地位平等""行为自愿"的原则，均面临巨大的挑战。

（一）公法与私法的划分与第三法域的兴起

公法与私法的划分是大陆法系国家法律的基本分类。它源于罗马法，以法律维护的利益为标准，其中"公法规定的是罗马国家状况，私法是有关个人利益的规定"①。查士丁尼《法学总论》中规定："法律学习分为两部分，即公法与私法。公法涉及罗马帝国的政体，私法则涉及个人利益。"② 这种划分反映了国家利益与个人利益二元化的认识。19 世纪以后，

---

① 江平、米健：《罗马法基础》，中国政法大学出版社 1991 年版，第 9 页。
② ［罗马］查士丁尼：《法学总论》，张企泰译，商务印书馆 1993 年版，第 5 页。

随着西方商品经济社会的发展，在市民社会和政治国家分离思想的影响下，私人权利要求高涨，公私法的划分得到继受和强化，承认个人与国家的区别并重视个人的独立性及其利益的私法成为现代国家法律体系的独立组成部分。

关于公法与私法的概念及划分标准，众说纷纭，具有代表性的如下：（1）利益说。认为保护社会公共利益的法律为公法，保护私人利益的法律为私法。（2）应用说。法律规定的内容不允许私人意思自由抛弃或者变通的为公法，反之为私法。（3）主体说。法律关系主体的一方或双方为国家或国家授予公权力的机关者为公法，法律关系主体双方均为私人者为私法。（4）权力关系说。规定不平等关系或权力服从关系的为公法，规定平等的权利义务关系的为私法。（5）新主体说。规制国家或公共团体为其双方或一方主体，以权力服从关系为基础者为公法；仅规制私人间或私团体间的相互关系，以平等关系为其基础者为私法。①

总的来说，公法奉行"国家或政府干预""权力法定""越权无效""法无授权不可为"的理念，权力只有授予才能行使，一切权力的运作必须基于并源于民意和公意，在国家与公民、政府与社会之间的关系中，国家和政府是公共权力的代表，对各种社会公共事务实施管理并向人民提供服务。公法的基本内容就是为规范国家权力和政府行为而存在的，其根本目的是通过控制公权力来保护由私人组成的社会共同体之间的共存共处，表现为各社会共同体之间的秩序、安全、公正、自由等人类基本的生存价值和制度环境，调整的是政治关系、行政关系及诉讼关系等。私法倡导"权利本位""法不禁止即自由"，遵循"意思自治""人格独立""地位平等""行为自愿"以及"公平、诚实信用"等基本原则，私法调整私人之间的民商事关系即平等主体之间独立的私人利益，诸如财产关系和人身关系，权利主体制度（自然人和法人）、权利规则制度（物权、债权、人身权、继承权、知识产权）、权利行使制度（法律行为制度和代理）、权利保障或救济制度（民事责任制度）等构成私法的基本内容。

---

① 参见龙卫球《民法总论》，中国法制出版社 2002 年版，第7—8 页；郑玉波《民法总则》，中国政法大学出版社 2003 年版，第4—7 页；梁慧星《民法总论》，法律出版社 2001 年版，第32—33 页；［德］梅迪库斯《德国民法总论》，邵建东译，法律出版社 2004 年版，第11 页；［德］拉伦茨《德国民法通论》，王晓晔等译，法律出版社 2004 年版，第3 页。

值得提及的是，国家不必然是公法的主体，当其作为行政管理者的身份时，是公法主体，但国家参与平等经济活动时（如发行国债、接受无主财产等行为时），它又是特殊的私法主体。

20 世纪以来，西方国家自由放任主义被削弱，福利国家观念崛起，国家对经济和社会的干预明显加强，以"法的社会化"为特征的"第三法域"（即社会法）介于公私法之间而崛起。这一法域，主要包括反垄断法、反不正当竞争法、社会保障法、环境保护法、消费者保护法、劳工法等。社会法的出现，主要是随着社会发展，传统个人主义、自由主义的利益达成之理想在现代社会中无法完全实现，对于社会中的弱者，法律需要通过社会化的手段加以切实保护。① 社会法的蓬勃发展，很大程度上突破了公法、私法分立的传统，使得私法与公法、民法与行政法、契约与法律之间的划分已越来越趋于模糊。② 罗尔斯·庞德将利益分为个人利益、公共利益和社会利益三类，据此，当代著名法学家德国人普罗斯基提出，应以三分法取代传统的二分法，把法分为私法、公法和社会法。在私法领域，个人在对全体成员都适用的法律范围内，根据自己的利益判断来决定法律关系的形成；在公法领域，国家或其他依公法组织的团体通过其公务员决定法律关系的形成，公务员必须严格遵循上司的指示，上司又必须严格遵循法律和宪法；在社会法领域，某些自愿组合的团体（如工会、雇主联合会等）或通过选举产生的利益代表机构（如企业委员会）也参与、决定法律关系的形成。③ 然而，更多民法学者并不赞成存在一个所谓独立的社会法，认为基于社会保护的需要，虽然有法律在一定程度上突破了严格的公私二元划分，更为精细地调整社会生活，但并未因此根本颠覆公、私法划分的基础。拉伦茨指出，虽然存在这方面的法律发展，有关团体或利益机构的确参与了经济生活或劳动条件的形成，它们因此承担相应的责任，但是其本质上仍然处于私法领域。到目前为止，所谓社会法不过是当代经济秩序和社会特点在私法的一些领域的特殊反映而已，虽然这种反映

---

① 董保华、郑少华：《社会法——对第三法域的探索》，《华东政法学院学报》1999 年第 1 期。

② 参见［德］拉德布鲁赫《法学导论》，米健译，中国大百科全书出版社 1997 年版，第 77 页。

③ ［德］卡尔·拉伦茨：《德国民法通论》，王晓晔等译，法律出版社 2004 年版，第 7 页；［德］梅迪库斯：《德国民法总论》，邵建东译，法律出版社 2004 年版，第 10—11 页。

趋势还在不断增强。① 梅迪库斯承认，对《社会法典》的适用范围和社会法院的管辖范围而言存在所谓"社会法"，但又认为不应把私法中决策受到约束的那一部分归入"社会法"，他认为这一部分法律与私法的差异与其说是质量方面的，不如说是数量方面的。②

德国学者帕夫洛夫斯基（Pawlowski）提出以公法、私法和社会法三分法来取代传统的两分法。三元论目前在德国学界颇有影响。三元论者注意到了当代法律的一些实际发展，即公私法的交错形式上产生了作为中间领域的新型法域，如劳动法和经济法等。社会法的出现，说明法律在一定范围上突破了传统的二元划分，正朝更精细的调整目标迈进。③ 但是，传统二元划分并不过时。因为，公私法划分的基础在于承认个人与国家的对立存在并重视个人的独立性及其利益，只要国家存在，这一基础就不会消失；再者，社会生活中确实存在着两类不同性质的社会关系、两类不同性质的审判机关和两类不同性质的诉讼程序，而目前这种司法体制及诉讼途径（民事、刑事和行政诉讼）都没有改变。

除了上述社会法的冲击外，公法和私法关系自身也发生了重大的变化，首先是法出现了明显的分层结构和分类，如宪法从传统公法中提升为有最高权威的根本法，接着从技术的角度区分出实体法和程序法，实体法中分出宪法、刑法、行政法、民法等，在程序法中区分出刑事诉讼法、民事诉讼法等。④ 其次是受社会变迁和福利国家思想影响，行政法的任务由单纯的强制干涉转变为服务行政或引导行政。最后是私法出现多样化和内部分离趋向，特别私法领域出现了劳动法、经济法（竞争法、卡特尔法）、知识产权法、私保险法、消费者权利保护法等特别法，这些特别法的产生是私法充分认识到了现代社会中存在弱势群体或者特殊群体，需要给予特殊保护；特别需要注意的是，私法与其特别法的关系不同于公私法的分立关系，特别法仅仅是私法个别领域的补充。⑤

关于上述公私法的划分，当代许多学者务实地指出，在判断什么属于

① ［德］拉伦茨：《德国民法通论》，王晓晔等译，法律出版社 2004 年版，第 7 页。
② ［德］梅迪库斯：《德国民法总论》，邵建东译，法律出版社 2004 年版，第 10—11 页。
③ 龙卫球：《民法总论》，中国法制出版社 2002 年版，第 9 页。
④ 参见［德］梅迪库斯《德国民法总论》，邵建东译，法律出版社 2004 年版，第 5 页。
⑤ 同上书，第 16—17 页。

公法或私法时，必须注意分析"历史上的原因"。将某项具体的法律制度或者法律关系归属于公法或者私法，或者使公法和私法在许多方面相互交错，只能从历史的原因中做出解释。① 如在劳动法中，既有公法的成分，又有私法的成分，经济法也是这样，也是由于历史原因在其中起着一定的作用的缘故。② 公私法的划分是对人类社会生活多样性属性及人的多层面社会存在状况的描述，用作为西方文明的市民社会理论来解释我们目前的生活现状仍然没有过时。现实生活中的每个人都具有双重身份或地位：一方面他是政治国家的成员即公民，参加政治国家领域内的一切必要活动，其行为受公法调整；另一方面他同时又是市民社会的一分子即私人，在市民社会领域内与法律地位平等的其他人实施各种民商事活动，其行为受私法调整。以立法现实为例，各国宪法中规定的是公民而不是自然人的基本权利和义务，这些权利义务是公民作为政治国家成员所应当具有的。而民法中确认的是自然人的财产权利、人身权利及相应的义务，这些权利义务是自然人作为市民社会成员即私法主体从事民事活动所必需的。③ 但是，这并不影响法律区分公法与私法，其不仅是历史的产物，也是现代法的基本原则和法秩序的基础，我国要完成现代法制建设，不能没有公法和私法的二分。在必要的范围内应适当模糊公法和私法界线，确保"公共利益"目标的实现。现代国家负有社会照顾、促成社会福利的义务，个人亦负有顾及社会保护、维护社会正义、善待弱者的义务，公共利益和私人利益不能分离，公法与私法在公共利益面前都有必要做出相应调整。

　　前述任何一种区分学说，都或多或少是公式化的，并不能对现实存在的法律材料做出准确的描述，分清属于公法还是私法。按照拉伦茨的说法，"在公法与私法之间，并不能用刀子把它们精确无误地切割开，就像我们用刀子把一只苹果切成两半一样"④。但是，这并不意味着公法和私法不存在区分，相反，二者之区分已经成为一种法治事实。当今世界各国法律制度大都是在公法和私法二分的基础上发展起来的，大都是自觉地按照公法和私法的区分进行着立法和司法。所以，虽然社会法的出现模糊了

---

① 参见［德］梅迪库斯《德国民法总论》，邵建东译，法律出版社 2004 年版，第 13 页。

② ［德］拉伦茨：《德国民法通论》，王晓晔等译，法律出版社 2004 年版，第 7 页。

③ 童光法：《公法与私法划分之探讨》，载《首都高校哲学社会科学研究文集》，知识产权出版社 2005 年 6 月版。

④ ［德］拉伦茨：《德国民法通论》，王晓晔等译，法律出版社 2004 年版，第 7 页。

公法和私法划分的标准，但是这并不影响我们的法律按照公私法划分的传统而存在，而且我们还必须把公私法分立作为现代法的一项原则加以遵循。那种因社会法出现而认为不存在公法和私法区分，或者认为不应该存在这种区分的观点是错误的。

（二）环境公益损害救济对私法的挑战

如前所述，环境公益损害行为影响空间范围广、受害对象多，且侵害行为与发生损害结果之间因果关系复杂、时间跨度大、社会性强，这些特点均给传统的私法调整方法提出了挑战。如环境公益损害的侵害主体与受害者之间实质上的地位和经济条件的不平等对私法的"自愿平等"原则发起了冲击；多个排污主体在无故意或过失的心态下实施长期排污行为造成复合累积损害，对注重"行为人的共同主观故意"的共同侵权理论面临重大挑战；合法排污行为造成的损害颠覆了传统私法的"过失责任"原则；环境公害因子的缓释性和潜伏性（如日本的"富山痛痛病"就潜伏了几十年时间），使得私法上的侵害的因果关系判定发生困难；环境公益损害以环境为媒介的间接性使传统的以直接侵害为要件的私法侵害理论难以保全。对于上述问题，私法中的法律责任理论因无法提供有效的救济而基础动摇，从而使私法自治、过错责任等原则不得不做出调整，环境公益损害的无过错责任、社会责任等理论应运而生，以弥补传统过失责任原则的缺陷。同时，现代发达国家环境公益救济实践，要求立法确定国家干预、环境信息公开、因果关系推定和环保社会责任分担等原则，已对传统私法中的契约自由原则、所有权绝对原则构成了颠覆性冲击；跨地区、跨流域的大范围、多因素污染救济问题，也令传统私法局限在相邻关系救济措施而"望洋兴叹""力不能及"。

我国法律的公私法关系与西方资本主义国家相比，本已界限不清晰，且有明显的公法强于私法、私法保护手段偏软的特点，私法是随着改革开放以后，在公法的框架里顽强地生长出来的，这导致我国环境公益救济需求与公私法的冲突更为明显。一方面是"环境保护是我国的根本国策""环境保护、人人有责""为我们的后代留下一片绿荫"等呼吁声和"科学发展观""节能减排"等国家环境保护政策的大量出台，另一方面是大量的环境公益救济请求案例屡因"因果关系难以查明""原告主体不适格""达标排放污染"等立法缺陷而被驳回，"公地的悲剧"使环境公害案件有陷入"无救济"状态的危险，对此，法学家们在传统的公私法划分之间寻找我国环境公益救济的定位，更加是迷茫徘徊、不知所终。

　　实际上，我国法学界关于公私法划分的时代背景，是在改革开放后，在社会、个人、国家的多元关系中，国家在经济发展的压力驱使下，通过主动缩小控制范围，改革控制方式，规范控制手段，国退民进、逐步扩大了社会的自由活动的空间，促成了国家与社会间的结构分化，形成中国特色的"私法"体系，以产权的多元化和经济运作市场化为基本内容的经济体制改革则直接促进一个相对自主的社会形成。同时，受党政合一的社会主义中央集权式政治体制影响，政府公权力始终保持对自由市场经济私权利的强力干预和控制是社会经济生活的常态，反映到立法中，就出现了私法领域立法带有浓厚的国家干预和公法掣肘的特点。要将欧美国家私法尚难以胜任的环境公益损害救济重任，寄压在中国柔弱的私法体系脊背上，无异于螳臂挡车之举，这也难怪我国环境法关于环境公益民事诉讼的研究从一开始就举步维艰了。

　　（三）环境公益损害救济对公法的挑战

　　传统法律理论认为，维护社会公益乃国家之职责，对危害社会公共利益的行为，理应由国家适用公权力追究其责任，公民私人无权亦无须介入；法院被认为只处理个人利益之间的纠纷，而不管理有关公共利益的事务；行政权的行使原则上不受司法干预，"起诉资格的限制"的目的就是用以阻止法院过分介入行政机关的事务。公法调整公权力关系，由于环境公益的保护必然要使用公权力，因此，环境公益救济与公法关系密切；但是，环境公益救济法律制度的设置目的在于维护公众对环境公共物品和资源所享有的特定权利和利益，这种权利和利益是独立于政府公权力之外的客观存在，不以政府公权力存在为前提，也不是公权力行使的产物。环境权益不仅是每个公民都可以行使的，而且作为这种权利标的的财产具有为公众需要的性质，已具有典型的私权利特征。这种权利是公众成员所共有的，但却是可以分别行使的。如公众在某湖泊区域内航行和取水的权利，湖泊内的水域和水资源作为公共财产，是公众共有，也是每个人可以单独航行和取用的，如果该湖泊水域被非法填埋或者污染，不仅从根本上损毁了水域和水资源，也侵害了每个人在该水域内航行和取水的权利，政府作为公有财产的管理人，有义务阻止这种破坏公共财产行为，这里基于政府保护的每个人在水域内航行和取水的权利，虽然与传统民法意义上的私权利有所差别，但它们肯定具有私权利的性质，而绝不应是公法上的公权力。因此，环境公益救济并不属于完全意义上的公法范畴。而且，从理论逻辑而言，完全的公法管理模式确实能够在一定时期内集中力量有效缓解环境"公地"外部性的负面影响，但是，长期来看，它存在着因代理问题而导致的政策迟滞、政策失误、政策缺失，以及政府的集体"寻租"或官员的个人腐败等顽症。1949 年之后尤其是近 30 多年来的我国公共资源管理实践，几乎无可辩驳地证实了完全公法治理模式的制度性缺陷，它导致了公共资源的集体性浪费和掠夺式开发，加剧了我国公共资源"量"的萎缩和"质"的变异。颇为荒谬的是，政府一次次试图克服"公地悲剧"的制度举措，所导致的公共资源灾难却更加深重。

我国改革开放后 30 多年经济高速增长的同时，环境问题和社会的可持续发展问题日益成为摆在政府公权力面前的难题，公法在环境保护及环境公益救济方面的作用日益有限。实际上，我国环境保护走的是一条加强行政管理的政府主导道路，环境保护活动一直是中央政府自上而下推动型的，政府的高层领导从宏观管理的角度，为保护我国的环境资源，保证我国社会经济的持续发展，一直是环境保护的发起者和促进者，在中央政府于 20 世纪 80 年代倡议将环境保护定为我国的基本国策之前，普通百姓，甚至包括地方政府的环境意识较弱，许多人根本不知道什么是环境保护。前国家环保局局长曲格平就曾说过，环境保护是靠宣传起家的。我国政府还是环境保护的主要监督者和环境纠纷的仲裁者，环境纠纷主要是通过政府用行政手段解决。随着环保法制的日趋完善，政府作为仲裁者的角色本应逐渐淡化，但是由于一些特定的制度安排（比如"行政首长负责制"）和没有充分分化的社会结构以及公众不太成熟的法制观念，实际工作中，政府依然是环境保护的主要组织者和协调者。受我国社会主义计划经济以行政管理为主导的影响，在 20 世纪 90 年代一度比较热闹的讨论中，所谓"经济靠市场，环保靠政府"的口号似乎成为共识。而且，这种共识为环境公地中不可避免的外部性和环境的公共物品性质所强化。环境保护部环境与经济政策研究中心夏光先生曾提出两种主张：一种是主张加强环境保护工作对于经济发展决策过程的影响程度，通过建立环境与发展综合决策的有效机制防止或减轻环境所承受的压力；另一种是强调环境保护工作主要应立足于严格执法，通过严厉的和震慑性的措施树立起环境保护工作的权威。夏光先生明确指出，"两种工作思路的共同点是特别强调政府的环境管理作用，含有政府包办环境保护工作的指导思想"①。实践证明，政府主导型环境保护确有其内在的局限，按照赵黎青的研究，政府主导型的环境保护，其局限性体现在两个矛盾上：一是政府代表权的有限性与环境问题对社会造成危害的全面性之间的矛盾，二是政府存在的暂时性与环境影响的持久性之间的矛盾，这样，政府主导型环境保护的效率就要大打折扣。甚至，在许多情况下，政府本身就是环境状况恶化的根源。按照夏光的研究，政府承担环境保护功能时，也有"失灵"的时候。这种"政府失灵"主要表现在以下几个方面：（1）政府理性有限，使政府行为最多只能逐步逼近最佳环境管理效果；（2）政府中立有限，即政府在环境权益分配中加进了自身利益的考虑，改变了"中立的第三方"的身份；（3）政府实力有限，使政府面对大量的、纷至沓来的环境权益冲突事件时，心有余而力不足；（4）政府灵活有限，使环境管理政策在很大程度上比合理水平要多牺牲一些经济效率。

　　笔者认为，政府主导型环境保护的局限性还不止于此。实际上，由于长期以来的政府主导型特征，导致了我国公众在环境保护问题上对政府的某种依赖性。具体地说，这种依赖性体现在三个方面：（1）环保意识和环保行动的依赖性，面对众多的环境问题，公众缺乏自发、自觉地参与解决的意识，在更多的时候是通过一些原有的制度化渠道（如"人民来信、上访"）向"上面"反映，要求解决；更有甚者，只是坐等"上面"来解决。环境保护被看成只是政府部门的事，与己无关，坐等搭政府管理的"便车"；（2）环境信息的依赖性。根据在北京和上海两座城市的调查，普通居民对于政府和准政府机构所提供的官方环境信息比较信赖，相对而言，对于非政府组织和个人所提供的环境信息的信赖程度就较低，有30%左右的居民认为，环境污染受害者组织所提供的环境信息"不太可信"或"不可信"。

　　在当前形势下，我国政府主导型环境行政管理面临更大的难题，体现在：（1）中央政府对各地环境信息掌握的片面性和时效滞后性，影响了环境政策的及时更新与调整，政府行政管理效率每况愈下。（2）排污企业的大量增加，污染物种类及影响范围的急剧扩大，使政府主导型环境保

---

① 夏光：《旗帜方向定位——环境保护工作地位与政策的有关思考》，《中国环境报》1997年11月第4版。

护的行政管理成本急剧增加，政府不堪重负。（3）社会阶层分化加剧，环境资源和利益冲突日益增多，民众将解决环境矛盾和纠纷的希望寄托于政府管理和行政裁决，矛盾的抱怨直指政府当局，管理者有苦难言。（4）由于政治经济体制改革使中央政府的社会动员与社会控制力度有所减弱，加上缺乏持续的激励和监督机制，政府力不从心。（5）政府控股的公有制企业是我国经济的主体，也是环境排污的大户，在国有企业的经济利益与生态利益、短期 GDP 增长与长期环境保护之间，中央和地方政府均扮演着"双面人"的角色，行政管理机关左右为难。①

综上，在我国这样一个政府公权力强势的社会中，大包大揽的中央和地方政府虽然对环境保护工作倾尽全力，强力干预，但仍难以满足当代环境公益救济的需要，公法手段在此的局限性可见一斑。

二　环境立法的尴尬与解脱

（一）环境法在法律体系中的尴尬局面

对我国环境法的发展历程，笔者拟作一个形象比喻：过去环境法好比是一只自生自养的"丑小鸭"，等到这只小鸭顽强地长大，并有了"黑天鹅"的气质时，又因为"待字闺中无婆家"，权且寄人篱下，而日久未嫁，大有沦落到"灰姑娘"的境地，只能在行政法、刑法、民法甚至国际法等"姐姐们"的强势夹缝中谋求生存，无法取得自己应有的家庭地位；只有当"王子"点名要举办"环境保护主题舞会"时，"灰姑娘"才有借"姐姐们"的"马车"去争取昙花一现的机会；一旦"舞会"结束，她便又得回到厨房，默默地劳作。典型的例子就如我国的土地和能源行政管理立法，当政府要改变某片土地规划或者筹建某个重大项目时，"环保""节能""减排"便成为最受欢迎的字眼，各类环境影响评价报告争相冠冕登场，力排众议；一旦规划或者项目获批，所谓的绿色规划、环保项目、节能减排产业……就逐渐低调起来，这些环保口号是否落实，均不得而知；并且，后续产业和工业项目建设与投产引起的缓释性污染及生态损害，只要不突发大事故，则鲜有问责者。对于公众投诉或者起诉，通过现有的行政法、刑法和民法救济途径，得到的答复多是原因不明或者

① 参见傅剑清《环境保护呼唤"法治"——对我国环境保护"管理型法制"的定位思考》，《湖南公安高等专科学校学报》2002 年第 6 期。

证据不足，不了了之；对于合法排污的累积性损害、多家企业排污的复合性损害、政府公务行为损害和生态型损害、资源枯竭型损害等环境法特有的损害类型，行政法、民法和刑法均出于自身法理的缺陷以及各自护短的心理，没有立法，无法救济。

因此，我国的环境公益损害救济立法进程实际上是受公私法二元法律体系划分的制约，处于十分尴尬地位。一方面，在外国环境公害责任立法成功经验影响下，我国环境法学相关研究成果已经有了长足进步，学界和公众舆论要求以政府救济责任、公民诉讼、无过错责任、环境保险、环境公害防止协议为内容的单独环境救济立法的呼声此起彼伏；另一方面，由于我国环境立法未"单立门户"，自始就被行政法、刑法、民法"分割"和"同化"，导致现有环境损害救济和责任立法一直零散分布在行政法规、刑法、民法等其他法律部门的条文中，而先进的环境公益救济法理需要建立环境法特有的多元化和系统化的全方位立体救济模式，因而与历史悠久的行政法、刑法、民法等分部门立法体系形成颠覆性的冲突，在各个法律部门的抵制或者牵制下，很难被立法机关所接受和采纳。

（二）环境公益损害救济的独立性

虽然笔者认为，在公私法以外单独划分出"第三法域"（或者社会法）的形式作用大于其实质作用，但是，由于环境法存在上述定位"左右为难、四处碰壁"的尴尬境遇，环境法有必要以第三法域的划分方式宣告自己的独立地位并自立门户。按上文的比喻，这一宣告类似于"灰姑娘的婚礼"，从此后，环境法这个"灰姑娘"就有了其应有的正式身份和地位，自成一个法律部门，独立出入"立法的王国"。而环境公益损害救济，应当就是"灰姑娘"那只非其莫属的"水晶鞋"了，它带着环境法独特的法律原理和调整方法，以独特的"尺码"让其他法律部门无法"穿戴"，从而让环境法从传统的公私法法域中脱颖而出。笔者认为，当前，正是传统的公私法法理和调整方法在公共利益保护领域，特别是在环境公共利益救济这只"水晶鞋"面前"捉襟见肘"之时；环境法这个"灰姑娘"理应当仁不让地穿上"水晶鞋"，向众人宣告自己的独立身份，建立自己的独立法域。具体的理由详述如下：

1. 独特的规范对象

公法、私法的调整的对象要么是平等地位主体间的法律关系，要么是国家公权力机关与个人这样绝对不平等地位主体之间的行政管理法律关系；而且，公法、私法所要解决的，多是两个（类）主体之间利益公平或者利益冲突问题，一般都是"一对一"或者"一对二"的特殊主体关系，不涉及"一对多"或者"多对多"的群体关系。而在环境公益损害救济法律关系中，出现一个责任人对多个受害人或者多个责任人对多个受害人的现象十分普遍；并且在救济法律关系中，还会涉及国家作为环境损害责任人的情形以及环保团体、社会救助力量和保险机构共同参与救济的情况，其利益关系和主体地位强弱关系远较单纯的公法、私法关系复杂。这也是公法、私法拘泥于国家与市民的划分已不能很好地保护环境公益损害救济中的弱势受害者的原因，因此，将环境公益损害救济从公私法领域划开，单独进行调整是极为必要的。虽然环境法保护的利益包括私人利益和国家利益，该部分利益划分仍然以市民社会为基础，但除此之外，环境法还要调整和规范更多的"社会利益、公共利益"，且这些利益冲突中，普遍存在利益主体群体化和利益种类多元化的现象，这已大大超出了传统公法、私法领域调整的界限；同时，这一领域虽然有国家的介入，但国家除了公法上的行政管理者身份外，还多通过出台产业指导政策、税收鼓励或者环保协议见证第三方等方式间接介入其中，况且特殊情况下（如军事训练活动），国家也是可能的责任主体，上述特征，已经足够将环境法与公私法领域划清界限。

2. 独特的法律原则

环境法的作用在于融合不同主体的利益需求，以实现公众和社会整体福祉为目标，采用的是"共损共荣""互惠合作"以及"利益平衡与社会正义"的法律原则，这与传统公私法以法律主体之间利益对立和利益竞争为导向的"此消彼长""平等自由""公平正义"的法律原则有本质性不同。在损害救济中，环境法将目光更多地关注于损害关系中处于弱势地位一方的利益以及与人类生存发展相关的生态利益保护上，它以"倾斜立法""不平等立法"等方式来矫正个体行为的"短视效应"及"互损效应"，防止个体采用"搭便车"和"恶性博弈"等非理性行为损害"社会共同利益"，以达到社会共荣。环境立法中"立法倾斜"不等同于"差别对待"，它既要促进各主体间建立"互信互利、互惠合作、共荣共益"的合作关系，又反对矫枉过正，以牺牲一方的合法利益为另一方无限制的"得利"作嫁衣。

3. 独特的调整模式

环境法在调整环境公益损害救济法律关系时，既要考虑保留所有权、契约自由、意识自治等私法权利，又要考虑通过国家积极行政来直接保障弱者的社会权利或通过间接国家干预以极其严密的法定内容来限定约定内容。环境法中的强制性规范表现为社会基准，人们必须共同遵守；环境法中的任意性规范体现于环保协议等契约中，当事人经自由的意思表示来确定权利和义务。因此，其法律调整模式具有双层次性：第一层次，"倾斜立法"约束了当事人对公共利益做出自由接受或拒绝的选择，而无法以自己的意志改变公益保护的要求；第二层次，在基本的保障下又充分体现了契约自由，在环境法的基础规范之下赋予当事人自由协商的权利，允许其签订事前预防或者事后救济的特别条约或者协议，这也是环境法基于公益损害救济需要而具有的独特的调整模式。

4. 独特的法律责任和执法体系

环境法对于环境公益损害救济要求实行无过失责任、危险责任、严格责任为主，辅之以社会保险和救助责任、国家环保责任等责任认定方式；执法体系上，既提升司法和行政机关共同维护公共环境利益的协同任务，又强调司法机关对政府机关消极不作为的审查监督权，还要给环境"公地"内实行各类自治管理留下制度实施的弹性空间。由于环境损害存在严重的信息不充足、搭便车外部效应以及产权主体和范围难以界定等"市场失灵"情况，而国家公权力的一味介入又导致"寻租"等"政府失灵"现象，因此单纯的公法刚性或者私法柔性实施方式均不能满足其救济需要，环境公益损害救济需要的是刚柔结合，既要以刚性的强制手段禁止重大环境破坏和污染行为，以保证环境品质满足人类生存的最低需要，又要在强制之余采用一些柔性的执法手段，以最低的执法成本达到社会和谐共荣的效果。比如通过建立生产设施转让、运行登记档案、公开环境监测信息、保存违法记录甚至建立公众环保论坛等，促使各类执法主体之间形成合力，内外结合、共同完成环境法的执行。

第二节   公共信托原则

一   公共信托原则概述

公共信托原则（the public trust doctrine）最早起源于罗马法中人法物之共有物（rescommunes）和公有物（respublicae）的规定；[①] 13 世纪后，在英国王权和国会之间的斗争中，国会借用该规定发展为早期的公共信托原则，以限制国王任意把其所有和占有的土地转让给其下臣，并禁止国王将国土对外让渡。[②] 此时的公共信托原则对让渡国土的限制是针对国王的，而非针对政府的。随着美国独立，公共信托原则被引入美国，其限制对象从王权转为政府的权力。美国早期最著名的公共信托原则案例——伊利诺斯中央铁路公司诉伊利诺斯州案中，法院引用该原则确认："州政府不得放弃其对大片土地的管理权。"[③] 此后，现代科技的发展和环境保护理念的提升，推动公共信托原则在美国和欧洲各国形态各异的案例中频繁地被适用，并且促使该原则适用出现内涵压缩和外延扩张的双向发展趋势，一方面，适用公共信托原则限制政府权力必须有"度"，既不能绝对限制政府维持公共资源的现状而导致社会经济的停滞，也不能完全认可政府任意改变公共资源的用途而导致权力的滥用和异化；另一方面，该原则保护公共信托财产的种类和范围也有从传统的土地、矿藏资源向大气、水、生物物种等环境资源乃至全球气候扩展的必要。

由于公共信托原则是在漫长的历史进程中通过若干判例逐步形成的一种动态的法律思想和法律原则，该原则的目的、内容、范围随着公众的价值观和需求而不断发生变化。[④] "公共信托原则……不应被认为是固定和静止的，而应为适应不断变化的条件和其为之服务的公众的需求而被塑造

---

① 参见周枏《罗马法原论》（上），商务出版社 1994 年版，第 276—280 页。

② R. Hall, *Essay on the Right of the Crown and the Privileges of the Subject in the Sea Shores of the Realm*，转引自吴真《公共信托原则研究》，博士学位论文，吉林大学，2006 年，第 5 页。

③ Illinois Central Railroad Company v. Illinois, 146 U. S. 387（1892）.

④ Marks v. Whitney, 6 Cal. 3d 251, 491 P. 2d 374, 98 Cal. Rptr. 790（1971），转引自吴真《公共信托原则研究》，博士学位论文，吉林大学，2006 年，第 19 页。

和扩展。"① 其保护的对象和限制权力的主体随个案的不同而有所变化，故不能归纳出一个准确的定义。不过，基于现代各国政府主管社会事务的现状，可以概括出其在当代民主国家中的思想内涵。如 1970 年，密歇根大学萨克斯教授在其发表的论文《为环境辩护》中，根据环境保护的需要提出了有利于环境保护的"共有财产说"（common property）和"公共信托说"，他认为：大气、水流、日光等环境要素是全体人民的"共有财产"，任何人不能任意对其占有、支配和损害；共有人为了合理利用和保护共有财产，将其委托给国家保护和管理；国家和人民之间的关系是受托人和委托人之间的关系，作为受托人的国家有责任为全体人民的利益对受托财产加以保护，即国家应该作为全体国民的委托人管理好环境；受托人如果滥用委托权，未经委托人同意处置此项财产，或由此而对委托人造成侵害，则应承担法律责任。"共有财产说"也认为：空气、水流、日光等是人类所必需的环境要素，不是自由财产，不得为一个人或数人所占有和支配，它们属于全人类的共有财产；未经全体共有人的同意，共有者中的一个人或数人不得擅自利用、支配、污染、损耗它们。② 政府对于与人类和国民公共利益相关的特殊财产，受社会公众的委托，承担起管理公共财产的义务，政府应当依据公共财产本身的性质，最大限度地保障社会公众对这些财产享有的权益。该定义包含有三个要素：公共信托财产、社会公众的整体权益和政府的管理义务。这三个要素之间互相联系，共同构成公共信托原则内在的三种逻辑关系。第一种是社会公众整体作为委托人与政府之间，就委托政府管理公共财产形成的信托关系，该关系中，政府必须在有利于公众整体利益的目标和前提下，通过履行信托义务对公共财产进行利用、保护和改善；第二种是政府在履行受托义务对公共信托财产进行管理时，与作为个体的公民或其他主体之间形成管理关系；第三种是作为整体的社会公众与作为个体的公民、组织之间，在政府管理下，就公共信托财产的使用形成利益关系。③

---

① Neptune City v. Avon by the Sea, 294 A. 2d 47, 54 （N. J. 1972），转引自吴真《公共信托原则研究》，博士学位论文，吉林大学，2006 年，第 19 页。

② 参见蔡守秋《环境权理论研究的成就和发展方向》，http：//www. riel. whu. cn/article. asp？id = 29623。

③ See Nancy K. Kubasek, Gary S. Silverman, *Environmental Law* （Fourth Edition），New Jersey：Pearson Education, Inc. , 2002, p. 112.

二　公共信托原则与私法

由于公共信托原则主要确立的是政府对公共财产的管理义务，政府是该原则的义务主体，公共财产的管理也常常有赖于政府正确行使公权力，因此，公共信托原则与调整平等主体之间的权利、义务关系的私法关系并不紧密；不过，由于文字字面意义相近，人们很容易将私法领域的信托关系与公共信托原则混淆。其实，私法上的信托关系，是由委托人将自己的财产交给受托人管理、处分，其获得的收益归第三方受益人享有的法律关系。将自己的财产交给他人管理的人为委托人，接受委托持有财产并负有管理义务的人为受托人，从信托行为中获得利益的人是受益人，委托人、受益人主体的分离，是信托关系的重要特征。公共信托原则与私法上的信托关系虽然都有"信托"的含义，但其历史渊源和发展路径及内容有很大的不同，公共信托原则起源于对公有物和共有物的使用的需要，发展方向是对王权和政府公权力的合理约束，该原则被广泛适用于"分散的公共利益需要得到保护以防止被具有明确而直接目标的小团体侵害"的宏观决策考虑范围内。[①] 而私法信托关系则起源于对私有财产的所有权和收益权分离的需要，发展方向是对财产使用方式的创新和完善，是通过将财产交给具有专业知识的受托人管理，以提高财产的利用效率，并非对受托人管理权力的约束，通常，信托财产的委托人和受益人范围是明确而具体的。

按照私人信托理论的逻辑来解释民主社会中的公共信托原则，我们可以明显感受到二者的差异：在这里，政府是受托人，社会整体公众既是委托人，又是受益人，信托财产是公众共同享有的资源或者财产。由于在民主社会中，政府是公众利益的代言人，听从公众的意愿并为其服务，民众授权是政府权力的根本所在，因此，公共信托政府管理公共财产实际上是自己委托自己管理自己的财产并自己受益，这样的信托是毫无意义的。笔者认为，产生上述逻辑背离的原因在于，在公共信托原则中，社会公众本身是一个多变且不确定的概念，它可以是某个社会中占优势地位的利益集体，也可以是社会中各类利益群体的集合，或者是一段时期内某种利益的诉求强烈者。政府虽然在理论上是公众利益的代言人和公共财产的管理

---

① Joseph L. Sax, *The Public Trust Doctrine in Natural Resource Law*: *Effective Judicial Intervention*, 转引自吴真《公共信托原则研究》，博士学位论文，吉林大学，2006 年，第 24 页。

人，但面对不同利益集体的诉求，其管理重点在各个时期不可能绝对公平，显然会根据利益轻重缓急而有所侧重；而且；现代政府通常由社会中占领导地位的阶层——执政党所主导，政府为了保证经济的发展和执政地位的稳定，常常会优先满足一部分公众的利益，而忽略甚至牺牲其他公众的利益。同时，公共财产和公共利益的内容不仅多样，而且会随着时代和社会需求的变化而变化；政府作为受托人的相应管理义务也会有所不同，如在石油资源丰富而水资源匮乏的中东国家，政府对公共水资源的管理义务要明显高于其对能源资源的管理义务。因此，上述公共信托原则中，实际能够代表所有公共利益而对外信托公共财产的委托人和能够代表所有公众接受政府信托管理利益的受益人都是无法实现的抽象概念，政府有特定的利益立场，其管理的公共财产内容也是因时变化的。这充分体现了公共信托原则与私法上权利义务主体及内容明确的信托关系是完全不同的两种理论，互不兼容。

三　公共信托原则与公法

公法是与私法相对的概念，它是调整公共权力、公共关系、公共利益和上下服从关系、管理关系、强制关系的法的总称，通俗的说法是公法调整公权力，私法调整私权利。由于国家依据公共信托原则履行信托义务，不可避免要使用公权力，因此，公共信托原则与公法关系密切。但是，公共信托原则的设置目的在于维护公众对公共物品和资源所享有的特定权利和利益，这种权利和利益是独立于公权力之外的客观存在，不以政府公权力存在为前提，也不是公权力行使的产物，它不仅是每个公民都可以行使的，而且作为这种权利标的的财产具有为公众需要的性质，已具有典型的私权利特征。这种权利是公众成员所共有，但却是可以分别行使的。如公众对某湖泊区域内航行和取水的权利，湖泊内的水域和水资源作为公共财产，是公众共有的，也是每个人可以单独航行和取用的，如果该湖泊水域被非法填埋或者污染，不仅从根本上损毁了水域和水资源，也侵害了每个人在该水域内航行和取水的权利，政府作为公有财产的受托管理人，有义务阻止这种破坏公共财产行为，这里基于公共信托原则产生的每个人在水域内航行和取水的权利，虽然与传统民法意义上的私权利有所差别，但它们肯定具有私权利的性质，而绝不应是公法上的公权力。因此，笔者认为，公共信托原则虽然与公法关系密切，但并不是完全意义上的公法原则。

四 公共信托原则与社会契约

从公共信托原则的形成过程看，它与社会契约理论的关系也较密切。国外大量公共信托原则的判例中，公共信托原则适用的目的往往不是对财产所有权属和使用权利主体的争议，而是涉及限制财产所有权者不适当地使用财产，或者限制政府将公共资源不适当地让渡给私人。这一问题解决的根源在于如何定位国家与公民之间围绕公共财产形成的权利义务关系。从古代自然法的思想，我们可以找到公共信托原则与社会契约理论的共同渊源，即"自然法的基本律令就是保全生命，繁殖抚养后代，追求真理和建设一个和平社会"[1]。孟德斯鸠亦将自然法总结为："自然法是人类因其本性所决定，在自然状态中接受并在社会中继续存在，调整人类与自然关系的规律。"[2] 人类生存必然依赖于大自然的物质供应，在人类的生存这一根本利益面前，任何王权或者私人对资源财产的绝对所有权都要被限制。在现代民主社会中，社会契约论学者将政府管理公共财产的权力来源归结为政府与公众之间的社会契约，即每个公民把其对公共资源的权利交给政府，由政府根据全体公民的整体生存利益统一行使，这里的生存利益是指人类整体能够长期、和谐地生存，而不是社会的部分成员以牺牲其他成员或者后代的生存环境为代价换取的暂时的物质享受。以土地为例，即使是在土地绝对私有化的国家，私人对土地的所有权相对于无限的土地地理坐标来说，都只能是暂时的，人的生命有限性决定了任何一个土地所有者都是这片土地的过客，随着其生命湮灭在历史的长河中，他留下的土地将继续供养后代人生存，为此，前人在占有土地期间，负有为后代人合理保存土地的义务，政府负有相应的监督和管理义务。在这里，社会契约论者认为，政府管理资源的依据就来源于社会契约。如社会契约论的代表人物洛克认为，在自然状态中人人都是自己的法官，因此人的自然权利具有不稳定性，这使自然状态充满了恐惧和危险；自然状态充满了不间断的冲突，那么自然状态便不能长久存在下去，故而洛克认为唯一的救治就是政

---

① ［英］韦恩·莫里森：《法理学》，李桂林、李清伟、侯建、郑云端译，武汉大学出版社2003年版，第72页。

② 转引自张乃根《西方法哲学史纲》，中国政法大学出版社1993年版，第127页。

府或公民社会。洛克呼吁，人们必须放弃自然自由，与其他人一道达成协议、进行联合，成立共同体。人放弃自然权利与其他人缔结契约建立公民社会乃是为了更好地保存自我，人们相互缔结的契约塑造了公民社会的公共权力，于是公共权力来自依自然属于个人的那些固有权利。① 卢梭也有类似的论述："集体在接受个人财富时远不是剥夺个人的财富，而只是保证他们自己对财富的合法享有，使占有变成为一种真正的权利，使享用变成为所有权。于是享有者由于一种既对公众有利、但更对自身有利的割让行为而被人认为是自身财富的保管者，他们的权利受到国家全体成员的尊重，并受到国家的全力保护以防御外邦人；所以可以说，他们是获得了他们所献出的一切。只要区别了主权者与所有者对同一块地产所具有的不同权利，这个两难推论是不难解释的。"② 因此，社会契约论主张个人把其对公共财产的权利交给政府，由政府根据人民的整体利益统一行使，在这一过程中个人并非失去或牺牲什么，而是获得比他们以前更加可取的状态，从而真正实现了他们自己的权利，这一思想无疑为公共信托原则的证成提供了有力支持。对于土地等具有很强公共用途的自然资源，社会契约论超越了物权法的"一物一权原则"，主张同时存在公民的私权利与公众的生存权利（及其伴生的政府管理义务），前者源于私法，而后者源于以社会或公共利益为依托的社会法或公法。公共信托原则框定的是政府与公众之间的关系，这里的公众并非是特定的，也不可能以登记的方式明确双方的权利义务，而且财产权属亦无须明确而特定。如在美国的一个典型案例中，一艘油船由于年久失修，在被拖上岸时浸水沉没。上千加仑的原油倾入 Chesapeake 湾，使野生动物大量死亡或受伤，其栖息地也被毁坏。据称有 3 万只候鸟由于原油泄漏而死亡。但被告拒绝赔偿这一损失，其理由是"以金钱赔偿财产损失的前提是原告必须证明对财产具有所有权利益，但是无论是州还是联邦政府对水栖的候鸟都不具有所有权"。法院判决州和联邦政府因损失的候鸟而获得赔偿，因为"依据公共信托原则，弗吉尼亚州和美国有保护和维护公众对自然野生生物的权利与义务。这一

---

① 肖厚国：《我们凭什么取得物权——洛克的劳动财产哲学解读》，载梁慧星主编《民商法论丛》第 25 卷，金桥文化出版（香港）有限公司 2002 年版，第 247 页。

② ［法］卢梭：《社会契约论》，何兆武译，商务印书馆 1980 年版，第 33 页。

权利并非来源于对资源的所有权,而是来源于对人民的义务"①。

五　从"公地悲剧"看公共信托原则

从"公地的悲剧"理论来分析,公共信托原则所解决的是对私人所有权绝对化的限制和公地的管理者问题,相对于纯粹的资源公有化方式解决公地的产权问题来说,其为政府设定的不是国有财产的所有权,而是公共财产的管理义务,这既能够充分发挥政府主导、强制力保障和信息集中的优势,以高效保障公共资源和财产安全,又能解决某些公共资源(如空气、水流)无法设定财产权属而导致政府怠于管理或者无主管理的局面;而且,通过为政府设定信托义务合理限制政府权力,有利于减少政府失灵现象。如果该原则能够有效实施,对解决公地悲剧问题不失为一个可行的方案。可惜的是,公共信托原则本身是英美法系的一种抽象法律原则,具有内容的模糊性和适用对象的变化性特点,且该原则使用的前提是司法权与行政权独立分离并对行政权有足够的监督和制约力,这在大陆法系国家适用有很大局限性,特别是在我国这样政府行政权强势的政治体制中,在谁能够代表公众限制政府权力的财产委托人身份问题上存在局限和重大缺陷。另外,现代国家在政府管理形态方面,已较 20 世纪初发生了较大改变,随着环境保护思想的发展以及"现代警察国家"形态和环境行政权的扩张,"公共信托理论"已经没有必要像以前那样用于抵制在自然资源利用上短视的国家政府;相反,有学者认为,过分强调"公共信托理论"有异化为政府侵蚀私人所有权的借口,"在这种情况下,公共信托理论在当下讨论其优点时便变得没有什么意义了,它已经成为过去并行将被抛弃"②。况且,按照公地悲剧理论模型,公共信托原则方案相当于是承认每个牧民有在公共草地放牧的权利,但这项权利又被牧民整体授权给他们合意设立的政府管理,政府负有管理好公共财产的义务,当政府没有履行其管理义务时,任何牧民都有权请求政府履行义务。在这里,公共信托原则强调作为整体的牧民和作为个体的牧民之间的权利应借助于政府这一受托人的作用实现,该理论以政府信誉作为保证,符合"公地的悲剧"解决之道中的"可信承诺"要求,有利于促使公地内牧民的互信、

---

① 参见马新彦《美国财产法与判例研究》,法律出版社 2001 年版,第 141 页。

② 张顺伟:《公共信托及对该理论的质疑》,http://www.yadian.cc/paper/42092/。

互惠与合作。但是，由于政府强大的公权力在缺乏有效的权力制约与监督的情况下，会有受个别牧民利益集团的控制，发生"失信""异化"甚至"独裁"的危险，这将直接导致其他牧民的激烈背叛和公地的迅速毁灭，因此，公共信托原则成败的关键在于必须为受托人——政府公权力设置有足够强大制约力的"有效监督"机构（如有独立司法权的法院），这对于从未成立管理机构或者已有效政府权力制衡关系的公地来说，其制度建立或者变迁成本相对较小，容易推行；而对于那些历史上已经存在某种强权管理机构（如独裁政府）且没有足够权力制衡关系的公地来说，这会带来高昂的制度变迁成本以及长期监督和实施成本，这不论是对于现有政府还是牧民们来说，都是不愿负担或者无力负担的。

第三节　环境权

一　环境权形成的历史背景

环境权的形成，可以追溯至西方产业革命时期。产业革命以前，人类的生产力尚不发达，人类活动对自然的影响十分有限。产业革命后，人类生产活动产生的公害问题，已经严重破坏了自然生态系统，其影响程度，不论是在质还是量方面，已大大超出了自然界自我恢复能力，从而间接威胁到人类后代的可持续生存。因现代产业革命从欧美发达国家开始，因此，这些发达国家最先感受到各种公害的肆虐，这些国家的人们意识到，公害破坏已经不仅是资源价值的破坏，更带来心理痛苦、社会组织的崩溃和文化的混乱，已严重侵害到人类生存的基本权利，在环境公害面前，传统法律无法提供人类对自然环境保护所主张权利救济的依据，长此以往，人性的尊严将荡然无存。随着 20 世纪 50—70 年代美国、日本反公害运动蓬勃发展，人们相继提出公害诉讼，并提出环境权利要求，这对传统法理提出挑战。在私人资本为主体的西方国家，基于对企业自由活动和财产权尊重的理念，始终保持给予企业经营者充分利用自然环境进行产业活动的自由与权利，但按照西方经济学理论，产业发展是建立在消费基础之上的，为维持国民生产总值的高速发展，必须通过鼓励高消费、高消耗、高投入、高产出的产业循环以维持经济需求与供给之间的平衡，这无疑会导致政府和企业在追求某一时期国民生产总值的增长率时，忽视短期无节制的高消费、高消耗对地球环境造成的巨大破坏以及对人类后代生存资源的耗尽。在 20 世纪 70 年代世界范围环境保护运动高涨的推动下，各发达国家法学学者提出了环境权的法理，这一理论强调应承认人民都有在良好的自然环境中健康地生存和生活的权利，不受外来侵害，同时，国家对破坏自然环境、产生公害污染的企业，应立法予以规制。一方面，把国民享有居住地区自然环境的良好品质，视为居民的权利，而立法加以保护；另一方面，对于侵害环境权的个人、企业和组织，应承担损害赔偿、恢复原状的责任。这些观点，将人类的自然环境价值观由以往的"自由财产"转为"价值财产""共有财产""环境固有""生态价值"等。如日本学者高柳信一所言，日本战后在经济上、重化工业上既然居世界高位，则必然会随之带来极高度的现代型社会公害的发生，连对旧型公害都不能有效应对的日本法学理论、法制，势必面临极大的困难。环境破坏历经改革的激荡，终于提出制定颁行日本新宪法时始料未及的"环境与人权"。[①]

　　我国环境法学者关于环境权的概念的界定有广义和狭义之分。广义的环境权一般界定为环境法律关系主体就其赖以生存、发展的环境所享有的基本权利和承担的基本义务，即环境法律关系主体有享有适宜环境的权利，也有保护环境的义务。狭义的环境权是指公民环境权，一般定义为：公民享有适宜健康和良好生活环境以及合理利用环境资源的基本权利、在不被污染和破坏的环境中生存及利用环境资源的权利。值得提及的环境权观点是武汉大学李启家教授和罗吉教授于 2009 年总结的研究成果；他们认为，环境法的概念定义与规定反映出，环境既是公民作为个体、也是作为公民集体生存的基本物质条件和空间场所；保护环境的目的是个体和集体的可持续的安全健康生存和发展，是公民个体与集体环境安全的利益和要求；环境权是人在一种能够过尊严的和福利的生活环境中，享有自由、平等和充足的生活条件的基本权利。因此，环境权产生的基础是生存与发展的安全问题，追求适宜与健康的生存和发展条件（环境）。环境权具有边缘性，是多种利益要求、多种利益的组合，是多种权利综合的权利束，是一项概括性权利。[②] 具体来说，包括以下四项特征：（1）环境权作为第

---

　　① 高柳信一：《环境权的保护》，《法律时报》第 43 卷第 8 号。

　　② 李启家、罗吉：《论环境权的基本构成》，http：//www. riel. whu. edu. cn/article. asp？ id = 29476。

三代基本权利，更为体现对人的本质性关怀和对可持续发展的追求；是不可或缺、不可剥夺、不可转让、不可让渡的权利，其构成有一个随时代发展而不断发展的过程。第一阶段：自由权和生命、身份权利，着眼点为个人权利（私权）。第二阶段：主要包括居住权、受教育权、劳动权、生存权、健康权等具有个体和集体性质的社会经济权利，此阶段以个人权利为主，涉及集体性权利。第三阶段：从20世纪70年代中始，环境社会公共利益，如生存权、集体安全权、发展权、环境权、自治权（公民、集体、民族）、公共决策参与权，逐渐成为基本权利，强调社会或社团、集体权利、安全、利益、社会公平。（2）环境权主体具有多元性与复合性：主体数量众多，而个人及社会群体、政府等多种"人"的集合形式对环境的不同需求和享有，使环境权主体具有多元性与复合性。从内容上看，环境权应能够体现其主体享有的基本生态权利和承担的基本生态功能义务，是社会本位和群体利益的体现。其既有具体的环境要求，如宁静权、日照权、通风权、眺望权、清洁空气权、清洁水权等；也有更重要的公众参与权。（3）环境权是生态性与经济性的融合，保护多种利益要求：环境资源不仅以有体形式表现为经济价值，而且以无体形式表现为生态价值，以其生态价值为人类提供功能服务。环境权具有以生态权利要求为主导，经济性权利要求的内容为伴生、共生、伴随状态的特点。（4）公益性与自益性的组合：环境公益具有共享性和普惠性，满足环境公益要求可以满足环境个益。环境公益的普惠性说明增进环境公益行为一定促进环境个益的满足，环境公益是环境个益实现的必要途径，环境个益与环境公益的利益诉求具有趋同性，因而环境公益与环境个益之间表现为依存共生关系。环境污染和破坏既是私害，亦为公害，具有双重性。

二　环境权的法理

（一）财产共有的环境权法理

自然环境中的土地、阳光、淡水、空气、海洋等资源，一直都是法律上的"自由财产"，任何人都能够无限制地使用。通常认为，它们不具有独占或者排他使用的权利，不能单独成为私有权利的对象。不过近年来也有学者从财产共有的角度定义环境权理论，他们认为，上述自然环境资源是人类共有的财产，对于一定地域内的环境来说，它不专属于特定土地利用关系权利人，应平等分配给任何居住在该地的居民，并供其利用，任何独占性使用、污染及消耗，都侵害其他共有人权利，属违法行为。据此，环境权的拥有者（该地域居民），可以请求排除公害对环境造成的损坏，并获得赔偿。① 该法理与私人所有权在现实中常发生冲突与矛盾，如果过分强调环境共有的权利，容易将共有物的范围无限扩大化，使现有的以公权力和私权利为核心的权利体系处处受限，背离法律设定权利是为人类满足自身愿望、追求个人价值尊严的目的；而且，一旦将环境定为全民共有，则脱离了权利由个人所享有的概念，该权利将落入无人能够主张的地步，有架空权利本身的嫌疑。

（二）人性尊严的环境权法理

此法理主张以人性尊严为出发点，认为在民主社会中，每个人都有在适宜的环境中有尊严地生活的权利，具体表现在对生命、自由以及幸福追求的权利。② 如果人类因污染使健康受到伤害，生存和自由上的法益将被剥夺，如同美国宪法修正案第5条、第14条可推测出基于环境保护的符合宪法的个人权利，并非单纯保护人类生存或者防止人类灭绝，而是包括有尊严地生活。该法理将环境权说成继人格权之后与自然环境关系衍生的新权利，超越生物最基本的生存条件，为人类设定有尊严生活的"良好环境"权利，并将这一权利赋予每个人，从而达到将"良好环境"纳入人类基本人权保护的范围。该法理的弱点在于其带有很强的个人主义思想，强调对个体尊严的保护，造成评价环境品质优劣的标准难以统一界定，无法满足不同国家、不同地区甚至不同人群之间对生活环境品质的不同要求。且环境公害往往是对某一地域范围的环境造成广泛的损害，加害行为与被害主体之间的关系，不是简单的个体关系，而应当是全地域的整体成员与加害者之间的关系。

（三）社会权的环境权法理

随着现代社会的发展，保护社会弱者权利的呼声日高，社会法之社会权以实质平等为保护要旨，针对社会弱势群体，实施倾斜性保护。③ 社会权作为对市民法之自由权的一种补充，也承担着保障立宪主义下的市民宪

---

① 李启家、罗吉：《论环境权的基本构成》，http：//www.riel.whu.edu.cn/article.asp? id = 29476。

② ［日］阿部照哉等：《宪法》（2），有斐阁1983年版，第38页。

③ 同上书，第39页。

法秩序的职责，在本质上与自由权具有同样功能。在环境保护领域，大企业排污的强势地位与被害居民个体孤单无力的弱势地位形成鲜明对比；特别是对于政府行为或者经政府许可的企业排污等行为造成的环境损害，受害个体要求获得实质平等的救济成为法学界面临的难题。为此，有学者从社会权的角度提出保护公民环境权，其原理是环境权的实现，必须依赖于国家、地方公共团体、企业切实履行环境保护义务，保护社会弱势群体——环境污染受害者之权益；且环境权的主要内容，如环境知情权、参与权、求偿权等实质上是公众个体作为"社会"之一员所行使的"社会性"权利。基于处于社会强势地位的侵害主体与弱势受害个体之间显失公平的状况，必须以社会法的方式对弱者给予特殊保护，以恢复两者之间实质的平等，使受害个人能够对抗环境掠夺者，以弥补民事侵权行为法的内在缺陷。

（四）人权的环境权法理

人权理念是近代民主政治与立宪制度的产物，其基本原理是"天赋人权"[①]，即人权先于国家而存在，国家承认和维护人权，而不是人权的制造或者授予者，基本人权的保护是国家的最高主权责任，现代民主国家往往通过人权宣言或者人权罗列方式将基本人权一一列举出来，传统的人权观强调人生而平等，天赋地享有生命、自由、财产及追求幸福的权利，不受国家与政府的不合理侵犯与剥夺。19 世纪末以后，受现代资本主义高速发展的需要，经济权利也加入了人权的范围。20 世纪 60 年代以来，欧美国家的民权运动和环境保护运动推动了以环境权为代表的第三代人权的产生，其理论依据是主张将生存权具体化，演变出环境权、隐私权、教育自由权、休闲权、知情权等，人权体系也发生了巨大变化，环境权由此而成为基本人权的衍生权利。

（五）代际公平的环境权法理

环境权应是人类现在世代的权利，同时也是将来世代的权利。"代际公平"理论，又称"环境的世代间衡平"理论，该理论是在可持续发展理论下对环境权益的新阐释，由美国学者魏伊丝教授最早提出，该理论认为"人类作为地球的一个物种，我们与当代的其他人以及过去和将来的

---

① 参见互动百科"天赋人权"，http：//www. hudong. com/wiki/% E5% A4% A9% E8% B5% 8B% E4% BA% BA% E6% 9D% 83。

若干世代人一道，共同拥有地球的自然、文化环境。在任何时候，各世代既是地球恩惠的受益人，同时也是受将来世代人委托对地球进行管理的人。为此，我们负有保护地球的义务和利用地球的权利"①。魏伊丝提出的"环境的世代间衡平"是从已有的有关世代间衡平的理论中产生的，其焦点是各世代在利用地球的自然、文化资源这些共同遗产时，对其他世代，也即对过去和将来的世代所特有的关系问题。其出发点是"各世代既是自然、文化的共同遗产的管理人同时又是利用人"。她认为，现代人类作为地球的管理人，对将来世代人类负有道德义务。我们的先祖对我们有了这样的义务，作为过去世代遗产的受益人，我们也要给将来世代留下享受这种遗产之恩惠的权利，将来的世代也从我们的世代继承这样的权利。所以我们可以将这些称为世代间的地球义务和地球责任。魏伊丝提出，为导出世代间衡平的原则，有必要确立地球财产管理人的行为目标使所有世代的福利和幸福能够得以持续。这个目标有以下三个方面：第一，使地球的生命维持体系得以持续；第二，使人类生存所必要的生态学流程、环境质量以及文化的资源得以持续；第三，使健全、舒适的人类环境得以持续。这对将来世代继承丰富的地球具有意义。依照世代间的正义理论，各世代对将来世代负有使其继承的地球自然、文化资源不比现在继承的状况更恶化，并且使现世代环境能够合理接近人类遗产的义务。魏伊丝的"衡平世代间利益"学说的合理性在于，它将现代环境伦理观融合到对环境立法目的的解释中，既考虑了现代环境伦理观对环境利益的世代间要求，又照顾到了传统伦理观的现世代人类的本位主义，是一种将现代人类利益与跨世代人类利益结合考虑的新思维。因此，环境立法应当首先树立这样的基本理念。关于"衡平世代间利益，实现社会的可持续发展"的思想，作为国际环境法的目标，现在已经在《世界环境与发展委员会法原则宣言》及《里约宣言》《21 世纪议程》等宣言中作为重要的理念和政策得到了重申。② 并且这些原则还将成为对地球或者对世代间确立环境保护权利义务的基础。按照上述理论，现世代的成员作为对过去世代遗产的受益者享有对地球的权利，而国家则具有充当现世代以及将来世代享

---

① 参见［美］爱蒂丝·布朗·魏伊丝《公平地对待未来人类：国际法、共同遗产与世代公平》，汪劲、于方、王鑫海译，法律出版社 2000 年版，第 49 页。

② 参见蔡守秋《论环境权》，《金陵法律评论》2002 年第 1 期。

有地球权利的主要保证人的职能。但是，由于将来世代的成员不能确认主体身份，因而可以说他们并不享有任何的权利。有学者主张，作为地球权利集团的将来世代，可以由法律所创立的监护人或者代表制度来适当地行使；不过，代表人制度的实现前提是，需要环境立法确立后世代人在实体法上的权利和义务。

三 从"公地悲剧"看环境权理论

上述环境权的法理，均有其合理性，对我们从不同的角度认识环境权、创设环境相关的权利提供了理论依据和参考，不过，如果从本书所探讨的经济学"公地的悲剧"理论角度，审视现有的环境权理论，我们可以发现它们均有难以自圆其说的缺陷。

公共财产的环境权法理，存在一个先天缺陷，那就是权利主体与客体均没有清晰界定的边界，如同埃莉诺·奥斯特罗姆教授在总结其公共资源集体自治模式能够长期存续的首要条件时指出的那样："公共资源本身的边界必须加以明确规定，有权从公共资源中提取一定资源单位的个人或家庭也必须予以明确规定。"① 也就是说，"公共牧场"本身的边界和公地内的"牧民"的数量要明确，否则，不论讨论政府公地管理权的来源，还是讨论保持公地可持续发展之居民的"环境权"，都是无本之源，在公地的范围都没有清晰界定的情况下，提出公地是一种共有财产，应平等地分配给公地内所有的居民，无异于画饼充饥之举；而在公地内"牧民"数量不确定，甚至不断有外来牧民自由加入和退出的情况下，强调每个居民都有在良好的公地环境内"放牧"和生存的权利，无异于盲人摸象，不得其整体。这两个要素的界定不清，都将使搭便车现象泛滥，管理和救济产生困难，环境权理论有陷入权利虚无主义的危险。同时，对于将环境视为公共财产的环境权理论来说，将面临科斯定理在环境领域适用时同样的市场失灵问题，因为如空气、大河流域水体、海洋等资源，在历史上就是大家均可使用的共同财产，其自身的特殊性决定了产权必然不能明确分配给具体的主体，因而也就不存在权利交易的可能，市场也就无从解决外部

---

① ［美］埃莉诺·奥斯特罗姆：《公共事物的治理之道：集体行动制度的演进》，余逊达、陈旭东译，上海三联书店 2000 年版，第 158 页。

效应的问题，其环境权利主体也无法明晰。①

对于以人性尊严为宗旨的环境权法理来说，其权利的核心已不再局限于环境的财产属性，而更看重其环境品质。不过，"良好的环境"标准将面对区域性环境质量需求差异的巨大挑战，难以统一。因为，对所谓人类"有尊严地生存"所必需的环境要素，在不同的地区必然会有不同的侧重要求，如在我国西北干旱地区，人们对水源的要求是只要有可供基本饮用的水即可，对于太行山区的一些缺水严重的人来说，即使是每天能够得到一桶杂质较多的碱性水，也很满足了；但是，对于水源富足的长江沿岸城市的人来说，这种碱性水是绝对不能使用的，更不要说饮用了，这里的人们在评价水资源的品质时，标准显然比太行山区缺水民众要高许多。因此，从"公地"的角度来说，"人性的尊严"及"良好的环境"在环境资源要素"公地"问题上的标准，不同的国家和地区有很大差异；以经济学的产权理论来分析，用"人性的尊严"这一变化着的主观评价来界定普遍适用的环境权利是毫无价值的。

对于以社会权为基础的环境权法理来说，不论是个体主体还是弱势群体主体，都将面对环境公地资源系统的所有权或者收益权的公平分配难题。如以大型企业的生产产品行为同时对周边民众造成污染这一外部效应为例，从收入分配的观念来看，收益权利应该归于排污企业还是污染受害者将是一个十分重要的问题。如果将权利完全赋予排污企业，那就必然使本来就处于弱势经济地位的污染受害者雪上加霜，容易导致社会矛盾激化；如果将权利完全赋予污染受害者，也会使排污企业的经济发展能力受到不适当的削弱，影响整个社会的经济发展水平。因此，将环境公地资源系统的所有权或者收益权公平分配，既要满足社会经济发展，又要保护环境的生态价值，这将一直困扰环境权利内容的界定，特别是在某些环境要素既有经济性质、又有生态价值时，经济性环境权和生态性环境权之间保护的不平衡，可能造成社会的不和与动荡，影响整个社会的福利水平。

对于从基本生存权衍生出第三代人权的环境权法理来说，由于环境公地无主管理，人权之衍生的环境权内容必然要大大超越人权设置的初衷，而与人权本身改弦易张甚至背道而驰了。人权的设置目标是保障个人对国家权力的足够制约，其出发点是用"天赋人权"对抗公权力。将其类比

① 参见高鸿业《西方经济学》（微观部分），中国经济出版社1996年版，第426页。

到"公地的悲剧"模型，就好比上天赋予公地内每个牧民在公地内自由放羊的权利，任何人或者机构都无权剥夺此"牧羊权"；而公地的悲剧模型的设计前提，就是牧场无人管理（包括政府）状态，所有进入公地的牧民有足够的自由放牧权（人权）；此时，我们已不需要通过设置以人权为基础的环境权来对抗本来不存在的国家或者政府公权力，而是要设定一种权利结构，以对抗牧民个体因各自搭便车心理驱使下的盲目扩大放牧羊群数量造成牧场承载力的崩溃。如果一定要以人权为基础衍生第三代人权之环境权，那么此时的人权已经变化为集体博弈的一种新型利益分配模式，即为环境公地人为创设公共管理机关或者政府，并要求它们既保证所有牧民自由放牧的权利，又必须保证每个牧民的羊都能够有草吃，长得健康。这种环境权在"公地的悲剧"模型中，与其说是一种个人的权利宣言，不如说是必将牺牲在"搭便车"外部效应手中的"乌托邦"幻想。

关于代际公平的环境权法理，强调的是后代人有继续生存的权利，上代人有为下代人保持基本生存条件的义务。从"公地的悲剧"模型来看，就好比要求现在正在公地上放牧的牧人，有基于后代继续放牧的考虑，自觉限制自己的放牧羊群数量，为后代牧民留下必要的牧草。这一法理的优点在于以后代人为权利主体，将环境保护推上了人类道德的制高点，有利于将人类生养后代、哺育后代的本能，转化为关心下一代生存环境的道德心，增强他们履行环境保护义务的内在动力。缺陷在于，根据现代心理学和管理学的研究，人们对以频率为基础的概率进行准确估计的能力非常有限，他们对近期事件的重视程度往往要远远高于对很久以后发生的事件的重视程度，只有当存在资源恶化指标并被普遍认可作为未来资源的损害度的准确预测指标时，或者当领袖们能够使其他人相信"危机"迫近时，人们才愿意接受限制他们使用资源活动的新规则。如人们认为环境损害已经直接对自己的后代特别是自己正在哺育的孩子造成直接影响时，规则的改变才成为当务之急（如2008年三聚氰胺事件的迅速解决）。而对于现在人们的行为对于几十年以后的后代可能产生的影响，要对其进行合理的评价是特别困难的，并且，与长期不确定的收益和成本相比，眼前短期制度变迁转换成本的计算不仅要容易些，有时甚至会有实质的区别。现有制度下的行为者对于是否要改变其行为规则，更为关注的是现在需要付出的成本而不是未来收益。在决策者强调预期损失而不是预期收益的情况下，转换制度即付出成本在占用者判断是否要改变规则时具有决定性的作用，如果行为规则转变的预期贴现净收益不足以弥补行为转换时发生的转换成本时，人们往往不愿意改变现有行为规则。另外，在行为规则制定者评估现在行为可能对将来后代人的环境引起的变化时，对于有以往经验证明其行为影响可以通过一定方式进行消除时，决策者也倾向于不改变现状。并且，后代人是一个虚拟而宽泛的概念，是 18 岁以下的少儿？还是 10 岁以下的儿童？或者未出世的胎儿？因此，以代际公平为基础的环境权法理不仅使权利主体与客体没有清晰的边界，而且其权利内容更多是道德导向层面上的，难以在立法中具体化以及细化为有执行力的权利框架体系。

第四节　新生态主义：从生态"平衡论"到"非均衡论"

一　新生态主义理论

20 世纪 80 年代以前，人们在生态科学研究的基础上，普遍认为自然是一个平衡系统。如 20 世纪 20 年代，克莱门茨（Frederic E. Clements）提出生态平衡论，即生态系统总是遵循可预见的模式演变，直到各因素形成稳定的联系为止。尽管这些联系可能会变化，但这些变化都只是短暂的、表层的，是稳定化过程的一个部分。他解释说："均衡的完美程度可由其稳定性来衡量。"生态系统的完美状态在于平衡，自然的健康运行依赖于均衡的维持。① 在 20 世纪中叶，著名生态学家奥尔多·利奥波德（Aldo Leopold）提出"大地伦理"（landethic）概念，其核心是将生态系统视为一个维持完美均衡的稳定群落。发达的生态系统是一个自我调整的实体，如果没有外来力量的干扰，就一直保持稳定态。他相信没有人类影响的自然是好的。因此，通过污染或资源掠夺来破坏生态系统的自然均衡是错误的。利奥波德解释说："当试图维持生物群落的完整、稳定与美观时，这个事情就是正确的；但不是如此时，这个事情就是错误的。"② 生

① Julie Thrower, "Adaptive Management and NEPA: How a Nonequilibrium View of Ecosystems Mandates Flexible Regulation", 33 *Ecology L. Q.* 871, 2006, pp. 874 – 876.

② ［美］利奥波德：《沙乡年鉴》，侯文蕙译，吉林人民出版社 1997 年版，第 213 页。

态平衡论长久主导了生态学研究和大众文化。[①] 在 20 世纪六七十年代，生态平衡成为环境运动的箴言，并影响了各国政府对自然资源的管理，衍生出"保育主义"教条，即自然知道最好，而人对自然的干预本身是坏的。如今，生态平衡已经披上了大众文化的流行色。保持它，无忧无虑；任其运转，自然将总会返回田园诗般的均衡。这种概念"已经构成一个信仰系统，深深扎根于我们的个人心理，成为一种特别抗拒严重挑战的思维方式。但是它将阻碍我们智慧地考虑气候变化后果的能力"[②]。20 世纪80 年代和90 年代，由于越来越多的生态学研究证据表明生态平衡并不是自然的常态，这使许多生态学家抛弃了生态平衡观念，他们说自然事实上处于不断的变化和混乱中，而不是稳定和平衡的。1992 年，被许多人认为是当代生态学之父的尤金·奥多姆认可了"非均衡范式"，认为它是 20世纪 90 年代生态学领域第一伟大创新。[③] 以非生态平衡论为核心的新生态学（new ecology）走上历史舞台。新生态学研究表明，原始状态的自然即使没有人为干预，物种群落也显示了混沌行为，群落变化的规模是随机的。自然的混沌平衡使得在任何地点和任何时间预测野外物种的兴起或衰落都是不可能的。[④] 没有人类的自然生态系统的变化本身也不是平衡的：如地球生命的进化史上，生物多次扮演了环境杀手的角色，也出现过多次生物大灭绝事件，但此后，生命每次都顽强地重生并演变进化至今。[⑤] 地球的早期生命是厌氧菌，而 25 亿年前出现了能够进行光合作用的微生物，它们产生的氧气毒死了绝大部分厌氧菌，地球经历了第一次大灭绝；更进一步，光合作用将大气中二氧化碳消耗殆尽，地球进入冰冻期，地球生命经历第二次大灭绝。还有恐龙时代的终结。新生态学主张自然生态系统处于恒定的复杂变动之中：生态系统的复杂性，使其结构和功能取决于大量的变量；而变量被连接在相互关系的复杂网络之中，使其关系呈现非线

① Share Close, "New Eye on Nature: The Real Constant Is Eternal Turmoil", *New York Times*, July 31, 1990.

② Corinne Zimmerman, Kim Cuddington, "Ambiguous, Circular and Polysemous: Students' definitions of the 'Balance of Nature' Metaphor", *Public Understanding of Science*, Vol. 16, No. 4, 2007.

③ Eugene P. Odum, "Great Ideas in Ecology for the 1990s", 42 *Bioscience* 542, 1992.

④ Tom Spears, "Study of Ocean Life Shows A 'Chaotic' Balance of Nature", *The Ottawa Citizen*, February 13, 2008.

⑤ 参见袁越《外国也有天人合一》，《三联生活周刊》2009 年第 24 期。

性、动态性。

二　新生态主义与环境法的变革

新生态学理论使环境哲学和环境法学产生了变革需求。第一，新生态主义颠覆了传统的生态平衡论，促使人们对人与自然哲学关系进行反思。按新生态主义的观点，人是自然的一部分。"生命与自然是一件事，而不是两件事，人与其他生命一样，都沉浸在一个体系之中。"人类只是众多使自然处于永久骚动状态的生态干扰中的一个。人与自然的界线崩溃了，生态系统与人类活动紧密地缠绕在一起，没有截然的分界线。自然从来都是受人类影响的。如果都是自然的，如何管制？管制的基础或标准是什么？如果变化是永久的，那么什么是自然状态？环境哲学家在人与自然的划界问题上花费了大量时间。加拿大卡尔加里大学（University of Calgary）的哲学教授 Marc Ereshefsky 向标准观念提出了两个问题：一是这种观念区分人与自然的基础是什么？二是这样的区分对于决定保存何种环境是必要的吗？他认为关于人类是否自然以及人类是否具有独特性的争议对于决定保存什么没有帮助。① 第二，在新生态主义影响下，法学家们开始对环境保护目标和评价标准进行检讨，一直以来，环境法将维护生态平衡作为环境保护的目标，然而，新生态学已经指出，生态平衡并不是生态系统的常态，达到平衡反而是一种可能导致毁灭的顶级状态，并且，传统环境法评价人类保护环境行为正当性的标准是"自然性"（naturalness），即维护自然本身的运转，人类越少干预越好，新生态学家指出，地球生态系统在过去已经毁灭轮回许多次了，而生态系统总是能够适应，现在我们要面对的问题不在于哪些生态要保持平衡，而是在自然环境存在各种流变、干扰、异质性和混沌等变动不居的因素时，如何判断哪种人类干预行为是值得鼓励还是反对，就成为环境法学界要重新思考的问题。② 第三，新生态主义改变了法学家对环境法体系的认识。因为，新生态学研究表明，基于人类经济考虑将土地分割使用也是有害于生态系统的。一片整地与分割成块的

① Marc Ereshefsky, "Where the Wild things Are: Environmental Preservation And Human Nature", *Biology and Philosophy*, Volume 22, Number 1, 2007.

② Share Close, "New Eye on Nature: The Real Constant Is Eternal Turmoil", *New York Times*, July 31, 1990.

土地所容纳的物种数量是不一样的，当土地或者水域被分割成块，特别是带有生物无法逾越的障碍物的地域分割，会带来生态灭绝。当前环境法的主体组成部分仍然是以环境要素为划分标准的空气污染防治法、水污染防治法、土壤污染防治法、噪声污染防治法等。这样的划分也许在环境科学上是合理的，但是从生态系统观来看，这是一种徒劳无益的分割治理。此外，由于认识到获得和维持生机勃勃的生态系统是一个持续、长久的实验，因此，非均衡范式指出，环境保护活动的时间尺度应该拉长。[1] 然而，立法机关的规划议程、法庭审判的时效以及公民诉讼时效等法律上的时间要求都与生态学研究的生态系统变化时间不同步。对此，环境法学的体系构架将面临重大变革。

三　新生态主义理论下环境法的变革路径

在新生态主义理论指导下，环境法需要变革。关于变革路径的选择，汪再祥博士曾提出以下观点，可以为鉴。[2]

（一）生态系统健康：环境保护的新目标

评价方法有以下变化：（1）从固定靶转向移动靶。生态系统并非越完整、越自然就越好，而要用动态视角观察生态系统的演变过程。（2）从端点到过程的全程监测和评估。（3）从一次性评估到多次、反馈式评估。（4）评估的重点聚焦于事件的生态后果，注重环境的整体质量，而不论其变化是人为的还是非人为的；后果主义也不坚持因保护荒野而限制人类活动（如修建道路、建筑物），而是根据土地的不同用途来进行保护。[3]

（二）生态系统的复杂多变性：环境管理制度设置的新挑战

按照新生态主义理论，环境管理制度设置必须要能够应对生态系统的复杂多变性和不可预测性。具体来说，要考虑以下九个方面的要求[4]：（1）减少不确定性。加强监测和科学探索，同时提倡人类行为及其管理

---

[1]　A. Dan Tarlock, *Environmental Law: Ethics or Science*, Duke Environmental Law & Policy Forum, 1996.

[2]　本节中关于新生态主义理论的研究内容参见汪再祥《环境法学对生态学的借用与误用——围绕生态学在环境法学中的三个核心面相的思考》，博士学位论文，武汉大学，2009 年。

[3]　Jonathan Baert Wiener, "Beyond the Balance of Nature", 7 *Duke Envtl. L. & Pol'y F.* 1 (1996).

[4]　参见［美］西蒙·A. 莱文《脆弱的领地：复杂性与公有域》，吴彤、田小飞、王娜译，上海科技教育出版社 2006 年版，第 222—231 页。

体制的多元化以分散风险，不把"鸡蛋放在一个篮子里"；家族群体、社区、组织等多元化的社会及管理模式增加了信息流，并提供了使得个体免遭不幸的保险。（2）期待惊奇。人类要承认自己对生态系统的知识和预见能力上存在各种限制，人类应对灾害的经验和信息积累的时间尺度要比生态变化所需的时间尺度长，管理必须要去适应不确定的基本要素。面对不可预测的自然灾害，建立各种灵活的反应系统和弹性机制，以缓冲灾难性后果。（3）保持异质性。自然选择行为以种群的可变性为基础，任何复杂适应系统的弹性都是具体化在其多样性和系统组分适应变化能力中的，管理要努力维持这种多样性。（4）维持生态模块化和地域区隔化。复杂生态系统是趋向模块化和区隔化的，这使得整个系统能够缓冲以抗拒灾变。全球化的趋势减弱了模块和区隔，SARS、甲型 H1N1 流感病毒的全球传播已表明区隔化的削弱，威胁着生态系统的弹性。（5）保护冗余。冗余表明一个物种对另一个物种的功能可替代性。[①] 一个物种的损失如果能有另一物种来替代之，那么这个生态系统的功能仍然没有变化，因此，应当尽可能地保护冗余。冗余是替代缺损功能的直接源泉，异质性则在较长时间尺度上提供了适应性回应的材料。（6）收紧反馈环，即利用奖励和惩罚来反馈环境行为，提高人们保护环境的主动性。（7）建立信任。通过反复互动而获得经验，信任也因此发展，这就有可能扩展区域性合作。最好是扩展为全球合作，因为很多生态问题，如气候变暖，是全球问题，而全球问题需要全球解决。（8）以其人之道，还治其人之身。环境法一直都因"软法"而备受诟病，要加强法律惩罚力度，使违法者得到及时而应有的处罚。（9）审慎原则。由于生态的复杂性、非线性和不可预测性使得我们的行动不得不谨慎，特别是那些扰动特别大的行动。即使与人类利益攸关、非做不可时，也应当试探性地做，留有回复的余地。"从社会变迁的实验角度看，我们要假定我们并不知道我们的干预在未来会有什么结果。在这种条件下，我们应该尽可能迈小步，停一停，退后观察，然后在计划下一步的行动。"[②]

---

① 关于冗余概念及其生态学意义，参见李典友《冗余理论及其在生态学上的应用》，《南通大学学报》（自然科学版）2006 年第 1 期；张荣等《冗余概念的界定与冗余产生的生态学机制》，《西北植物学报》2003 年第 5 期。

② ［美］詹姆斯·C. 斯科特：《国家的视角：那些试图改善人类状况的项目是如何失败的》，王晓毅译，社会科学文献出版社 2004 年版，第 475 页。

　　根据上述要求，现行环境法律体制需要做以下调整：（1）打破传统的管辖边界，建立跨越政治、行政和商业边界的环境法体系。如美国芝加哥肯特法学院的 Fred P. Bosselman 教授认为，生态学中的大尺度分析使我们在更远的时间和更广阔的空间跨度上分析自然世界成为可能，这种生态学上的进步需要我们再检讨环境法。具体来说，我们应该广泛地获取和传播生态信息，在大尺度层次上进行环境分析，在计划和管理自然资源时特别关注干扰自然之后的管理，同等关注人类的作为和不作为的生态后果。① （2）建立整体统一的环境法律体系。以水、大气、土壤等为要素的分部门环境立法，已不符合复杂动态生态观的要求。（3）放宽环境法的时效。由于生态效应的广泛性、隐秘性、迟延性和不确定性，使得环境法不应该保持与传统法律相同的时间尺度。比如，公民权利时效最长是 20 年，但是有时生态危害经历 20 年还没有体现出来或用现有的技术手段检测不出来。

---

　　① See Fred P. Bosselman, "What Lawmakers Can Learn from Large－scale Ecology", 17 *Journal of Land Use & Environmental Law* 207 （2002）.

第四章 国外环境公益损害救济制度及其实践

第一节 归责原则及其实践

从当代各国环境法律救济责任认定制度来看，过失责任原则与无过失责任原则的选择与采用是立法者和裁判者决策的焦点。

一 过失责任原则

近代工业革命加速促进商业交易活动，经济上强调自由放任，思想上尊重理性及追求个人自由。在此基础上，发展为私法上的三原则：尊重私有财产、契约自由及侵权行为过失责任主义。过失责任主义以故意过失作为归责原则，保障个人活动自由，以契约自由积极促进个人自由活动。"无过失即无责任"，加害人故意或过失造成他人损害，应负损害赔偿责任，该责任以行为人之主观心理状态为归责事由，涵盖故意及过失两种态样。故意指对行为人明知而为；过失则是指对行为人对损害结果的发生应有预见而未预见或者轻信能够避免。在英美法系传统侵权行为法中，确立过失侵权责任有四要件：（1）被告必须负有遵循某行为标准的义务（包括主观上的注意义务）；（2）被告违反了该义务；（3）在被告的行为与损害结果之间有因果关系；（4）被告遭受实际损失或损害。随着社会的发展，人们发现在现代工业社会之意外灾害（如工业灾害、交通事故、公害、产品瑕疵及职业灾害、工业设备灾害致人损害）等情形中，过失责任原则有失公允。特别是在现代环境公害出现后，由于主观故意与否判断属于行为人的心理状态，依人（年龄、性别、智识、经验等）而异，加上公害的加害行为具有间接性，如环境污染常由间接原因所致，大多具备高度科学性及原因构成上的复杂性，造成损害程度深刻且范围广泛，使得危险有市民化、普遍化的趋势，此时被害人反而陷入归责困难、举证不易的不利地位，无法获得公平的保护。而且，过失责任原则违背了在环境公地内必须"清晰界定权利人（责任人）边界"的经济学要求，将难以捉摸的人类主观意识因素作为是否监督和惩罚的依据，这不仅给行为人"搭便车"和"违背信约"留下了逃避惩罚的借口，也会导致环境公地内的公众难以确定哪些是自己应当合作的对象，哪些是应当拒绝合作的对象，无法就环境资源的占用进行有效的沟通。其直接后果是公众丧失了明确的合作目标、责任目标和惩罚目标，最后产生集体的背叛与过分占用——结局是"公地的悲剧"。因此，过失责任不足以适应环境公益损害救济的实际需要。

二　过失责任原则向无过失责任原则的过渡

法学界为了应对上述间接行为致人损害的救济问题，开始反思过失责任的例外情形，并提出了过失推定理论，即有法定的客观事实或条件证明行为人与损害的发生有关，即推定行为人有过失，并转由行为人证明自己主观无过失的责任。过失推定情形中，因侵权行为的加害人，对侵害后果的发生可能并无直接的故意或过失，所应尽之注意义务，也可能不是原本加害行为人本身之故意过失，而是对真正行为人之监督、选任或对危险源的控制有疏失。这类注意义务，可认为是过失推定的理由。就此而言，在行为人不能举证证明自己无过失的情况下，似乎可能会为行为人设定一种无过失责任，但实际上，如果行为人能证明自己无过错可免责；推定过失的法理仍是一种拟定事实，根据该拟定事实做出的裁判，无法避免被将来新出现的证据推翻的可能性，因此，过失推定实质仍为过失责任，而不是真正的无过失责任，其体现的只是从举证责任倒置这一诉讼程序上对受害人的一种倾斜保护，而不是实体上的无过错责任。推定过失责任，介于过失责任与无过错责任之间，实质是过失责任的一种自我修正。国外的司法实践证明，推定过失法律制度必须与"证据失权制度"配合使用，才能保证司法裁判的稳定性，否则，司法机关将面临无穷尽的新证据而陷入当事人无休止的申诉漩涡。过失推定责任在我国民法和上述新近制定的《侵权责任法》中也有类似的规定（如饲养动物伤人、高空坠落物伤人、产品瑕疵致损、交通事故损害以及环境污染损害等），不过，我国司法机关在审判实践中，对于环境污染这样具有潜伏性、复合性和因果关系不确定性的特殊侵害行为，极少采用举证责任倒置情形裁判案件。究其原因，就在于我国的诉讼法没有建立"证据失权制度",而环境法又没有建立无过失责任法作为裁判的后盾,致使法院无法排除未来任何时候可能出现的新证据或者发现新的因果关系推翻该"过失推定"的可能性,面对证据和因果关系无法穷尽的裁判风险,任何一级法院都不会主动"引火烧身"。

三　无过错责任原则

如上所述,过失责任原则保障了个人的自由活动及自我实现的契机,进而导致发展出资本集中的现代化交易市场架构,然而该原则却也导致了特定类型损害的被害者无法得到有效、公平及合理的损害补偿。特别是在环境纠纷中,目前普遍认为适用过失责任是不适当的,因为有许多环境损害案例常常无法归咎于人类错误的行为,而是基于可能存在危险隐患的机器设备运作不良所导致,其所涉及的是潜在危险的实现。为此,虽然人们试图通过修正过失原则发展出的"推定过失责任"以解决过失责任举证困难,但随着环境保护运动的发展和科技的进步,单纯"推定过失"已不足以适应环境保护领域"公平与正义"的需求,在此背景之下,"无过失责任"应运而生,它是指行为人即使主观无故意或过失,仍要求其对环境损害负赔偿责任,因为此种责任并不以行为人之故意或过失为要件,通称为"无过失责任"。梳理无过失责任理论的发展,其理论来源有如下几种:

(一)原因责任论

原因责任论,也可称"结果责任"。该理论认为,凡足以引起损害结果发生的行为就是其责任发生的原因,即凡因行为人的行为造成他人损害,若损害与行为人之行为间有因果关系,则行为人便有"结果责任"。缺点在于所谓"原因"的概念不明,且过度重视受害者利益,扩大责任范围,束缚个人行动自由,使人们过分担心可能的未注意义务而畏缩不前,甚至阻碍社会经济发展。

(二)公平责任论

公平责任论,也称衡平责任。即原本行为人的行为符合法定免责条款,不必负赔偿责任,但所有损失完全由被害人自行承担,又有失公允,所以由法律特别规定,由原本不须负赔偿责任的行为人,承担全部或部分赔偿责任。如交通管理法中规定,因行人违章过错造成交通事故,仍由机动车主承担相应赔偿责任即属此类。公平责任的根据是法律体恤贫弱，让经济力较强的行为人补偿受害人的部分损失，这种斟酌当事人的财产状况确定赔偿责任，具有分配正义的特征，缺点在于衡量公平的尺度不容易掌握。

（三）报偿利益论

报偿利益论，又称利益责任，主张行为承担责任的主要依据在于"谁受益、谁赔偿"或者"利之所在，损亦归之"的思想，缺点在于，当损害赔偿额超过行为人获得的利益时，会产生无法救济的情形；且利益种类和数额如何计算十分困难，是主观期待可能获得的利益，还是实际上已经获得的利益，多有争议。另外，并非所有行为人均以追求利益为目的，是否将行为人为公益事业所做的行为，也作为损害赔偿的理由，难以解释。

（四）危险责任论

危险责任论，即以特定危险后果的实现作为归责理由，对于特定企业、特定装置、特定物品的所有人或持有人，在一定条件下，不问其是否有过失，只要因企业装置、物品本身所具有的危险而产生损害，即应负赔偿责任。危险责任的目的不是对具有"反社会性"行为的制裁，而是根据"分配正义"的理念，将受害者的不幸损害分配给持有或经营某特定危险物品、设备或活动的经营者。其承担责任的理由有四：一是企业、物品或装置的所有人或持有人是制造危险的来源；二是只有企业经营者或持有者在某种程度上能控制这些危险；三是企业经营者或持有者经营获得利益，就应承担责任，这是报偿利益的要求；四是企业经营者或持有者虽负担危险责任，但其经营风险仍然是业主可以接受并可控的，如可以通过事先立法或约定，对可能发生的损害最高赔偿额进行金额限制，使企业提前预计环保责任风险，并将环保成本通过商品（或劳务）的价格机能及责任保险制度予以分散。危险责任理论包含了对前述三种责任理论的综合与发展，其赔偿损害的意义已经超出了损害赔偿（非难性质）本身，而重在为可能发生的损害提供有效的补偿或填补途径，具有比传统民事救济理论更高层次的思想背景，已经成为现代型环境纷争最重要的理论依据。

四　外国归责原则的实务

(一) 英美法系国家

就英美法系国家的侵权法而言，严格责任原则的确立源于 1868 年英国高等上诉法院法官布莱克本 (Blackburn) 于 Ryland v. Flectcher 案中所做的判决。随后，因现代公害型纷争往往伴随着"举证的困难"和"被害人维权能力不足"的缺陷，高度危险活动的严格责任原则在环境法相关领域中日渐获得重视并广泛地为美国法院所采纳，例如在 State v. Jersey Central Powerand Light Co. ① 和 Cities Service Co. v. State② 相关案例中，针对由有毒或危险物质的污染引起的诉讼，法院都对污染者适用严格责任原则。③

1. 英国无过失责任原则之"可预见性"要求

英国环境法分成文法与普通法，成文法部分虽然有单独的环境立法，但英国的环境成文法着重在行政管理与处罚，不能作为私人请求赔偿的依据，环境损害赔偿过去一直采用普通法之侵权行为法的过失责任来请求赔偿，对于无过失责任的采用，持谨慎态度，如"剑桥水厂案" (Cambridge Water Co. v. Eastern Counties Leather)④ 中，英国的贵族院 (House of Lords) 要求法院在适用无过失责任处理环境法案件时，必须要有"可预见性" (foresee ability)，即被告 (污染者) 必须在行为当时，能够预见其行为将造成污染，否则不能适用。此项"可预见性"要求，也在后来的案件中，获得英国贵族院的维持。直到 1868 年，英国高等法院才通过对 Rylands v. Fletche 案的判决，突破了上述限制，确立了现代意义的无过失责任原则。在该案中，被告在自己的土地上修建了一座水库，但不知该水库底下存在若干条原告的竖井 (用以连接采煤巷道)；水库注满水之后，由于竖井之关系，导致水库库底塌陷，所蓄的水循竖井流入原告的采煤巷道。原告以受损害为由请求赔偿。英国高等法院法官之多数见解认为，被告在修建水库时，并不知水库底下有竖井的存在，因此对于造成原告损害

---

① 69 N. J. 102，351A. 2d 337 (1976)
② 312 So，2d 799 (Fla. Dist. Ct. App. 1975.)
③ 王曦:《美国环境法概论》，汉兴书局 1995 年版，第 174 页。
④ See 1 ALL E. R. 53 (H. L. 1994) .

并没有"可预见性"，因此被告并没有过失，故不应对原告的损害负责。但高等法院法官 Blackburn 则认为被告需承担赔偿责任，不论其是否有过失。他在判决中写道："我们认为，真正的法律原则是：凡出于为己之目的，往自己的土地上引入、聚集或保持任何一旦泄漏将造成损害的物质之人，必须承担控制该物质之风险。否则他应对该物泄漏所致必然后果的全部损害负有责任。当然，被告可以通过证明泄漏之发生，系原告之过失或不可抗力所致，为自己辩护。"① 其后的相关判例，也出现了受害人同意、第三人介入行为和法定豁免等免责情况。这些免责情况，将严格责任原则的适用，限制在一定范围之内，以避免对于被告责任过重之情形发生。依据英国已有判例，可以归纳出英国无过失责任原则实行的四个要件和五个例外情况，四要件是：（1）被告出于为己的目的引入或者使用某种物质；（2）该物质一旦泄漏将造成危害；（3）被告引入或者使用物质的方式是非自然的（non - natural）；（4）该物质已泄漏或溢出。五个不适用无过失责任原则的例外情况是：（1）受害人的过失；（2）不可抗力；（3）受害人同意；（4）第三人介入行为；（5）法定豁免。此外，英国在确认无过失责任后，为降低无过失责任立法对于产业的冲击，也采用了辅助措施，如赔偿责任数额限制、强制性责任保险或设立特别基金的方式分担无过失环保风险。

此外，无过失责任原则适用时需要以"可预见性"作为前提的观点在现代英国已经面临巨大冲击，现在的英国立法者多倾向于选择无过失责任以解决环境损害救济问题，究其原因有三：（1）随着现代科技的发展，许多危险都于研发当时未必能够预见其危险性，立法上选用易于操作和责任到人的无过失责任，确认污染者的赔偿责任，将促使企业主小心处理自己掌控或者使用的可能存在潜在风险的物质。（2）法律与科学对于因果关系之认定不同，如以物理或者生物学的方法确定某一环境因子对人体的伤害，不仅需要排除客观环境之中太多的可变量因素，而且要有足够多的试验表明此类伤害与该环境因子有关联，这表明，从问题的发生到最终因果关系的判定，要经过漫长而大量的科学试验鉴定，才能够确定。对于法院审理的环境损害案件，不仅救济时间不允许等待，而且科学鉴定的巨大

---

① See B. A. Hepple and M. H. Matthews, *Tort*: *Cases and Materials*, London: Butterworths, 1980, p. 345.

成本开支往往使诉讼当事人不堪重负，因此，法院必须自己对因果关系做决定，而被告掌控危险产生源的行为（risk-creating conduct）应当足以合理地作为被告受损与原告行为之间的关联原因。（3）从法律的制定和实施成本角度来说，与其因"可预见性"的主观判断标准不一导致法院裁判频频失误，不如由立法者直接采用严格责任，以降低法院裁判之和解成本。①

2. 美国《超级基金法》与《商业责任减轻与棕田再生法案》

美国环境法之发展，起源于 20 世纪 50 年代，受环保运动高潮的影响，针对传统过失责任原则导致大量环境损害无人负责或者"一走了之"的弊病，美国国会于 1976 年制定《资源保存与赔偿法》（the Resource Conservation and Recovery Act），② 并于 4 年后，制定《广泛环境响应、赔偿与责任法》（the Comprehensive Environmental Response, Compensation, and Liability Act），③ 又称为《超级基金法》（Superfund Law）。《超级基金法》的责任规范，主要包含四个方面内容：一是建立环境保护信息搜集与申报系统；二是授权联邦政府、州政府或地方政府环境保护措施的权力和责任；三是设立专项基金，用以支付清理受污染场地和污染物、危险废弃物的费用；四是在环境损害事故中，向已排放或可能排放污染物质或危险废弃物的责任人，追究无过失责任。④ 此四项内容中，影响最大的，是无过失损害赔偿责任，该法规定，无过失责任损害赔偿的主体，是"潜在应负责之人"，包括生产污染物质或危险废弃物者，污染物质或危险废弃物的运送、储存、处理者，产生污染物质或危险废弃物场所的现在经营人或所有权人，以及产生污染物质或危险废弃物场所的前经营人或前所有权人。而无过失责任之损害赔偿范围，包括对于污染物质或危险废弃物的清理费用，因此产生的损害赔偿或其他必要费用，以及因排放污染物质或危险废弃物所造成的损害。这些规定，特别是将污染物所在场所的前经营

① See Clifford Fisher, "The Role of Causation in Science as Law and Proposed Changes in the Current Common Law Toxic Tort System", 9 *Buff. Envtl. L. J.* 35.

② Pub. L. No. 94 – 580, 90 Stat. 2795 (1976), Codified in the Solid Waste Disposal Act at 42 U. S. C. § 6901 et. Seq (1988 ed. & Supp. V).

③ Pub. L. NO. 96 – 510, 94 Stat. 2767 (1980), Codified at 42 U. S. C. § 9601 et. seq (1988 ed. & Supp. V).

④ Frank P. Grad, "A Legislative History of the Comprehensive Environmental Response, Compensation, and Liability (Superfund) Act of 1980", 8 *Colum. J. Envir. L.* 1 (1982)。

人和前所有权人列为责任追溯对象，表明美国《超级基金法》规定的无过失损害赔偿责任，在回溯效力与追及效力上要远远严于一般民事无过失责任或产品无过失责任。损害赔偿范围也远较一般民事责任要广泛许多，以至于实践判例中动辄以数亿美元计算损害赔偿金额。并且依据该法规定，赔偿责任人可豁免的情形仅限于以下4种：（1）不可抗力；（2）战争行为；（3）第三方的作为或不作为；（4）上述三种原因的混合。① 除此4种原因外，不论该危险物质所造成的损害，是否是行为人过失引起，均要承担赔偿责任。当赔偿数额超出责任人的赔付能力以外的部分，则由政府特设的超级基金（superfund）负担。并且在实务上，美国法院对于上述4种符合免责的情形是采取从严判断的原则，例如：不可抗力和自然因素的判定，只针对特殊例外的情形，并非普遍适用于所有自然事件；又如第三人责任抗辩，也只在污染的发生完全属于第三人责任时才适用；对于混同的情形，只要被告与污染的发生有任何关联（包括间接的关系，如雇用契约、不动产买卖双方等），均无法以第三人责任抗辩。

依据美国联邦《超级基金法》第106条与第107条（a）项，美国环境保护署及任何因污染而受损害之人，都可以以"潜在应负责之人"为被告，向法院提起损害赔偿之诉，这不仅给受害人提供了有效的环境损害救济途径，还可以弥补政府行政执法的人力不足。由于该法使"潜在应负责之人"面临巨额损害赔偿风险，因此，如何正确运用免责条款抗辩成为被告的必要之选。"不可抗力"与"战争行为"抗辩，因其特殊性质，在美国环境法实务中，很少为被告所采用，实务中最常为被告采用的是"第三人行为"抗辩。"第三人行为"抗辩，又称为"善意所有权人抗辩"（innocent landowner defense），是指污染场所的所有权人，在购买该诉争的污染场地时，并不知道污染物的存在，并且在购买之前，已经经过详细的调查，仍无法发现污染物的存在。为了证明这一点，土地所有权人要举证证明自己在购买取得诉争的污染场所之前，已经依据美国法定的ASTM标准［系指"美国测试与材料学会"（the American Society of Testing and Materials，ASTM）］所建立的《环境评估标准》（*Environmental*

---

① CERCLA Section 107（3）：an act or omission of a third party（other than an employee，agent or party with whom there is a contractual relationship）as long as the defendant exercised due care and took precautions against foreseeable acts of the third party. 42 U. S. C. 9607（b）（3）.

Site Assessments，ESA）进行了法定的"环境评估"（environmental assessment），且并未发现任何环境污染。这样，如果今后发现该场所已遭受污染物质或危险废弃物之污染时，该场所所有权人，可以依据上述"环境评估"而主张善意所有权人抗辩，以免除巨额赔偿的无过失责任。

无过失责任确立之后，后续需处理的问题便在于如何认定赔偿责任之数额。《超级基金法》的实施已经获得非常明显的成效，但是巨额的赔偿责任以及庞大的清理费用负担，也可能造成企业经营成本的增加和产业发展障碍，不少企业为了转嫁风险，在环境公害发生时，一方面瞒报、虚报事故真相，另一方面将该受污染场域弃置封闭，如进行填埋或者筑起高高的围墙，以免为他人发现。这不仅造成加深了污染物的缓释危害，更造成日后清理的困难。为此，美国各州地方政府于 1996 年起提出了鼓励企业清理公害物质的积极性的"超级基金计划"，该计划目的是鼓励所有"潜在应负责之人"自愿主动清理危险废弃物与受污染场域，并对于主动履行州政府"超级基金计划"，完成对危险废弃物与受污染场地的清理的企业和"潜在应负责之人"给予"无过失责任"的豁免权。该企业将享有对于该清理完毕场域任何未来环境法上之民事责任豁免。不过，2001 年以前，该计划是州政府实施，州政府赋予的豁免权，未得到联邦法律及《超级基金法》的认可，使得企业对各州政府提出的"超级基金计划"，采取观望的态度，无法达到预期目的。对于这一联邦与州法律的冲突，经过各界超过 5 年的辩论与协商，美国国会终于于 2001 年通过了《商业责任减轻与棕田再生法案》（*the Business Liability Reliefand Brownfields Revitalization Act*），并于 2002 年 1 月 11 日经美国布什总统签署后生效。该法案最重要的规定，是提供联邦《超级基金法》认可的州政府制定"超级基金计划"并赋予场地清理人的"无过失责任"豁免权；依据该法案，若某受污染场地经营人已加入所在州政府的"超级基金计划"，且按照州政府的"超级基金计划"规定，完成危险废弃物与污染之清理后，则该场地经营人即豁免联邦《超级基金法》的"连带无过失责任"。该法案实施后，效果明显，促使许多"潜在应负责之人"，自愿积极主动加入各州政府的"超级基金计划"，接受州政府环境保护署的补助与监督，完成危险废弃物与污染场域之清理，以享受《商业责任减轻与棕田再生法案》所提供的联邦层次上的"连带无过失责任"豁免权。这既满足了政府清理污染的目的，也降低了企业经营中的环保风险，对于吸引区域投资，带动区域经济之繁荣与发展，产生了非常积极的作用。[1]

（二）大陆法系国家

1. 德国"特殊类型设施"无过失责任

对于环境损害责任，1990 年以前，传统德国民法（BGB）仍然建立在过失责任主义之上，并且除须证明故意过失之外，同时必须具备因果关系与违法性等要素，甚至证明损害多寡，被害人方有可能获得赔偿。1990年 12 月通过、1991 年 1 月生效的德国《环境责任法》，主要是为解决传统民法与特别法无法有效实现环境污染救济的问题而制定，该法责任形式以无过失责任为主，通过加重"潜在的环境责任人"的责任、提高对被害人的保护，并间接促进企业主采取环保措施，严格生产管理，防止污染事故。[2] 德国《环境责任法》针对特殊类型设施所造成的环境损害，采取无过失责任原则。[3] 该法第 1 条特别规定了据以认定无过失责任的"特殊类型的设施"：即"本法第一条及其附录所列之设施，包括热力、矿业、能源类；石头及土壤、玻璃、陶瓷、建材类；煤、铁及其他物质（含其加工）类；化学产品、药物、石油提炼及再加工类；木材、纤维素类；食品、饲料、农产品类；废弃物及残余物质类；物质装卸类；其他类型。同时，即便是公有设施，亦不排除在外"。根据该法的立法说明，立法过程中，虽然对是否以环境损害行为来界定责任范围有争议，但立法者考虑到，人类不论何种行为，多少均具有污染环境的性质，因此以行为界定失之过宽，故最后改为以"设施"为依据来界定责任人。同时，附件一所列的适用工厂，是指经营规模相当大的工厂。因为只有相当大型规模的工厂，以其平均的获利情形，才有可能承担该损害赔偿法所加重的环境责任，[4] 非所有的工厂都适用该《环境责任法》。德国《环境责任法》关于环境损害责任内容的规定有：（1）必须是与环境有关之损害。虽然该法第 1 条列举了环境损害责任认定所依据的"设施"，但并非这些设施所造

---

[1] 请参阅美国联邦环境总署报告，Environmental Protection Agency, *The Brownfield Law* 2002, http://www.epa.gov/brownfields/pdf/bflawbrochure.pdf。

[2] See Jochen Taupitz, "The German Environmental Liability Law of 1990: Continuing Problems and the Impact of European Regulation", 19 *Syracuse J. Int'l L. & Com.* 13 (1993).

[3] Ibid.

[4] 参考黄锦堂《台湾地区环境法之研究》，台湾月旦出版社股份有限公司 1994 年版，第287 页。

成的所有损害都适用无过失责任，而必须是与环境有关的损害才适用。环境损害的界定可参考该法第 3 条："损害由于环境影响所造成者，即指该损害乃经由土地、空气、水所传布之物质、振动、噪声、压力、放射物、煤气、蒸气、热气及其他排放物所导致而成者。"① 对此，立法者曾举例说明：如因锅炉爆炸所产生的碎片造成损害，则适用本法，原因是此时爆炸产生的气压，与环境周围的空气有关。但如工厂从业工人不慎被机器绞伤，或不慎跌入有腐蚀性的容器，则不能适用本法，因此损害与环境无关。（2）保护客体的要求。该法第 1 条即限制赔偿必须针对生命、身体、健康与财产的损害，纯粹经济上损失（pure financial loss）与期待利益或薪资（expectation of future profits or wages），必须源自上述权利或法律上利益受侵害，方可主张赔偿。例如，个人生病是因环境污染导致的，可以主张，但其雇主无法依本法主张其生病未工作期间造成的损失。

该法还规定，设施正常操作或者合法排污所造成的特定损害，仍然必须负责：（1）正常操作或者合法排污的责任限定。立法者最初考虑，如将企业设施正常操作或者合法排污所造成的所有类型损害，均纳入赔偿范围，可能会导致企业责任过重，不利于经济发展；同时，对于在产出或排放之时非属污染物，但间隔一段时间后却被认为确属污染物的情况，同样也会给企业经营带来不确定因素，影响经济稳定。最后，立法者基于环境保护长远政策之考虑，仍然将这两种情形纳入责任承担范围，但对其责任范围进行了限缩。限缩的方式有二：一是如果设施控制人能证明其行为是正常操作生产或者合法排污，则损害与行为之间的因果关系，就不再推定存在，而必须由被害人自行举证；② 二是在正常操作和合法排污时，赔偿的情形不包括财物的毁损，仅包括人员的伤亡，以避免小型诉讼层出不穷。（2）正常操作的定义。正常操作与非正常操作，在《环境责任法》之下，设施控制人所负的举证责任与赔偿责任，均不相同。因此，这一规定可促使设施管理人严格遵守操作规程，使其行为符合正常操作。正常操作在《环境责任法》中采取广义定义，所有该设施应遵守的法定义务，包括相关的法令，或主管机关的指示，只要是与环境维护有关的，均应被

① See Thomas Lundmark, "Systemizing Environmental Law on a German Model", 7 *Dick J. Env. L. Pol.* 1, 26 (1998).

② Ibid.

遵守，才有可能被认为是正常操作。设施控制人为证明其行为处于正常操作的状况，必须保留或出示相关证明文件。德国一般较大的工厂，在环境行政法规上，都定有细腻的有关总量控制、营运方法、登记义务、环保专责人员的设置、24 小时监测设施设置以及维护义务等规定，要判断个案中经营者是否违反环保法令并不困难。[①] 这样，如果企业能够在环境损害诉讼中提出自己是正常操作情形，则因果关系举证责任又回到由受害人负担。

　　2. 日本"四大公害"案件的判决

　　日本对水质污染、空气污染及矿灾所导致的责任，均已立法采用无过失责任。如以熊本水俣病为代表的"四大公害"案件，该案原告主张，基于被告化学工厂的危险性，化学公司负有高度的注意义务和规避结果的义务。既然造成了损害，理所当然应该负有损害赔偿责任。该案被告辩称：（1）在水俣病发生当时，被告公司即使以高度的注意义务和最高的化学方面的知识、技术，也不能预测污水中含有危害人的生命、身体的物质（钾和汞）。（2）在当时条件下，被告已竭力对污水进行了最好的处置，超过了化学工业界同行业者的水平。（3）其排放的污水符合法定水质标准，因而被告主张其处置技术未违反注意义务。但上述三点均未被裁判所认定。判决认为：关于危险的预见可能性及调查研究的注意义务问题，归根结底是危险的预见可能性问题，因为后者是以前者为前提的，而危险的预见可能性与其说是一个事实问题，不如说是一个价值判断问题。即是说，它是一个是否应该预见危险的问题。判决还认为，被告即使遵守了公法上的标准，也不能免除民事上的损害赔偿责任。也就是说，既然其行为对于人的生命、身体造成损害，那么，在民事上就不能不认为违法，这在判例上已成为定论。至于被告采用最好的设备是否有民事责任问题，判决认为，即使采取了最好的处置方法，也不能成为免除损害赔偿责任的理由，尤其是本案判决中的"对其安全性产生怀疑时，必须立即中止操作，研究必要的、最好的防治措施"。[②]

---

　　① 转引自黄锦堂《台湾地区环境法之研究》，台湾月旦出版社股份有限公司 1994 年版，第 287 页。

　　② 参见曹明德《日本环境侵权法的发展》，《现代法学》2001 年第 3 期。

第二节　举证责任制度及其实践

如前所述，举证责任问题是环境公益损害救济的难点问题，通常情况下，环境损害被害人除了要证明设备的运转与环境污染有因果关系、环境污染与其法益受侵害有因果关系之外，被害人还要证明侵害行为与损害后果之间有因果关系。环境损害事件除了在相邻关系地区发生外，污染物质随着环境媒介（空气、水），也常散播到非相邻关系之地区。被害人要证明在非属相邻关系时，如何将行为及损害间之关系相连结本就是一件相当困难之事，尤其在多重因果关系（多数侵害人／多数损害）时，若被害人无法预知其相互作用所产生之影响，或空间且时间上的间隔所产生的影响，那么因果关系的证明就无法实现。对此，世界各国立法中均有一些有益的做法，对于英、美等国这方面的立法，因其诉讼体制构架与我国存在很大差异，可借鉴性不强，且国内已有很多学者研究，本书不再赘述。下面笔者重点介绍与我国诉讼体制相近的德国在举证责任设置方面的三项有益经验。

一　减轻原告的举证责任

1991 年 1 月生效的德国《环境责任法》减轻了原告的举证责任。该法制定过程中，针对原告在损害因果关系上的举证困难，曾考虑是否降低优势证据的要求，但因这样仍无法有效减轻原告的举证责任，故该法仍然设有许多"推定"情形。环境损害与行为之间的因果关系，基本上是推定存在的。如个案中要判断某被害人健康受损是因环境污染造成，只需要考虑该环境中所存在的设施，其运行与物质排放的方式，以及其他时空因素，可能造成此种损害时，即可推定因果关系存在。至于该设施是否有可能造成损害，则依照营运的流程、使用的设施、所使用及所排放的物质种类、气象学上的数据、损害发生的时间与地点、整个损害的图像以及其他种种可资判断的情形，病理学的知识在判断时也扮演了重要的角色。在有多数设施之情形时也是这样，除非当中某个设施有相反证据推翻其损害可能性，否则每一设施均被推定与损害具有因果关系。在责任人故意或者过失的判断上，德国《环境责任法》的归责重点已不在主观是否故意过失上，只要符合法律规定的损害要件，就需对此负责；除非是因天灾或是不可抗力所造成的损害。

二　因果关系推定

德国立法者为了减轻环境损害被害人举证上的困难，对因果关系认定采用"因果推定原则"，《环境责任法》第6条规定："当一个设备根据现有知识证明可能成为导致损害的原因，则该设备将被推定为造成实际损害的原因。该因果关系的判断，可以根据具体案情，考虑设备运转的程序、所使用的设施、使用及释放物质的种类、气象状况、损害情况，以及其他所有在具体事件中能够说明造成或不造成损害的所有因素的总和。"但受害者并非完全免除举证责任，其仍须负担以下的举证责任：（1）受害者必须具体举证证明其所受侵害的权利是属于本法第1条保护的权利（生命权、身体健康权等）；（2）受害者必须举证，某一设备所有人排放了特定有害的物质；（3）受害者必须举证证明加害设备的设置地点与受害者的受害地点有空间关系、运行时间与受害者存在接触时间关系。

值得强调的是，对某一个设备被推定为造成环境损害原因的判断标准，依照该法第6条第1项所述，有：（1）设备的运转程序；（2）所使用的设施；（3）该设备所使用及所释放物质的种类及其集中程度；（4）气象情况；（5）损害发生的时间和地点；（6）损害的情况；（7）其他在个案中已经证明该行为可以造成或不造成损害的案例。

不过，不少德国学者有对"因果关系推定"的立法持否定态度，因为依德国《民事诉讼法》第286条之规定，受害者对于以上推定的因素仍必须负完全举证责任，而如果受害者完成上述所有构成要件的举证责任，其因果关系已经明了，没有推定的必要，因此，学者们认为，实际上，即使受害者主张适用《环境责任法》上述因果关系推定的规定，实际上并没有减轻受害者的举证责任。①

三　公民信息请求权

同时，为了增强原告的举证能力，方便原告收集证据，德国还立法加强了公民的信息请求权（right to information of the claimant）。德国立法者

---

① 杜景林译、卢谌校：《德国环境责任法》，载沈四宝主编《国际商法论丛》（第7卷），法律出版社2005年版，第65页。

发现，环境损害被害人无法顺利求偿的主要原因之一，就在于环境污染多涉及高科技，或者与设施内部运行信息保密有关，被害人在无法取得此项信息的情形下，因举证困难而败诉的案例比比皆是。因此，该法强制规定制造污染的企业主，必须公开污染源的必要信息［类似于美国法律上的证据开示（discovery）制度］，赋予被害人强制设施拥有者提供必要信息甚至交付档案文件的权利，以此缓和被害人的举证责任，包括《环境责任法》第8条被害人对于设备持有人的信息请求权、第9条被害人对于行政机关的信息请求权。其中，《环境责任法》第8条关于被害人对于设备持有人的信息请求权规定：（1）当一个事实存在，此事实说明：一个设备已经造成损害，只要这个信息请求是为确定损害赔偿请求权存在所必需，则被害人可向设备所有人请求相关数据的答复。可以被要求的报告内容仅限于关于使用的设施、使用物质的种类和其他从设备所产生的影响以及依据第6条第3项的特别运转义务。（2）事件依据法律必须被保密，或保密符合设备所有人或第三人的重要性利益时，则第1项之信息请求权不存在。（3）当设备所有人的答复不完整、不正确、不足够或答复未于适当的时间内给予时，被害人可向设备持有人要求审阅目前相关设备的资料。(4)德国《民法》第259—261条情形（计算义务的范围、代替宣誓保证、关于交付或告知财产的义务、发表代替宣誓的保证）准用之。《环境责任法》第9条是被害人对于行政机关的信息请求权：当一个事实存在，这个事实说明一个设备已经造成损害，被害人可向核准设备的行政机关、监督设备的行政机关、了解环境影响的行政机关要求信息答复，只要这个信息是为确定损害赔偿请求所必需。当信息的给予将影响行政机关的正常运作，或信息内容的公布将扩大对联邦或邦的公益损害，或事件依法律或依事件的本质，参与者或第三者的合法利益必须被保密，则行政机关没有答复信息之义务。第8条第1项第二段适用于核准设备的行政机关和监督设备的行政机关；关于设备持有人的姓名、地址、法定代理人及送达代收人皆可向行政机关要求信息答复。①

---

① 杜景林译、卢谌校：《德国环境责任法》，载沈四宝主编《国际商法论丛》（第7卷），法律出版社2005年版，第66—67页。

第三节　其他特殊制度

世界各国现行环境公益救济法律制度中，还有一些各具特点的特殊制度，也值得我们了解。以下重点选择德国、欧盟和日本的几项特别制度作一介绍。

一　最新判定环境损害的标准

德国立法规定损害赔偿责任以环境影响形成损害为前提。所谓对环境影响所形成的损害是指，该损害经由土地、空气、水所传播的物质、振动、噪声、压力、放射物、煤气、蒸气、热气及其他排放物所导致形成，或者由其他现象所形成的对环境的作用。这样做的目的是立法能包括将来可能出现的影响环境的新因素，及避免立法列举方式的缺失，而此种"经由其他现象所形成的对环境之作用"的传播方式必须经由土地、水或空气等作为媒介进行散布，因此，直接引起损害的环境影响并不属于此类，例如直接饮用具有危险物质的水或接触有毒物或高温之气体、液体。

欧盟于2004年3月通过了一项预防和补救环境损害的《欧盟环境责任指令》（*Directive* 2004/35/*EC*），将"环境损害"定义规定在该指令中，并且针对环境损害规定了一系列预防和补救措施，具有较强的前瞻性。《欧盟环境责任指令》关于"环境损害"的评价标准，重点在于被保护物种及其自然栖息地环境品质的下降和自然资源功能的减损。如该指令第2条第1项即规定，"环境损害"是指：（1）对于被保护之物种以及自然栖息地产生损害者，并且此种损害系指对维持被保护之物种以及自然栖息地存有重大负面效应之损害。损害系对于自然资源及条件造成负面效应之可衡量变化，因此欲判断该损害是否产生重大负面效应，必须依照本指令附录一之要件进行衡量。前述提及对于被保护物种以及自然栖息地产生损害者，并不包含经《欧盟指令92/43/*EEC*》第6条第3项与第4项、第16条或《欧盟指令79/409/*EEC*》第9条或是为避免自然栖息地与物种未能受到欧盟指令保护而制定之内国自然保育法之授权，由被授权之经营者，其行为所形成之负面效应。（2）对于生态学、化学、数量地位及生态潜能（如《欧盟指令2000/60/*EC*》所定义）上，造成重大负面效应之水域损害。《欧盟指令2000/60/*EC*》第4条第7项之负面效应排除规定，于此得适用之。(3)因土地污染直接或间接对人类健康有造成负面效应之重大风险性损害。《欧盟环境指令》第2条第2项规定:"损害系指一种直接或间接对于自然资源可衡量之负面性变动或是可预见之自然资源功能减损。"自然资源指受保护之物种、自然栖息地、水域与土地。

二 设备及设备持有人的概念[①]

德国环境责任立法中最大的特点是,规定以特定的、列举的设备为"抓手",确定设备持有人应负环境危险责任。德国《环境责任法》对设备持有人的定义,在立法草案早期阶段使用的是"经营者"(bereiber)用语,在1989年11月草案版本中修改为inhaber[所有人、持有者、有支配权者而不一定是物主(possessor)],立法者的用意在于将不运行设备的持有人纳入责任人范围。因为所谓的设备持有人,应当是指自己使用或利用该项设备且对该设备具有必要支配权并支付维持营运费用的人。判断标准是设备与该人或物有比一般相邻关系更密切的私法上的关系,持有人的特点是通过事实上及经济上对设备的控制权显现出来的。依据《环境责任法》对设备的立法定义,设备仅限于地点固定的不动产及其附属设备,亦包括所附属动产,因此持有人(inbaber)原则上应为设备所附土地所有人,通过土地登记簿册登记,应不难找出赔偿责任人。然而实践中常见的情形是,造成损害发生的设备往往并非由其所有权人掌管和使用(如租赁、借用等)。考虑到只有设备的实际占有人,才有可能对于设备的运行给予控制指示,或者采取措施降低危险或排除危险,因此,该法所定义的设备持有人应当是指具有阻止设备运转以制止污染危险的设备控制人,在个别情况下有可能使所有权人与持有人同为责任义务人,因此所有权人与持有人的区分也是该法值得研究的一大亮点。

关于设备,德国《环境责任法》界定的"设备"(anlage),以法律附录的方式规定有96种,并且在立法过程中由立法者决定对其加以第3条规定的特征:"设备是地点固定的设施如工厂场所及仓库。以下亦属设备:(a)机械、器具、运输工具和其他地点可变更的技术上之设施。(b)附属设备,所谓的附属设备,即它与主要设备或主要设备的部分设备,有

---

① 参见约翰·陶皮茨《联邦德国"环境责任法"的制定》,汪学文译,《德国研究》1994年第4期。

在一个空间或运转技术上的共同关联且对导致对环境影响具有重要性。"附录中的设备目录表共分为9类：（1）热力、矿业、能源类；（2）石头及土壤、玻璃、陶瓷类、建材类；（3）煤、铁及其他物质（含其加工）类；（4）化学产品、药物、石油提炼及再加工类；（5）木材、纤维素类；（6）食品、饲料、农产品类；（7）废弃物及残余物质类；（8）物质装卸类；（9）其他类型。对于尚未建设完成的设备或不再运转的设备，《环境责任法》第2条规定，若对环境损害是源自尚未建设完成的设备或不再运转的设备，如果该环境损害于未完成的设备完成后其危险仍存在，或运转停止前其危险就已成立，则该未建设完成的设备或不再运转的设备所有人必须承担责任。[①]

三　损害赔偿范围及上限制度

（一）德国的立法规定

德国采用高额赔偿上限制度。德国立法者认为，传统民事损害赔偿方法，以恢复原状为原则，金钱赔偿为例外。但在环境损害赔偿中，则应将被害人置于先前未受损害的情形予以考虑；而且，环境损害除对个人造成侵害之外，对于环境也有所污染，生态有所损失；更何况，环境污染往往不可逆转或难以回复原状。因此，该法第16条第1项，明定金钱赔偿数额，并非仅以被害人所受损害为限，而是以恢复环境原状所需的经费为标准。《环境责任法》限定其保护的权利仅包括生命、人身健康权和物权，至于纯经济上的损失及生态损害，则不得请求赔偿。该法第1条规定，若因附录一列举的设备对环境造成影响，所造成的人的死亡、身体或健康受到伤害或物受到毁损，设备所有人必须对所造成的损害负赔偿责任。因此，该法的经济赔偿限于对人类生命权、身体健康权、物权侵害的直接损失，而排除了间接损害和纯粹的生态损害赔偿（虽然责任人要负担恢复环境原状环境整治的必要费用）。例如，居民因剧毒物污染而必须被迫停留在家中时，其自由权被剥夺或限制及停工损失，设施所有人并不负损害赔偿责任。[②]除此之外，一般人格权受到侵害时，也无法要求赔偿。损害

---

① 杜景林译、卢谌校：《德国环境责任法》，载沈四宝主编《国际商法论丛》（第7卷），法律出版社2005年版，第64页。

② Salje, *UmweltG - Kommentar*, §3 Rz. 68 ff.

赔偿请求权人是各受侵害法益的持有人或物的权利人。具体来说，赔偿的范围包括：（1）受害人死亡的赔偿。赔偿义务人须赔偿受害人的治疗费用、必要的生活费、丧葬费以及受害人受伤期间丧失或减少劳动能力的薪酬损失。如死者在受害时，对第三人依法有扶养义务，或将可能负扶养义务，赔偿义务人应赔偿被害人在其可能的生存期间内应当支付的第三人的扶养费，如果第三人在被害人死亡时是尚未出生之胎儿的，亦同。①（2）人身健康损害赔偿。在受害人的身体或健康受损害时，赔偿义务人必须负担治疗费用，以及被害人在受伤期间丧失或减少劳动能力的薪酬损失和增加的必要生活费。②（3）物的损害赔偿。该法特别对赔偿义务人承担恢复自然或景观原状措施的费用范围进行了特别规定：若物在受到损害的同时，自然或景观也被破坏，则加害人必须承担恢复原状的义务，恢复原状的费用可以超过物本身的价值。③（4）必要费用的预先支付和分期支付。《环境责任法》规定，基于损害赔偿请求权人的请求，加害人必须预先支付款项。对于损害赔偿款的给付方式，《环境责任法》规定某些损害，可以分期给付：为赔偿受害人丧失或减少劳动能力及增加生活上的需要所发生的损失，以及受害人对第三人应付的扶养费，损害赔偿义务人可以分期给付。④（5）损害赔偿的上限。《环境责任法》第15条规定了最高损害赔偿限额："在同一环境损害行为造成的人身和物的损害中，赔偿义务人对死亡以及人身健康损害赔偿之最高金额为一亿六千万马克。对于同一环境损害行为造成多个必须赔偿的损害时，其损害数额已经超过前述各项最高金额时，则各单一损害赔偿限额依其总额对前述最高赔偿额的比例相应减少；但是，其他法律规定对被害人的损害赔偿不受影响。"因此，该法第18条还规定："本法不影响其他法律所规定的损害赔偿。"此外，本法于核事件不适用，核能法与国际条约之有效规定优先适用。

（二）欧盟的立法规定

1. 环境损害的预防责任

《欧盟环境责任指令》第5条第1项、第2项规定了经营者的预防责

---

① 见德国《环境责任法》（UmweltHG）第12条的规定。
② 见德国《环境责任法》（UmweltHG）第13条的规定。
③ 见德国《环境责任法》（UmweltHG）第16条的规定
④ 见德国《环境责任法》（UmweltHG）第14条的规定。

任："当环境损害之发生有即将发生损害之危险时，即便它还未发生，经营者就应该毫不迟延地采取必要的预防措施。""各成员国应规定：当环境损害的发生有即将发生损害之危险时且该危险未被消除时，纵使经营者已采取预防措施，经营者仍应尽可能将所有相关之情况通知主管机关。"第3项、第4项列举了环境主管机关的责任："主管机关应为下列措施：(1) 要求经营者提供任何有即将发生损害之危险或有即将发生损害之危险可能性的环境损害信息。(2) 要求经营者采取必要预防措施。(3) 指示经营者采取必要的预防措施。（4）或是自行采取必要的预防措施。""主管机关应要求经营者采取预防措施。若经营者未遵守本条第一项或第三项 b 款、c 款之规定（因无法辨识经营者为谁或其无法承受遵守所需之费用），主管机关应自行采取预防措施。"

2. 环境损害的整治责任

由于环境保护涉及高度专业的科技问题，受科研水平的限制，即使社会大众都遵守预防责任，仍不能完全避免环境污染的意外发生；或者经营者、设施所有人、营运人稍有疏漏，都仍然有可能导致环境污染的情形产生，更别说有些经营者为了一己私利或方便，不愿意遵守预防责任，也常导致环境损害的发生。此时，由于事前的防范已无法阻止损害的发生，便只有通过事后的整治措施予以补救，以求恢复环境原本的质量水平或是接近原来的质量水平，而该整治措施通常是不可能由私人力量单独完成的，这就涉及公法上的整治责任。《欧盟环境责任指令》第2条第11项对整治措施下了定义："整治措施系指所有为使环境恢复原状或是取代受损自然资源、自然功能之过渡措施，或是提供与前述措施具有相当效果之措施。"而整治措施所应采取的行为则规定在附录二中，主要为三种：主要整治措施，取代、过渡整治措施及赔偿整治措施，说明如下：（1）主要整治措施：采取所有可行的措施立即控制、消除或处理相关污染物及其他损害因素，减少或防止环境损害扩大及对人类健康伤害的扩大或公众受害。环境整治的目的就是消除污染物并恢复自然环境原貌，实行的方式包括立即清除污染物质、设立保护区、禁区等，在一定时期内限制甚至停止保护区内的所有人为干扰活动，通过自然的自我修复能力恢复原貌。主要整治措施，通常会搭配互补的整治或赔偿的整治。（2）取代、过渡整治措施：当主要整治措施无法完全恢复自然原貌时，可以通过人工方式（如更新植被、填埋污染物、引水替换、引入物种等）主动建立能够取代受损自然资源、自然功能的过渡环境，通过该方式，纵使无法完全恢复自然环境的样貌，至少可以恢复到与原来环境类似的状态。（3）赔偿整治措施：用以弥补主要整治措施或者弥补过渡整治措施中的经费开支，如整治者采取各类人工措施时必须支出的费用，以及恢复环境品质之前区域内原住居民维持生活的费用。例如，某地渔民因海洋遭受污染而无法养殖或捕鱼，则在恢复该海洋环境之前，损害者应对该待业损失进行补偿。整治费用依《欧盟环境责任指令》第8条的规定，原则上应由损害责任人负担，也就是污染者负担原则，但这并不意味政府就能免除其责任，该指令第8条第2项、第3项、第4项规定，若经营者符合不必负担费用之规定时，政府主管机关即应承担整治费用，这也是共同负担原则和国家环保责任的体现。此时，环境整治是通过公共管理的力量进行的，政府主管机关有义务要求或指示污染者采取必要的整治措施，如果污染者不采取整治措施，政府主管机关必须先行采取必要的整治措施，以防止对公众利益产生危害，这是国家保护环境的义务。同时，该法强调在存在多个污染责任人时，"本指令不得劣化任何国家法令关于多数污染者之费用分担的规定，特别是关于产品制造者与消费者间责任分配部分"。

3. 责任人控制、消除损害或避免损害扩大的责任

《欧盟环境责任指令》第6条第1项规定："当环境损害发生时经营者应立即通知主管机关所有相关情况，并采取下列措施：采取所有可行之措施以立即控制、消除或处理相关污染物及其他损害因素，以减少或防止环境损害之扩大及对人类健康伤害之扩大或公众之损害。"也就是说，整治责任一方面必须恢复该环境，另一方面在损害发生时，损害者负有控制、消除损害或避免损害扩大的责任。

四 政府环境保护责任

现代环境法的理论表明，对于环境损害的管制问题，应以预防优先、管制其次，仍无法避免损害发生时才来采取整治措施，这是环境立法政策上的方向与基准。因此，环境救济政策中，最好的政策并不在于发生危害后如何有效地救济，而是应更进一步地在一定的环境危害危险性产生之前就预先防止对生态环境及人类之危害的产生，并持续地致力于基本生态的保护。同时，在预防—管制—救济的体系下，也应该以预防原则作为首要的原则。基于此原则，行政主管机关应对于环境保护进行事先规划，以避

免未来损害的发生。从广义上说，行政机关的这种事先预防的责任也是环境损害救济责任的一种。《欧盟环境责任指令》第 6 条第 1 项规定："主管机关应为下列措施：（1）要求经营者对已发生之损害提供相关信息；（2）要求经营者采取或指导相关经营者采取所有可行措施，以立即控制、消除或处理相关污染物及其他损害因素，以减少或防止环境损害扩大及对人类健康伤害扩大或公众损害；（3）要求经营者采取必要整治措施；（4）指示经营者采取必要整治措施；（5）或是自行采取必要整治措施。"若经营者未遵守上述规定（因无法辨识经营者为谁或其无法承受遵守所需之费用），主管机关应自行采取整治措施，以确保整治措施被实施。主管机关在决定采取何种整治措施时，应当与相关经营者合作；当有数个环境损害之情形发生且主管机关无法确定必要的整治措施皆已实施时，主管机关应决定先针对哪些环境损害情形实施整治措施。主管机关应考虑包括自然生态环境、环境损害范围及严重性以及自然环境恢复的可能性等因素而为决定。对人类健康可能造成的危害风险也应列入考虑。主管机关应邀请第 12 条第 1 项所提之人，① 并且将他们在自己土地上已实行之整治措施列入观察及考虑当中。

五　环境损害责任的免除事由

关于免责事由，德国和欧盟的规定各具特色。德国《环境责任法》第 4 条规定："由不可抗力事件所造成的损害，无损害赔偿义务。"立法者认为，危险责任的理由在于赔偿责任人应当对危险的制造拥有完全的影响力和控制力，所以设施持有人仅就其管理能力范围内引起的损害及在技术上、经济上可以预见和控制的外部危险所引起的损害负责，而将不可抗力引起的损害排除在外。此外，依该法第 5 条规定："设备已按照规定运转，而物仅受到轻微的损害，或物的损失范围依物的地缘关系是可被预期时，则责任人对物的损失赔偿责任可以免除。"也就是说，设备持有人对其正常营运设施所造成的物的损失，无须负损害赔偿责任，但以该物所受

① 《欧盟环境责任指令》第 12 条：要求之措施：自然人或法人有下列情形之一者：（a）遭受环境损害或有遭受损害之虞；（b）对环境之决定有十分之重要性或其决定会影响环境之损害；（c）依会员国之行政程序法之规定，权利受损者应先给予其陈述之机会，应有权听取主管机关就该环境损害或即将发生损害之危险所为之建议，并有权要求主管机关采取本指令所规定之措施。"对环境之决定有十分之重要性"及"权利受损"之认定由成员国自行决定之。

之损害轻微或依地缘关系可预见的损失范围为限。另外，因果关系中"原因推定"在设备持有人的设备的运转程序合乎正常的环保操作规程时，可以被排除，即当设备依照合乎规定的环保操作程序运转，则因果关系推定不适用。所谓合乎规定的运转程序是指特定设备的运行程序或者规则已经被遵守，且无其他干扰设备正常运转的事件发生。特定的运转规程是指出自于行政法上的许可、负担、可执行的命令和法律规定，这些规定的目的在于防止可能产生的环境损害。至于设备是否处于合乎正常的运行程序这一事实的判定，该法又规定了两种推定情形：（1）经过法定的监督程序，保证设备所有人在机器运转时，已经确实履行了操作规程；（2）受害者主张的环境损害赔偿，属于设备持有人已超过 10 年以上的环境损害赔偿事件产生。同时，该法针对第三方因素也规定了因果关系推定的两种例外情形：（1）如果数个设备均有造成损害的嫌疑，但依据个案调查发现另有第三方因素更适合成为造成损害的原因，那么在此情况下，环境损害事件的被害人不得主张适用原因推定理论；合适性的判断要依据个案损害发生的时间、地点、损害情形以及所有其他个案中已成为或不成为损害的先例。（2）如果一个环境损害赔偿事件的发生，仅有一个设备适合成为原因，但在个案中，发现有第三方因素适于成为损害的原因时，环境损害事件的被害人不得主张适用原因推定。

《欧盟环境责任指令》规定：本指令不适用于下列因素所导致之环境损害或是即将发生损害之危险：（1）武装冲突、战争、内战或暴动。（2）天灾或是不可抗力之事项。关于赔偿请求的时效，该指令规定：主管机关应于损害行为结束时起或应负责的经营者或第三人被知悉时起 5 年内（以后一情形为起算时点），请求经营责任人或造成损害危险的第三人负担赔偿费用。

六　环境公害防止协议制度

（一）环境公害防止协议制度及其发展

环境公害防止协议制度，是指地方政府、地方自治团体、区域居民群体等，为预防和处理环境公害，与可能造成环境损害的企事业单位或者排污设施（如化工废料填埋场）的管理者之间，基于双方合意，商定双方必须采取一定作为或者不作为行为而签订协议，要求协议双方（重点是企事业单位或者排污设施管理者）必须采取一定措施预防环境污染或其他环境损害后果发生；以及一旦公害发生后，由约定的义务人采取措施及对策处理环境损害、承担事后救济责任的制度。[1]

现有文献可查的最早的环境公害防止协议，起源于1952年，当时日本岛根县政府分别与山阳纸浆公司江津厂、大和纺织公司益田厂签订《公害防治备忘录》。该备忘录规定上述工厂在建造之时，必须依照县政府的技术指导，设置完善的废水处理设施，如工厂经营中无法保证该地区水质的清洁，将不许生产运转，或者因废水处理不当导致污染事故，将由工厂承担损害赔偿责任（赔偿额度由县委员会决定）。该协议在工厂设立之初尚未发生公害之前就已签订，这与此前公害受害人与排污企业之间签订的事后损害赔偿协议存在很大不同，因此，成为环境公害防止协议的雏形。1964年，日本横滨市政府与欲在该市根岸临海工业地带设火力发电厂的电源开发公司及东京电力公司签署了《矶子火力发电厂公害防止备忘录》，该备忘录约定了直接具体的公害防治措施与对策方式，从而被称为"横滨方式"，该协议的模式此后在日本各地被推广使用，成为现代意义上第一份正式的公害防止协议。[2] 与此前的公害损害赔偿协议相比，"横滨方式"具有三大特点：一是配合民众需求，对空气污染的现状与未来预测值，以科学数据显示；二是在出售工业用地时，即建厂之前，必须由土地使用者提交建设计划、环境影响评估报告和公害防治计划与对策，政府和公众针对建设计划提出质询，土地使用者必须予以答复并采纳；三是防治措施、对策和责任等内容明确具体，不给予企业主日后借自由裁量逃避责任的空间。

由于环境公害防止协议具有补充中央和地方环保法令之不足以及弥补法律对地方自治团体环境管理授权不充分的功能，1970年以后在日本日趋普及，其内容也逐步增加，并发展成为与中央环保法律、地方环保条例、行政指导并列的四大防治公害手段之一。相比"横滨模式"，现在的公害防止协议有以下五个变化：第一，协议可以独立存在，不限于将公害防治条款附属于工厂用地的地契中；第二，协议形式不再采用书信、备忘

---

[1]　参见陈慈阳《环境法总论》，元照出版社2000年版，第373页；叶俊荣《环境理性与制度抉择》，三民书局1997年版，第170页。

[2]　李玲：《日本公害防止协定制度研究及其借鉴》，硕士学位论文，中国政法大学，2007年，第2页。

录形式，而是正式契约的格式；第三，协议规范对象范围不再限于企业（污染源）的新增、增设厂房或设施，而可溯及已经设立的企业、现存的厂房或者设施；第四，协议内容已摆脱了早期条文的抽象笼统，而以更为具体、个别、详细的规定写入协议文本；第五，违反协议的违约责任种类增加，对企业的制裁方式不仅是要求损害赔偿，还有企业停业、歇业等手段。①

依据日本神户大学阿部泰隆教授的见解，该制度能够在20世纪70年代逐渐成为日本主要公害防治手段的理由有五：一是当时环保法律对公害排放标准不尽完备，国家标准无法兼顾地方的不同需求，企业即使遵守法定排放标准，仍无法避免高浓度污染或者多企业共同排污造成地方的复合性污染，因此地方公众要求当地企业遵守比法定标准更为严格的排放标准。二是根据当时的法律，对地方自治公众和团体的污染防治授权不充分，且地方政府在环境管理中受法律先占理论、依法行政原则和法律保留原则的限制，难以对企业采取比中央政府所制定法律更加严格的环保标准，环境公害防止协议以其自愿性和灵活性受到地方政府和公众的欢迎。三是依据当时的法规，不仅法律管制内容僵硬划一，无法满足地方富有地域性特点的环境公害防治需要，环境公害防止协议能够补充国家立法的缺陷，而由地方自治团体和企业根据地方特点"对症下药"，有利于为企业设定符合当地实际的环保义务，增加企业履行义务的可能性。四是公害防止协议对企业而言是与居民共存共荣的良方，事先与居民签署协议，可避免日后与公众发生对抗和纠纷，减少纠纷发生后再改善生产设备的麻烦，不仅有利于企业正常生产经营，更可维护企业良好声誉。五是公害防止协议采取企业与地方公众双方协商方式签订，符合"以和为贵，凡事注重事前协议"的日本社会习惯。②

（二）环境公害防止协议制度的目的和功能

根据台湾环境法学者陈慈阳的研究，环境公害防止协议具有以下目的：一是有效落实环境保护工作；二是促进企业与居民和谐共荣；三是落

---

① 参见侯大林主持《日本公害防止协定的内容及其作成之研究》，台湾经济研究院1995年6月编印，转引自许定国《环境保护协定之研究》，硕士学位论文，台湾私立东海大学法律研究所，2002年，第11页。

② 参见阿部泰隆《公害防止协定住民的救济方法》，判例时报第988号，转引自许定国《环境保护协定之研究》，硕士学位论文，台湾私立东海大学法律研究所，2002年，第10页。

实公害污染防治，提升企业形象；四是主动妥善纾解抗争，发挥保护伞功能。[①] 在此基础上，笔者总结环境防止协议制度的功能有以下几方面：

1. 增进企业与公众之间的沟通与互信

在预防公害的共同目标之下，地方公众、地方政府与企业平等协商，在充分沟通的基础上，确定双方采取一定作为或者不作为措施，预防公害和处理公害；通过签订协议，企业与所在地居民或者政府之间达成互信，各方在当地生产、生活中形成和谐互利的共同体，减少当地居民对企业排污行为的疑虑和恐慌。

2. 有效减少环保监督和实施成本

通过地方公众与企业共同商定公害预防和处理模式，就各自应当遵循的行为规则达成共识，将企业行为置于所在地居民的监督之下，能够有效降低协议履行的监督成本。正如埃莉诺·奥斯特罗姆教授关于集体行为的经济学分析时提到的："如果人们达到一种共识，认为占用者应该遵循自己制定的规则，那么在监督某一特殊资源使用中的许多不利因素就会被抵消。有关规则的合法性的遵循规则的必要性的共识会降低监督成本，而缺乏这种共识则会增加监督成本。"[②]

3. 有效防止公众恐慌对抗情绪

心理学研究表明，人们对于突然发生的未预见的危险，往往会出现集体性恐慌和非理性对抗行为；这也是环境公害事件中，受害民众往往对排污企业实施群体暴力，甚至攻击政府管理者的原因之一。相比起公害造成的直接损失，因公害造成的社会动荡以及处理措施的滞后等社会成本损失可能更高。环境公害防止协议是企业与当地公众在充分协商基础上就公害的事前预防和事后处理达成的共识，公众对公害危险的发生及其处理方式有充分的了解和心理准备，一旦事故发生，公众、政府和企业均能够从容应对，保持社会稳定，避免公害引起的次生社会损失和公众非理性的抗争。

4. 有利于企业经营稳定和提升商誉

企业与公众之间就公害的事前预防和事后处理达成协议，对企业来

---

① 陈慈阳：《环境法总论》，元照出版社 2000 年版，第 373 页

② ［美］埃莉诺·奥斯特罗姆：《公共事物的治理之道：集体行动制度的演进》，余逊达、陈旭东译，上海三联书店 2000 年版，第 300 页。

说，一方面可以优化企业与当地居民和公众的关系，树立企业勇于承担社会责任的形象，提升企业的商誉；另一方面，通过签订协议，企业能够预见自己在环境公害事件中的责任范围，有助于其合理评估经营风险，核定经营成本，及时采取投保或者设立公害防止基金等方式预防公害事件给自己带来经营风险，提高企业抗风险能力。而且，从以往的公害事件教训中可以发现，受害民众在突如其来的公害事件中，容易发生激烈的暴力对抗手段破坏企业生产设施，或者要求巨额的经济赔偿，企业往往在公众强力抗争以及政府维护社会稳定的压力之下，被迫接受超出比公害实际损害更高的赔偿或补偿，甚至关闭、破产，因此，环境公害防止协议有利于促进企业保持经营稳定。

5. 有利于灵活应对环境问题的复杂多变性

由地方公众参与的环境公害防止协议符合经济管理学之完全信息条件，其内容更加灵活、科学并富有弹性，能够因地制宜、因时制宜、因事制宜及因案制宜提出符合当地特点的公害防治方法和标准，有利于克服政府行政管理中因不完全信息造成的决策失误或者制裁失误。单纯的环境行政管理手段属于"公地的悲剧"解决方案中的政府集中控制方式，它的有效性是建立在政府掌握的信息准确、监督能力强、制裁可靠有效以及行政费用为零这些假定的基础之上的。没有准确可靠的信息，中央机构可能犯各种各样的错误，其中包括主观确定资源负载能力，罚金太高或太低，错误制裁了合作的牧人或放过了背叛者等，① 这些错误均会导致管理的失败，而公害防止协议能够有效弥补行政管理信息不完全的不足。

6. 节约纠纷解决成本

通过协议各方代表共同组成"协议执行委员会"或者选定公害纠纷解决机构，为公害纠纷的解决提供了简便有效的裁决途径，能够节省当事人因诉讼或者行政管制所需要的宠大程序的花费，减少公害纠纷的解决成本。

（三）环境公害防止协议的基本内容

公害防止协议的基本内容主要包括缔约依据、缔约主体、主要污染物防治对策、环境品质标准、公害防止计划书、现场检查、协议执行委员会

---

① ［美］埃莉诺·奥斯特罗姆：《公共事物的治理之道：集体行动制度的演进》，余逊达、陈旭东译，上海三联书店 2000 年版，第 27 页。

设立和争议裁决机构的选定、公害事故发生时的应急预案、损害赔偿方式、权利义务的继承等。具体分析如下：

1. 协议依据。20世纪70年代以前，日本环境公害防止协议的内容受"法律先占原则"以及"依法行政原则中法律保留原则"的限制，一般约定企业应采取比中央政府制定的法律更加严格的公害预防措施与环保标准，此时的协议并无缔约法律依据，日本学者称为"脱法之公害管制手段"。20世纪70年代末，日本中央政府将大部分的公害规范管理许可权授予地方政府或者地方自治团体，日本地方政府依据中央授予的自治权可以制定公害防止条例，此后的公害防止协议多以公害防止条例作为法律依据。

2. 协议主体。实践中，公害防止协议主要有三种类型：一是地方自治团体（地方政府）与企业签订；二是民间居民或者居民集体与企业签订；三是居民集体在地方自治团体（地方政府）见证下，与企业签订。同时，根据企业影响的地域范围，可以由多个地方自治团体（地方政府）或者居民集体联合起来作为签约主体。

3. 主要污染物防治对策和环境品质标准。包括排污口的设立数量、高度、位置，污染物排放时间、速度、温度、浓度，防污设施的种类和运行方式等。

4. 公害防止计划书。即对公害防治对策措施和环境质量检测方法等具体细节进行逐项约定。

5. 现场检查。是指在地方自治团体（地方政府）见证下，当事人有进入工厂，对生产及排污现场企业履行协议的情况进行监督检查、抽查的权力。

6. 对企业员工进行教育指导并设立公害防治负责人。这是日本公害防止协议制度的特色之一，公害防治负责人是企业内专门负责监督环境保护工作的监察人员，属于企业员工，但又独立对环境管理机关负责，保管环境监测与记录，有权对企业违反环保法规的行为进行举报和查处，其角色相当于我国国有企业内的纪检监察干部。

7. 事故发生时的紧急应对预案以及事后救济责任。包括补救措施或者停工歇业、无过错损害赔偿，公害审查委员会的组成方式以及裁决程序等。

8. 权利义务的继承。此内容主要是为了防止企业日后将工厂转让给第三方从而逃避环境公害防治责任，要求企业变更组织、转交经营时，接手经营者要继承该协议。

（四）环境公害防止协议的类型和法律性质

根据签约主体不同，环境公害防止协议可以分为政府主导型环境公害防止协议和居民主导型环境公害防止协议，其中政府主导型公害防止协议是指企业与所在地的地方政府签订的协议或者地方政府、企业和公众共同签订的三方协议，而居民主导型公害防止协议是指企业与所在地的居民签订的协议。

1. 政府主导型环境公害防止协议的法律性质

因签订协议的地方政府是具有公权力的组织，因此，不少学者对政府主导型公害防止协议是否因公权力的介入而具有公法上的行政契约性质提出疑问。主要观点有以下几种：一是行政指导说，理由是该协议是企业对地方政府提出的公害防治对策接受的意思表示，违反协议并不直接产生行政处罚或者行政强制执行效力。协议只是对法律法规的补充和辅助，并不是政府行政执法的依据。二是民事契约说，理由是地方政府在该协议中的地位应当是与企业是平等的私法上的主体，且协议内容一般与土地出售、经济补偿相关联，违约责任也采用民事契约常用的违约金、损害赔偿等方式。三是行政契约说，即协议是就公法上的权利义务关系设定、变更或者废止与政府公权力机关签订，其内容并非保护私人财产利益，而是一定区域内环境保护之公法利益，其约定是政府环境公共行政手段的补充，具有公共性，内容也有责令停业、歇业和监测、检查等行政行为，这与民事财产契约有明显区别。① 笔者认为，以政府为一方主体签订的环境公害防止协议，不乏约定在企业排污造成环境公害时，政府有使用公权力进行强制管理和制裁的内容。考虑到此类协议的目的，包括维护地区环境、保护公众心身健康与福祉，这也是政府的公共职能之一，协议中企业基于土地占用关系和社会环保责任的考虑，自愿对其经营自由和经济利益设定限制，接受政府更加严格的管理以及比法定环境标准更加严格的制约，政府基于这一约定对该企业实行管理，这与一般的人权自由性质截然不同，并不抵触政府依法行政原则；而且，协议的重点是"公害发生时的紧急措施与

---

① 参见侯大林主持《日本公害防止协定的内容及其作成之研究》，台湾经济研究院1995年6月编印，第51、52、60页。

损害赔偿"以及"受害人据以请求救济的方式和机构"等具体义务约定和违约责任条款，有明显的契约性质，已超越了行政指导这类无拘束力的文本范围。同时，由于公环境公害防止协议的内容往往既包括为环境公共行政目的而设定的权力（如监测、检查、责令停业等），又包括土地买卖、经济补偿、违约金等民事权利义务，且协议的签署是双方平等协商的结果，并非政府动用公权力强制规定；因此，该协议的法律性质应当具有复合性，协议的履行发生争议或者当事人依协议请求救济时，应当视公害事件性质不同以及违约条款约定的内容不同而分别适用行政诉讼程序或者民事诉讼程序。

2. 居民主导型环境公害防止协议的法律性质

该类协议多以损害赔偿或者补偿为内容，虽然其中的公害防治条款涉及公众利益，但因签约主体为私人或者居民集体，签约的居民人数相对固定，一般为当地常住居民，其约定的利益也多为私人间的权利义务，协议附有签约名册，未加入协议的居民不享有合同权利义务，因此该类协议的法律性质应当属于私法上的民事契约。如果此类协议履行中发生争议，协议当事人应当按民事合同违约，通过民事诉讼程序提起损害赔偿给付之诉，以获得司法救济。

第五章　环境公益诉讼及其功能

第一节　环境公益诉讼的分类和特点

一　公益诉讼的渊源

公益诉讼的法律制度最早可溯及古罗马时代。罗马法中最早将诉讼分为公益诉讼和私益诉讼两种。在市民法中，规定公益诉讼由担任国家公职的人代表国家行使诉权，考虑到公职人员的数量有限及其积极性问题，在具有造法效力的大法官敕令中又规定：具有公民权的罗马市民可以以自己的名义向法庭提起基于公众利益的诉讼，赋予了公民以诉权。同时规定：公职人员提起公益诉讼获得法庭判决支持的，被告所支付的罚金，归国库，但起诉者可以得到一定的奖金；市民提起公益诉讼成功的，罚金归起诉者所有；几个人对同一事实起诉的，由法官选择其中一人担任原告。

在现代法制中，美国是最早重拾古罗马公益诉讼法律传统的国家。《美国法典》规定：检察官在涉及联邦利益等七种民事案件中，有权参加诉讼。其中包括检察官有权对所有违反《谢尔曼法》或《克莱顿法》而引起的争议提起公诉。《美国区法院民事诉讼法规》第 17 条规定：在法定情况下，个人或社会团体在保护别人利益的案件中也可以以美利坚合众国国家的名义提起诉讼。典型的有相关人诉讼、职务履行令请求诉讼和禁止令请求诉讼。相关人诉讼是指当司法部长决定不亲自起诉违法行为时，私人可以以司法部长（或国家、州）的名义起诉。如美国的《联邦采购法》规定：任何人均可代表美利坚合众国对政府采购中的腐败和有损于美国公众利益的行为提起诉讼；诉讼获胜之后，可以在诉讼收益中获取相应的比例作为回报。1986 年颁布的《反欺骗政府法》中也有类似的规定。职务令请求诉讼是指法律允许私人在公职人员未履行其义务的时候，以市民的身份并根据其义务的具体内容向法院提起请求发布职务履行令的诉讼；禁令请求诉讼则是指纳税人以其纳税人身份提起请求禁止公共资金违法支出的诉讼。

除了美国之外，法国、德国、日本都在民事诉讼制度中规定了个人、团体或检察官可以以国家利益和社会公共利益保护者的名义对某些案件提起民事诉讼。日本在行政诉讼法中规定：市民对于地方政府公职人员非法或不当处分公款或公共财产的，可以请求地方审计委员会进行审计；对于审计结果不服的，可以提起行政诉讼，起诉审计委员会。在日本的司法实践中，这项制度对于地方行政的民主化、公正化起了相当大的监督和制约作用。而德国则在宪法诉讼中赋予普通国民诉权，即规定本国国民只要认为某项法律的制定或实施已经违反了宪法的精神或基本要义，都有权向法院提起宪法诉讼，请求宣布该法律因违宪而无效。

笔者还注意到，与古代罗马公益诉讼制度相比，现代法治赋予公民个人公益诉讼的诉权有着更丰富的内涵。这也被认为是近现代法学思想及政治学关于国家起源的理论发展的成果之一。在罗马法中，市民启动公益诉讼只能以个人的名义，而在美国法律中，公民提起公益诉讼可以以联邦政府司法部长的名义，也可以以州和联邦的名义，甚至可以以纳税人的名义；而起诉的对象，可以是公众利益的侵害者，也可以是本应履行义务而怠于履行义务的公职人员或政府机构。在大陆法系国家，公民提起的诉讼可以是民事诉讼，也可以是行政诉讼，甚至是宪法诉讼。

在我国，可持续发展的法学思想及制度化管理可以上溯到上古时期。但我们也没有找到我国公益诉讼制度的历史渊源。究其原因是由于中国传统的法哲学思想，统治者与被统治者一向是治与被治的关系，从夏启破除禅让制，建立具有国家意义的夏王朝以来，中国两千年的封建史，皇权天授，代代传直至千万世。国家作为阶级压迫的工具，百姓即使有冤屈，也只能寄希望于清官或上京城告御状，以皇权体制为根本的法律，不可能出现公益诉讼这种对抗皇权的产物。近现代以来，公益诉讼在我国发展缓慢，司法部门也有着其实际的顾虑。一是我国的司法资源的有限性，二是提起公益诉讼的个人动机的复杂性，并不排除功利及追求新闻炒作效应的初始动机，再者中西方诉讼观念上存在差异。中国社会的"厌讼"观念阻碍了民众参与环境公益诉讼的热情。中国社会的"厌讼"观念以儒家思想中的"无诉"理念为其底蕴，反映了对和谐人际关系的崇尚和对稳定社会秩序的推崇，这是值得肯定和汲取的。但其价值取向重伦理、轻权利，轻视个人权利和利益的保护，与法制建设是存在冲突的，其深层次的影响还在于"它促成了中华民族对法的价值总是忽略和广大民众对法律的不信任"①。同时，"厌讼"思想还湮灭了个人的权利意识，束缚和限制了人们对利益的积极追求。这种状况影响了诉讼功能的实现，抑制了权利保护机制的生成与发展。

二　环境公益诉讼及其分类

（一）环境公益诉讼的概念

我国法学界对于环境公益诉讼的研究起步较晚，而从环境法学的角度对其作出的定义更是鲜见。即使偶有涉猎，也是各执一词。如有学者将其归入经济公益诉讼之一种，认为"任何单位和个人都有权对污染环境，破坏自然资源的单位和个人提起经济公益诉讼，由人民法院依经济公益诉讼程序进行审判，依法追究责任人的民事、经济、刑事责任。这里讲的任何单位和个人，既包括直接利害关系人，也包括无直接利害关系人，既可以是国家机关，也可以是企事业单位或个人"②。也有学者将其归入社会公益诉讼机制，"所谓社会公益诉讼，是指任何人、社团、国家机关为社会公益，都可以自己的名义，向国家司法机关提起诉讼。社会公益诉讼是以社会法为底蕴的。首先，社会连带关系的存在，使所谓的社会公益与每个人的生活都息息相关，因此，社会公益的损害，就等于每个人的利益都受损；其次，根据动态的社会契约论，个人、社团、政府都有权代表社会公益，从而形成社会公益代表者的竞争机制，有利于社会公益的真正实现"③。

笔者认为，对环境公益诉讼概念的界定，不能脱离环境保护法学这一学科的基本理论。环境保护法学作为一门独立的法学学科，有其特定的调整对象和目的。环境保护法学是对环境保护规律、环境保护立法、执法和司法实践进行理论概括的科学。④ 基于此，我们定义环境公益诉讼时，首先应突出反映环境保护法之保护和改善环境，防治污染和其他公害，保障

---

①　李祖军：《民事诉讼目的本体论》，法律出版社 2000 年版，第 189 页。

②　韩志红、阮大强：《经济公益诉讼的理论与实践》，法律出版社 1999 年版，第 173 页。

③　郑少华：《生态主义法哲学》，法律出版社 2002 年版，第 201 页。

④　韩德培主编：《环境保护法教程》，法律出版社 1998 年版，第 22 页。

人体健康，促进社会文明进步这一根本目的要求；其次要侧重于实现"维护社会公共环境利益"这一具体目标；最后要体现公益诉讼的基本特点——诉讼主体和利益对象的不确定性。

同时，环境公益诉讼作为环境法执行的具体方式之一，在国外环境法实践中早已存在并有许多的案例。只是因国内外司法体制存在较大差异，且对环境公益诉讼的具体称谓不同（如美国称为公民诉讼，日本称为公害审判·环境保护诉讼等），至 20 世纪末，我国法学界对其研究甚少。较早关注该问题的是王曦教授，他在 20 世纪 90 年代初研究美国环境法时指出：就美国环境法而言，法的执行按执行主体身份的不同，分为"公体执行"（public enforcement）和"私体执行"两大类（private enforcement）。所谓公体执行，指的是经法律授权的联邦或州的政府机关依照法定程序对违法者采取的强迫其遵守法律并依法承担法律责任的法律行为过程，分为行政执行和法院执行两种。所谓私体执行，指的是经法律授权的公民、公众团体或其他非官方法律实体以自己的名义向法院提起的要求法院对被告采取迫使其遵守环境法或追究其法律责任的强制行为的诉讼。私体执行是公体执行的必要补充。政府由于种种原因可能消极地实施环境法规。在这种情况下，私体执行可以补充公体执行的空白或软弱，监督和推动政府实施环境法规。[①] 这里所说的环境法私体执行，便是环境公益诉讼。

笔者认为，将环境法的执行按提起执行的主体不同划分为公体执行和私体执行，对界定我国环境公益诉讼的概念具有重要的意义。首先，这一划分释明了我国环境法的执行中存在的一个重大缺陷，即"重管理，轻公众参与；重行政权包揽，轻司法监督"。虽然由于环境公共物品的性质，世界各国的环境保护都在某种程度上具有政府主导的特征，但我国的环境保护基本是完全依赖政府主导，行政权力有过度包揽的倾向。也就是说，我国的环境法执行基本属于公体执行中的行政执行或行政机关提起的法院执行。而由私体提起的法院执行明显处于十分软弱的地位，甚至可以说我国环境法中没有私体执行方面的制度设定。

其次，这一划分对于我们考虑环境公益诉讼的分类具有指导意义。我国环境法学界在讨论环境诉讼时，常常容易将民事、刑事、行政诉讼中与

---

① 参见王曦《美国环境法概论》，武汉大学出版社 1992 年版，第 188—197 页。

环境有关的法律条款均界定为环境诉讼。对于这种将与环境有关的一切诉讼均纳入环境保护法学研究的范围的做法，笔者持不同观点。（1）环境法是介于私法与公法间的法域，完全用私法或公法的理论均不足以解释现代环境诉讼的特点。那么，将基于公、私法划分为基础设立的传统诉讼法学中与环境相关的一切诉讼均纳入环境法学研究的范畴显然有一叶障目之嫌。（2）我国著名环境法学者韩德培教授在界定环境保护法的调整对象时就曾指出："环境保护法是调整因保护和改善环境、合理利用自然资源、防治污染和其他公害而产生的社会关系的法律规范的总称。环境法调整的社会关系并非是与环境有关的一切社会关系，它只调整人们在上述活动中产生的社会关系，即环境保护关系。"① 这一对环境法的定位是十分准确的。推而言之，与环境有关的民事、行政、刑事法律关系以及相应的诉讼法律关系并非都是环境诉讼法律关系。当然，笔者无意否认我国环境法学对于环境私益诉讼研究的必要性，但是，从一门独立的法学学科角度去衡量，环境公益的保护才是真正意义上的环境保护，环境公益的实现才是环境法学价值的体现；因此，对环境公益诉讼的研究无疑应当成为环境法学界义不容辞的责任。

综上所述，目前已有的关于环境公益诉讼概念的界定中存在的问题便已了然。基于我国环境法执行中的特点，笔者拟将环境公益诉讼定义为"任何公民、法人、公众团体或国家机关，为保护和改善环境，合理利用自然资源，防治污染和其他公害，当其认为有损害国家的、社会的公共环境利益的行为发生，已经造成或极有可能造成重大环境损害后果时，以自己名义代表国家或不特定的多数人以环境违法行为人为被告向法院提起诉讼，请求判令该违法行为人停止环境损害行为及赔偿公益损失的诉讼制度"。

这一定位类似于美国环境法中的私体执行，但有不同之处，即将国家机关也纳入环境公益诉讼的主体。之所以这样设定，是因为：首先，我国是以公有经济为主体的社会主义国家，国家机关是代表人民行使权力，而公益保护本身也是人民检察院、环保局等国家机关的基本职能之一，它们成为环境公益诉讼的参与者是完全可能的、必要的和有益的。其次，在环境公害事件的处理过程中，国家机关在信息收集、因果关系判定、污染治理措施采取等各方面处于比一般公民较为优势的地位，它们提起和参与环

---

① 韩德培主编：《环境保护法教程》，法律出版社 1998 年版，第 26 页。

境公益诉讼力量相对更强，保护的公益效果更好。最后，我国的环境保护团体数量尚少、力量还十分薄弱，公民的传统"厌讼"观念尚有待转变，在这种的情况下，国家机关成为环境公益诉讼的推动者和实践者对于整个环境公益诉讼制度的形成和发展无疑是具有重要而深远的意义。

（二）环境公益诉讼的分类

按照不同的划分标准，可对环境公益诉讼作不同的分类。如前所述，以传统的诉讼法分类为蓝本，可十分容易地将其分为环境公益民事、刑事和行政诉讼三类。但是，这样是否有些草率化与简单化了？这种单一分类方式是否已不能体现环境公益诉讼所具备的独特个性与魅力？因此，笔者尝试用多个标准来对环境公益诉讼进行分类，以期从多角度来认识这一新型诉讼制度。

1. 按照环境公益诉讼的对象不同，可把环境公益诉讼分为对污染者的公益诉讼和对行政机关的公益诉讼两大类。

（1）对污染者的环境公益诉讼

即指当有污染环境的公害发生时，原告以自己的名义向法院提起的旨在迫使环境污染者遵守环境法律或追究其法律责任的诉讼。严格来说，一切违反环境法律的污染者均可成为环境公益诉讼中的被告，包括：个人、企业甚至政府或政府部门等。对于污染者的法律责任主要有：责令停止污染行为、恢复原状以及支付补救过去的污染损害的金钱赔偿等。

（2）对行政机关的环境公益诉讼

即指原告为维护公共环境利益，以自己名义向法院提起的旨在迫使行政机关依照环境法律、法规作出一定行为或不作出一定行为的诉讼。根据行政行为的性质，对行政机关的公益诉讼又有两类：一类是针对行政机关的非自由裁量权行为的诉讼；另一类是针对行政机关的行政自由裁量权行为的诉讼，此种诉讼类似于司法审查之诉，包括对行政机关制定土地规划、环境质量标准、环境管理及处罚条例等抽象行政行为的审查以及对行政机关具体行政行为的审查。

2. 根据提起环境公益诉讼的主体不同，可将其分为环境公益集团诉讼、环境公益团体诉讼、公众个人诉讼和国家机关环境公益诉讼。

（1）环境公益集团诉讼

即当事人一方或双方为庞大人群组成的集团的诉讼。它具有人数不受限制，代表人在诉讼中所实施的诉讼行为一般不经全体授权即对全体成员发生效力，判决对未参与诉讼的成员亦发生效力等特征。值得指出的是，并非所有的集团诉讼都是公益诉讼，只有具备为了保护大多数人的社会公共环境利益而起诉这一要件，才能归入环境公益集团诉讼的范围。如果仅为了少数几个人的集体利益而起诉，显然不是我们所定义的环境公益集团诉讼。

（2）环境公益团体诉讼

即由某个团体为了实现保护环境目的，为维护环境公益而以自己的名义提起的诉讼。团体诉讼在各国立法中确立的程度不同，如在法国，团体不能因广大公众的利益或个别团体或集团成员利益受损害而起诉，而只能是整个行业或其所有成员的集体利益受到侵害时，团体起诉的资格才会被承认。在德国，法律赋予团体以团体名义起诉的权利，但仅限于请求判令停止破坏这样的情形。① 在美国则迥然不同，只要团体能够证明其个别成员的环境利益遭到了损害，它就满足了起诉的条件，并且法院指出美学的和环境的利益都值得司法程序的保护，这更扩大了"环境公益"的范围。

（3）环境公众诉讼

原告为单个的公民或法人，不论其本人是否受到侵害，都可以为维护社会公共环境利益而针对违法者提起的诉讼。

（4）国家机关环境公益诉讼

即由检察院、环保局等国家机关为维护社会公共环境利益，针对违法者提起的，要求违法行为人停止环境损害行为、恢复原状及赔偿公益损失的诉讼制度。

三　环境公益诉讼的主要特点

环境公益诉讼是在围绕环境公共利益产生纠纷的基础上形成的诉讼。根据前面的定义及与传统的环境诉讼相比较，环境公益诉讼有以下特点：

（一）诉讼的主体不同

传统的诉讼中，纠纷当事人主要是个人和一般的商业组织，并且他们之间的力量对比无太大的差距。而环境公益诉讼的纠纷当事人，原告一般是公民个人、团体或其他法律实体，被告多为生产型企业（如矿山、冶

---

① ［意］莫诺·卡佩莱编：《福利国家与接近正义》，刘俊祥等译，法律出版社 2000 年版，第 82 页。

炼、化工、医药等）或者是从事社会公共事务管理（如城建、规划、水利）的政府部门甚至政府。诉讼双方在社会经济、政治地位上不平衡，在原被告之间诉讼力量对比中，被告方较占优势。

（二）诉讼的目的不同

传统民事诉讼通过对民事纠纷的处理，确认当事人间的民事权利义务关系，制裁民事违法行为，保障的民事权益本质上是一种私权。传统刑事诉讼的目的，是为了保证刑法的正确实施，处罚犯罪，保护人民，保障国家安全和社会公共安全，维护社会秩序，保护的是公权。传统行政诉讼的目的是对行政机关予以监督，以保障公民或组织的合法权益免受违法或不当的具体行政行为的侵害；它也是基于公法、私法的严格划分而设置的一种保证国家机关行为不得违法侵害私人利益的制度，维护的仍是私权及合法的公权。环境公益诉讼的目的则与这三者都有明显的不同，环境公益诉讼保护的是公共环境利益，即以实现"保护和改善环境，合理利用自然资源，防治污染和其他公害"为其根本目的，而并非传统意义上的私权或公权，对此笔者在本书第三章讨论环境权的问题时已有论述。

（三）请求救济的内容不同

传统诉讼中，原告请求主要是对损害的赔偿、恢复原状或者是确认和恢复权利。而在环境公益诉讼中，原告的请求，不仅仅是要求被告对所受损害的简单的金钱赔偿或恢复原状；还包括要求国家机关、企业和相关组织采取有效措施防范环境公益损害结果的发生，避免或减轻损害的出现和扩大；甚至要求国家机关修改、变更有关政策和事业规模，禁止从事损害环境的生产、经营和建设等活动，这种情况可称为禁止型诉讼。也就是说，环境公益诉讼的请求内容已经不仅针对过去已发生的事件采取救济措施，还具有指向未来，防止或减轻环境公益损害结果发生的意义。再者，环境公益诉讼中原告要求禁止的被告侵权的性质和形态，已经从传统诉讼的特定且可视的程度，逐渐向不确定且无形的方向发展，或者说从物质形态方面的侵权向精神、生命健康方面的侵权转变。如关于空气污染、噪声、核辐射、生态灾难等纠纷及诉讼中所涉及的事实，都不能简单地用一般的社会常识来确定，必须借助科学技术手段及其他生物学、生理学、心理学等知识加以综合认定。

（四）诉讼裁判的效力范围和纠纷所涉及利益关系不同

传统环境诉讼的基础是私权间的争议，涉及的利益关系以个人利益为中心，而环境公益诉讼中，对立的利害关系具有公共性和集团性，其涉及的利益范围更广。传统的环境诉讼是对原告诉讼请求的权衡，法院就当事人之间的利益关系做出合乎法律规定的事实判断，裁判只能涉及纠纷的双方当事人或在一定条件下受判决拘束的第三人，影响范围也仅仅涉及当事人及周围有关系的人。

而环境公益诉讼中，当事人主张保护的公共利益关系具有公共性和集合性，裁判波及的范围呈现出广域化和规模化特点。原告的请求不仅包括对原告所受损失和金钱等方面进行赔偿，更主要的是着眼于法院在这种诉讼中通过禁止令状或宣告性判决等多样的手段来影响和改变环境公共政策。其裁判除了直接拘束本案的诉讼当事人，还对未涉讼的一般公众也产生影响力、拘束力和引导力。环境公益诉讼的裁决有意无意地起着创设权利和义务的作用（如著名的"日照权"在日本就是通过公益诉讼创设而来的）。这就要求法官在做出判决时，既要注意当事人之间纠纷的个人利益关系，同时又要综合考虑社会的、公共的因素作出判断。如美国学者尤多弗所言：环境公益诉讼的特征表现为"当事人结构呈现不定型的集团倾向，基于禁止命令的诉讼救济含有面向将来以及能够对应社会变化中产生的多种多样争点的内容，对纠纷事实的认定也同样具有超前性，对于复杂的纠纷主体，也必须有组织地保留法院的管辖权"①。

第二节　环境公益诉讼的功能、目的与价值分析

一　传统诉讼机能理论与现代诉讼机能理论的碰撞

以环境公益诉讼为代表的大量现代型诉讼的出现对法院提出了新的要求。首先，受害人权益必须得到及时妥善的救济，否则危及整个社会的生活环境和受害人的生存权利；要不要制止和如何制止侵害行为继续发生往往涉及企业行为的社会意义，其争议焦点涉及公共利益和政治因素，涉及国家集体和个人利益的平衡兼顾。其次，诉讼原告当事人一般是权益受到侵害的多数平民，且在诉讼之外往往还潜存着大量的实质性利益主体。这些人常缺乏独立诉讼的能力（包括知识经验和金钱缺乏），不善于提出和

---

① 刘荣军：《程序保障的理论视角》，法律出版社1998年版，第44—46页。

收集证明利益存在的必要的事实和证据；更多的受害人基于程序利用的风险（大量人、财、物和时间的耗费而诉讼结果却不可预期），为避免额外的诉讼支出而放弃使用诉讼手段。最后，由于主张、证明权利必需的事实和证据大多为被告所支配和独占；加之对争议事实的审查判断大多涉及专业技术性问题，起诉效果不甚理想。面对这些问题，对传统的诉讼制度进行技术性修正来达到改革的目的尚显不足。此时，现代型诉讼带来的"以诉讼推动政策形成"机能，为我们提供了拓展思路。

（一）传统诉讼机能理论

对于诉讼的理解，有广义与狭义之分。广义上的诉讼是指国家机关（包括法院、仲裁庭、行政机关）为了强制性地解决、调整主体之间的纠纷或利害冲突，主持有利害关系的人参与法律处理纠纷的程序；狭义上的诉讼是指从当事人起诉到法院判决的审判程序。①

近代裁判制度产生于资产阶级革命之后，但是它的基本理念已由资产阶级启蒙思想家在此之前确立了。孟德斯鸠、卢梭等学者，运用理性思维方式对封建社会的制度、宗教、专制君主以及私有制度等进行了严厉的批判。特别是对旧司法制度下法官们的肆意裁判和枉法行为以及封建君主的"金口玉言就是法律"现象深恶痛绝。对此，他们提出了立法、司法和行政权三权分立的原则，在司法制度上，要求法官必须严格按照制度法进行裁判，禁止法官创造法律。这方面较为典型的代表为法国的注释法学派，其继承了上述理念，将法官的任务限定为对法律条文的严格适用，不允许法官借解释法律之名改变立法机关的意图，代行立法权。又如德国萨维尼的历史法学派及其后的潘德克吞法学派都崇尚稳定的法律概念理论体系，并形成了概念法学。该学说也主张禁止法官造法，严格要求法官按照法律概念、命题等形式进行演绎推理来裁判案件，从而确立了实证主义的裁判理念。在英美法系国家，以布莱克斯通（W. Blackstone）为代表的法学家们主张法官的作用乃是宣告和表明法律，而不是制定、改造法律，他们的主张成为"先例拘束原则"的理论基础。受此影响，在司法制度中，法官的任务不是创造或变更法律，而是发现和宣告法律，这种裁判观念与大陆法系的注释法学、概念法学的观念是一脉相承的。

在此基础上形成了传统的诉讼机能概念，即维护私人权利的纠纷解决

---

① 章武生等：《司法现代化与民事诉讼制度的建构》，法律出版社 2000 年版，第 286 页。

机能和标准确立机能。纠纷解决机能是指通过各个具体案件的解决，将纠纷可能危及的社会秩序和当事人的权利问题迅速解决，以恢复和维护社会秩序。标准确立机能是指纠纷是围绕着被侵害权利产生的，诉讼就是确认和保护权利；只不过是在适用法律规范时，已经越过单纯的个别权利保护的范畴，发挥着对实在法规定的确认并予以强化的作用。此外，在法律规范的意义不明、不完善时，司法者可以对法律进行解释，通过判决确立与既存法律精神一致的规则。这种确立标准机能不仅能为后来的诉讼确立普遍适用的标准，还可以起到预防和抑制社会内部矛盾，维护社会秩序的作用。

（二）现代诉讼机能的扩大化理论

19 世纪后期，随着社会结构的变化和近代法律体系的变动，新类型纠纷开始出现。传统的裁判理念日益暴露出局限性并与诉讼机制的价值目标相矛盾。因此，从 19 世纪末到 20 世纪初，以德国学者艾而利希（Eugen Ehrlich）、法国学者萨莱耶（Raymond Salellies）、若尼（Francois Geny）为代表的自由主义法学派兴起。他们主张法官在一定范围内有权造法，以具体案件存在的具体情况为背景，使实在法能适应社会政治、经济条件的变化。他们立论的基础是"法律漏洞"的存在，目标是将法官从制定法的严格限制中解放出来。同时代的英美法系国家，从美国法学家霍姆斯（O. W. Holmes）的实证主义法学发端，经布兰代斯（L. D. Brandeis）、卡多佐（B. N. Cardozo）以及庞德（R. Pound）的发扬与汇总，形成了社会法学理论。该理论主张经验对法律生命力的重要性，提倡摒弃机械主义的裁判观，强调重视法律原理、规则、概念以外的政策以及其他社会因素。庞德更是主张法对控制社会的重要地位，认为裁判过程是通过对立利害关系的调整获得符合正义的妥当判决的法律创造活动；他严厉批判机械适用法律概念和规则的旧观念，提出要重视法律与社会变化的契合。[①]

无疑，上述法学思想为现代西方法学发展奠定了理论基础。以环境公益诉讼为代表的现代公益诉讼的出现更是为上述理论提供了完善和发展的现实依据。在现代社会，由于社会关系日趋复杂，价值观念不断变化、新事物层出不穷，许多已经或正在得到承认的新利益（如环境权）会因法

① 章武生等：《司法现代化与民事诉讼制度的建构》，法律出版社 2000 年版，第 290 页。

的规范和法的专门技术在司法裁判中得不到反映和实现。这一现象引发了裁判机能的扩大化，即人们期盼裁判不仅能够发挥解决纷争的机能，而且要求其发挥一定程度的政策形成机能。而裁判的政策形成机能体现在：由于实体法上空白法规、一般条款及不确定概念的日渐增多，要求法官在立法者所授权的一定范围内，运用司法裁量权，做出符合法的目的且明确、具体、妥当的裁判，使法官通过司法活动起到推动政策形成的作用。在这种情形下，个案法官被要求为政策性的价值判断，并在一定程度上代替立法者进行利益衡量。值得注意的是，法官在诉讼过程中的利益衡量，虽然在客观上将导致法官依自由裁量权创制和发展实体法的结果，但不能将此简单等同于程序法的结果，或者说程序过程具有创制或发展实体法的机制。这是实体法本身存在的欠缺，即实体法规范与现实生活变化发展不平衡。此外，法官在诉讼过程中为政策性判断时，对新的实体利益的确认"必须在现行法规整体所允许的正当化的范围内进行，而且这种利益、价值并不是由法院创造的，而是即存的"。按照这种观点，当事人所享有的诉讼请求权中就包含法院进行创造性司法活动和自由裁量的要素。因此，在政策判断中的权利创设不过是现有实体法规范的衍生和发展，而不是法官的凭空臆断，也不是程序法本身的产物。同时，现代诉讼法学的"利益保障说"从诉讼目的的角度解释了实体利益与程序利益的关系，它强调"诉讼的目的就是保障实体利益与程序利益的平衡，其真正用意在于强化当事人的程序主体地位，以实现法治国家关于人民主权的主张。人民主权的基本要求是人民应以主权者的身份、地位自行决定如何实现国家统治，并重视法对统治者的抑制和约束"[1]。

二　环境公益诉讼推动环境政策形成的机能及其运用

（一）公益诉讼的政策形成机能

公益诉讼是围绕公共利益产生的纠纷所形成的诉讼，法院在审理和判断时常常缺乏直接适用的法规和理论，而必须从法律精神和社会正义的角度对事实做出认定及裁判。它对传统诉讼体制和机能提出了难题。首先，当事人事实上处于不平等的诉讼地位导致诉讼关系失衡；其次，诉讼围绕的利益争执焦点呈现社会化的倾向，从而导致法官判断上的困难；最后，

---

[1]　章武生等：《司法现代化与民事诉讼制度的建构》，法律出版社 2000 年版，第 192 页。

法官自由裁量权的扩大导致法律适用上的困难。大量现代型诉讼的出现要求法院立足于现代裁判机能，发挥政策形成功能。环境公益诉讼便是其中的典型代表。

公益诉讼的政策形成机能主要体现在以下方面：（1）同类事件裁判先例。这类裁判一旦做出，即可成为同类事件裁判的先例，而对本案当事人之外的一般社会成员及行政机关、利益集团等程序关系人，提供类似于确立法律规范的效果，以作为指导社会同类事件、行为的基本准则。（2）确定某种社会价值。在现代社会，随着社会经济情势的急剧变化和价值多元化，法律常常滞后于及时调整社会成员间权利义务关系的需求。因此，人们对法院及时确保和实现复杂而流动的价值和利益的期望越来越高，也越来越迫切。此类裁判的内容或结论，即是对某种社会价值的肯定，其正义性一旦获得公认，将对全社会发生影响并形成某种压力，进而促成立法机关或行政机关调整公共政策。

裁判政策形成机能的发挥说明：通过诉讼程序的进行及裁判的制作和宣告，司法的作用已不仅仅局限于对个别纠纷事件进行事后的解决或对争议权利义务关系的确认，而是大大超越于具体的事件，直接影响和涉及一般社会成员的利害取向或价值观念。在这种情形下，司法裁判已可发挥修正、补充现存法律规范，以达到实现权利救济的目的。即使某项诉讼请求最终未能获得裁判的充分肯定，但通过诉讼程序的启动、运行以及诉讼活动的各种形式的公开化，亦可显示出争议事项的重要性，以获得社会的广泛关注和支持，进而促进立法机关或行政机关形成更符合实际需要的公共政策。因此，司法的作用确实已不只是依既存法规为裁判，以解决个别纷争。对于现代环境公益诉讼，现在已不仅仅局限于争论和评价国家利益与个人利益谁轻谁重，而是致力于解决公益诉讼中的司法权的作用该是什么，如何发挥，如何使诉讼程序多样化，如何防止当事人可能遇到的程序上的不利益，如何救济特殊团体（环境保护团体）的利益，以及是否考虑赋予某些特定的环境保护团体以诉权，从而减轻受害个人取证、开庭等活动引起的财力、物力消耗，以增大诉讼程序利用的实际效果等问题。

（二）环境公益诉讼推动环境政策形成的机能

现代型环境公益诉讼的出现，在修改传统环境诉讼观念和诉讼机能的同时，铸就了新的环境公益诉讼机能，这就是"促进环境政策形成机能"。

环境公益诉讼的环境政策形成机能的基本含义是：通过诉讼解决具体

环境公益损害纠纷的同时，还隐含着对各种与环境公益有关的社会关系的间接调整。传统的环境诉讼机能只注重对环境纠纷的事后回顾性处理，忽视了通过诉讼确认环境公共利益的社会价值的存在，唤起社会成员对环境公益损害问题的关心，为社会全体成员确立有关保护环境公益的行为指针。实际上，纠纷解决过程虽然已经结束，但是随着公益诉讼机能的扩大，法院判决的影响能够通过各种途径扩散至社会其他成员，而不简单地随着具体纠纷的终结而湮灭或沉寂。可以说，环境公益诉讼已经不只是处理该纠纷本身，对纠纷涉及的环境社会问题也将划入诉讼结果的影响范围，可谓一箭双雕。[①] 强调通过环境公益诉讼解决纠纷的同时，基于该诉讼本身产生的影响，应该超越纠纷当事人的范畴，而波及社会的其他成员，并通过诉讼裁判的结果，确认一定的环境公益价值的存在，由此影响到社会环境、经济政策的制定及执行。这是社会可持续发展的要求，我国的诉讼制度应与此相适应。诉讼制度一方面要保证当事人之间在法律程序上继续交涉的可能和机会，为他们设置对话的场所，促进环境纠纷的圆满解决；另一方面，通过环境公益诉讼及裁判，为其他社会成员在面临同样的问题时提供一定的指南，进而推动市民环境观念的更新和国家环境政策的发展变化。

三　环境公益诉讼的目的与价值分析

（一）建立环境公益诉讼制度的基本目的

世界环境保护运动的蓬勃发展、公民环境保护团体的大发展和现代诉讼法及其机能的变化导致了环境公益诉讼的产生和发展。笔者认为，我国建立环境公益诉讼制度的基本目的包括四项内容：一是为环境公益保护提供司法救济，公众通过诉讼获得司法支持，有效地制止损害环境的行为，维护公民环境权益；二是对环境行政权的监督和制约，督促环境保护政府部门执行其法定职责义务，加强环境管理；三是以司法裁判的社会效应，提高公众参与环境保护的意识；四是推动法院做出新的司法判例，平息对有关环境法律条文的争议，修补法律漏洞，促进环境法制的发展和完善，对环境保护政策的形成和环境立法的发展产生积极影响。

[①] See G. Alan Tarr, *judicial Process anc Judical Policymaking*, West Publishing Company, 1994, Chapter 9.

（二）环境公益诉讼制度的价值分析

价值是客体对主体需求的满足与实现，环境公益诉讼制度的价值实现过程也就是发挥环境公益诉讼的各项机能，实现该制度设置的基本目的的过程。环境公益诉讼制度的价值，可以体现在以下几方面：

1. 环境公益诉讼制度有利于弥补国家环境行政管理的漏洞

现代社会日趋复杂，而政府的公共事务也日趋繁重，使得政府对整个社会的环境管理不可能面面俱到，总是有遗漏之处。一方面，为了保证国家对环境保护的管理目标得以实现，借"私人检察官"的力量来补充国家力量的不足，在现代社会就显得很有必要。现代社会团体组织日趋发展，政府将越来越多的环境公共事务交由环境保护团体在内的社会组织来完成。这实际是国家将维护环境公共利益的部分责任交予社会环保组织。另一方面，法院的司法审查权的扩大有利于及时发现和纠正那些侵害环境公益的不适当行政行为，以达到司法权对环境行政权的制约和纠偏的效果。

2. 环境公益诉讼制度是一种有效的监督方式，有利于保障环境保护法律真正得以实施

任何一部法律的实施都需要有效的监督。就监督的方式而言有专门机关的监督和社会监督两种。而对于与社会成员的环境利益息息相关的环境法律，实行人人都有参与权的环境公益诉讼制度不失为一种有效的监督方式。它使危害公共环境利益的违法行为如过街老鼠人人喊打，这实际上是将涉及社会整体环境利益的法律的施行置于全社会的监督之下，能够有效地制止环境违法行为的发生，保证与环境保护相关的法律发挥最大的功效。

3. 环境公益诉讼制度是一种有效的激励机制

在当代社会，公益与私益的界线日益模糊，公益日渐与私益息息相关。那么我们应该设计怎样的制度来鼓励维护公共利益的行为呢？公益诉讼制度就是一种很好的选择。它在制度设计上用若干激励措施来鼓励维护公共利益的行为，例如美国的《反欺骗政府法》规定，任何个人或公司发现有人欺骗美国政府、索取钱财后，有权以美国政府的名义控告违法的一方，并在胜诉之后分享一部分罚金。这种经济上的激励调动了私人对危害公共利益的行为提起诉讼的积极性，引导、鼓励了维护公共利益的行为。环境公益诉讼也是如此。

4. 环境公益诉讼制度具有预防的功能

环境公益诉讼的提起不以发生实质的损害为要件，任何个人、组织，对于可能危害或者已经危害社会公共环境利益的行为，均可提起诉讼。这将在客观上起到防患于未然的效果，改变传统环境诉讼事后补救的被动性，把危害社会公共环境利益的行为制止于萌芽状态。

第三节　国外环境公益诉讼制度发展概览

随着环境保护运动的发展，世界各国陆续建立起自己的环境公益诉讼制度。同时，环境公益诉讼制度脱胎于传统的环境诉讼，但已与之大相径庭，成为现代型诉讼之代表。本节拟重点介绍美国和日本两国较为完善的环境公益诉讼制度。其中，美国的公民诉讼制度发展较早且较为成熟，日本的公害审判·环境保护诉讼理论发展较快且很有特点。

一　美国公民诉讼制度的形成与发展

环境公益诉讼（public interest action）在美国环境法中主要表现为公民诉讼（citizen suit）。不论是从表现形式还是从实质内容来看，"公民诉讼"符合我们所指的严格意义上的环境公益诉讼。

（一）美国公民诉讼制度概念与性质

1. 公民诉讼的含义

美国公民诉讼属于环境自力救济的一种，是美国环境法中颇有特色的一项制度。它是指公民可以依法就企业违反法定环境保护义务、污染环境的行为或主管机关没有履行法定职责的行为提起诉讼，且该诉讼的目的并不局限于维护个人利益。美国国会立法规定公民参与环境法律的执法使公民参与环境保护方式不再局限于听证，而能更积极地介入法律的执行和完善。公民诉讼对美国环境保护法的贯彻与执行具有重要的作用，也是美国环境保护法律制度中的特色之一。

2. 公民诉讼与民事"集团诉讼"之比较

美国环境法上的公民诉讼与美国《联邦民事诉讼法》规定的"团体诉讼"或者"集团诉讼"（class action）有所不同。虽然集团诉讼是受害者共同的诉讼，也蕴含着公共利益，从广义上说属于公益诉讼之一类，"但是本质上仍然是为了私人的利益，而且判决的效力亦仅局限于诉讼的实际实施人及其所代表之人"。如果将美国环境法意义上的公民诉讼与集团诉讼相比较，二者的差异表现在以下几个方面：

（1）提起诉讼的理由不同

"公民诉讼"主要针对环境损害，必须以环境管理机关、各企事业单位违反法定污染防治义务为起诉事由。"集团诉讼"制度则没有专门的限制或规定。凡是提起民事诉讼的所有理由均可能成为集团诉讼的提起理由。而且，集团诉讼一般针对的是已经发生的侵害民事权利的行为，对于即将受侵害的民事权利则一般不允许起诉，除非当事人有充分的证据证明该侵害确实存在。

（2）诉讼的目的和法律后果不同

"公民诉讼"的目的是保护环境公共利益，诉讼参加人虽然应主张其与所争事件有一定的利益关系，但诉讼的目的往往不仅是个案的救济，而且还是督促政府或企事业单位积极采取某些促进公益的法定作为，重点在于实施国会通过的各项公共政策。"集团诉讼"的目的是提高办案效率和质量，达到诉讼经济的目的，隶属于民事诉讼的目的。集团诉讼中虽然在实践中起到了保护公益的效果，蕴含着相当的公益意味，但却不以此为条件或目的。并且，从两种诉讼的法律后果来看，"集团诉讼"判决的效力仅局限于诉讼的参加人及其所属团体之人，"公民诉讼"判决的效力则未必局限于诉讼的当事人，所有该诉讼涉及的与环境公益有关的人都有可能受到该判决的约束。

（3）适用的范围不同

"公民诉讼"制度是建立在环境保护法的有关规定之上的，仅适用于环境保护法中的特殊规定如美国的《清洁水法》和《清洁空气法》等。而"集团诉讼"制度则是根据民事诉讼程序法的规定，可以适用于几乎所有的有关民事诉讼活动，并不仅限于环境保护法。如果环境污染侵害了众多单位或个人的权益，则受害者可以推举其中的一个或几个单位或个人作为代表提起集团诉讼，案件判决结果对所有参与诉讼的受害者有法律效力。

3. 公民诉讼与行政诉讼之比较

美国公民诉讼与行政诉讼不同。公民诉讼的目的在于维护公共利益，它的对象往往是针对行政机关的非自由裁量行为，而这种非自由裁量行为不可能是针对单个公民的。而行政诉讼的目的在于防止政府行为对公民个人利益的侵害，它针对的对象主要是行政机关的自由裁量行为。

美国环境法规定，公众可以通过公民诉讼制约环境行政机关行政权的行使，这主要体现在通过司法审查程序对联邦环保局制定行政规章这类抽象行政行为实施的监督。《清洁空气法》规定："……任何人如果认为联邦环保局局长未采取或履行依据本法不属于他的行政自由裁量权范围的行动或义务，皆可以自己的名义对局长提起诉讼。"该法又规定："……任何人以联邦环保局局长为被告，主张其怠于执行本法所赋予其之非裁量性职责。"也就是说，任何人如果认为联邦环保局局长未采取或履行依据法律规定不属于他的行政自由裁量权范围的行动或义务，都可以自己的名义对局长提起诉讼。一旦联邦环保局应当采取某种行动或履行某义务而未采取有效行动或履行义务，则联邦环保局可能成为公民诉讼的被告。联邦地方法院有权命令环保局长采取根据法律规定的应当由他采取或履行的不属于他的行政自由裁量权的行动或义务。美国公众特别是环保团体，非常重视这一权利的运用来监督和推进联邦行政机关，尤其是联邦环保局实施环境法，并影响国会的环境立法。如 1972 年由联邦哥伦比亚特区地方法院判决的塞拉俱乐部诉洛克修斯案（Sierra Club v. Rucklshous）中，塞拉俱乐部依据《清洁空气法》的公民诉讼条款对联邦环保局局长洛克修斯起诉。原告指控被告没有履行《清洁空气法》规定其应当履行的、不属于他的行政自由裁量权范围的义务。被告环保局局长申辩，他无权在关于审批州的《清洁空气法》实施计划的规章中要求州的实施计划对防止清洁空气地区的空气质量下降作出规定。但原告根据《清洁空气法》第 101 条（b）款认为"保护和提高"国家空气资源的质量是《清洁空气法》对联邦环保局局长规定的一项不属于其行政自由裁量权范围的义务，即他必须采取行动"保护和提高"空气质量，不得仅仅以保证空气质量不违反国家空气质量标准为职责。法院在研究了《清洁空气法》的有关条款和立法史后，赞同原告的观点，并对被告发布强制令，要求其不批准含有允许空气质量下降内容的州实施计划。①

同时，《清洁空气法》第 307 条（d）款对公众可提起行政诉讼进行司法审查的行为予以列举，一共列举了 14 类行为。如制定或修订国家环境空气质量标准、实质计划、新源排放标准、危险空气污染物排放

---

① 王曦：《美国环境法概论》，武汉大学出版社 1992 年版，第 206 页。

标准等，几乎包括了联邦环保局依据《清洁空气法》有权采取的全部行政行为，而且都属于联邦环保局的行政非自由裁量范围之内的行政行为。为了切实保障公众参与和行使提起司法审查诉讼的权利，《清洁空气法》特地对行政规章的制定程序作了详细的规定，其中公众参与程序及法律保障措施规定得相当细致。当然，公众在提起司法审查之诉时，必须在有关行政规章的颁布之日或有关行政行为的通告之日起 60 天之内提出。

在公众行使环境权对环境行政权予以监督和制约过程中，为鼓励公众对环境行政权的监督，美国环境法还规定，法院可决定诉讼费用由诉讼双方的任一方承担。法院经审查认定环保局的有关行政行为的决定属"武断的""随意的""滥用行政自由裁量权的""违法的""违反宪法权利的""超越法定管辖权的""缺乏法定权利依据的"或"违反程序规定的"，可撤销该决定。

综上所述，公民诉讼与民事诉讼和行政诉讼的根本区别在于原告提起诉讼是否以维护公共利益为目的。由此可见，公民诉讼在性质上属于环境公益诉讼，它是"以公益的促进为建制的目的与诉讼的要件，诉讼实际的目的往往不是个案的救济，而是督促政府或受管制者积极采取某些促进公益的法定作为，判决的效力亦未必局限于诉讼的当事人"[1]。

（二）美国环境法上的公民诉讼制度的主要内容

1. 原告的起诉资格

公益诉讼的关键在于原告是否能获得起诉资格（standing），即原告是否具有控告侵权行为之地位和资格。对原告之诉讼资格，联邦最高法院在处理塞拉俱乐部诉莫顿一案中，对当事人起诉资格的判决在司法领域具有重大影响。虽然此案中法院对原告起诉资格问题已经做出巨大让步，但并不意味着对原告诉权没有任何限制，更不意味任何人都可以以维护"公共利益"为由而提起诉讼。一般情况下，法院仍然要求原告提供"事实上的损害"的证据。对于什么是"事实上的损害"，法院认为所谓"事实上的损害"并不仅局限于经济上的损害（economic injuries），美学的、环

---

① 叶俊荣：《环境政策与法律》，台湾月旦出版社股份有限公司 1993 年版，第234 页。

境舒适度等非经济上的损害亦包括在内。①

与原告诉讼主体资格有关的另一个问题是：多个人能否就同一伤害提起诉讼？在塞拉俱乐部一案中，法院确立了一个根本性的原则，那就是只要存在"事实上损害"，不论这种损害是哪个方面的，环境保护团体和其成员均可以提起诉讼。而在合众国诉学生反对管理机构程序一案中，最高法院进一步明确了当事人的起诉讼资格问题。在此案中，联邦州际商会（ICC）虽然尚未最终批准、但同意铁路部门全面提高铁路运输价格的决定遭到学生们的反对。原告（5 个学生）为了诉讼而专门组织了一个协会。该协会认为，由于运费的上涨，将会使可循环利用的物质得不到运输，从而会使循环商品的利用数量远远低于应有的水平。原告指出，这一现状随着运价的全面提高会进一步恶化，而且涨价的后果是：循环商品受到排斥，导致对废物回收利用进一步降低，全国范围的废弃物总量会随之增加，而他们住所附近的公园内的废弃物也会增多，并且最终导致该地区开矿和伐木量的增加。联邦最高法院认为，在该案中原告享有起诉权。②联邦最高法院针对该案阐明了以下几个观点：第一，起诉权不能因为许多人受到同一种损害而剥夺。法院认为，如果因为许多其他人也遭受同样的损害而否认每一个人的起诉权，本身就意味着"任何人不得问津更有损害性的政府决定"。第二，法院认为，有关起诉权的衡量标准是定性的，而不是定量的，因而只要损害存在，不管其范围大小都是一样的。法院援引戴维斯教授（Davis）的说法："大量案例表明的基本思想是只要能够确认损害就足以确立当事人适格。"③

从美国联邦最高法院的判例和美国《清洁空气法》《清洁水法》《固体废物处置法》等的规定可以看出，公民诉讼虽然以"公民"为名，但实际上任何个人、团体包括企业、州政府都可以提起诉讼。"联邦政府是否能提起诉讼，判决虽持否定见解，但却未说明理由。"④

---

① 对此，在哈利诉为米彻案 Hanly v. Mitchell，460 F. 2d 640（2d Cir. 1972），cert. denied 409 U. S. 990（1972）、大都市爱迪生公司诉人民反对核能案 Metropolitan Edison Co. v. People Against Nuclear Energy，460 U. S. 766（1983）中，联邦法院持此观点。

② Roger W. Findley and Daniel A. Farber，*Environmental Law*，West Publish Company，1991，pp. 4 – 5.

③ Ibid.，p. 5.

④ 参见叶俊荣《环境政策与法律》，台湾月旦出版社股份有限公司 1993 年版，第 238 页。

2. 公民诉讼的限制条件

公民诉讼的提起虽在于满足公益目的，但若太过宽松则可能影响当地主管机关执法上的资源调配，也可能大幅增加法院的负担。因此，立法者允许公民诉讼时也同时加入以下限制要件：（1）非裁定行为：公民诉讼的对象如是联邦环保局局长，则只能针对其非自由裁量行为或义务。根据此限制，法院认定主管机关的执法过于松散，有滥用裁定的事情才可能受理该诉讼。（2）政府疏于执法：当联邦环保局局长或州政府已经开始并且积极诉诸联邦或州法院采取民、刑事措施以要求污染者遵行法定要求时，不得提起公民诉讼。（3）60日前事先告知：立法规定诉讼提起前应告知即将成为被告的污染者或主管机关，经过60日后才能正式起诉。但有关毒性污染物或紧急事件则有例外规定，可免除告知的程序要件以争取时效。依照公民诉讼条款，如果主管机关已将违法的污染源诉诸法院，公民便不得再提起公民诉讼。然而，此规定并不意味着主管机关已毫无疑问地在执行法定要求。有鉴于此，公民诉讼条款建立了诉讼参加（intervention）制度。法院在解释有关争议时大都采取相当有利于参加人的立场。例如，参加人不以60日前告知为要件，不必证明已经用尽行政救济手段。不过诉讼参加人必须符合公民诉讼条款以及联邦民事诉讼规则有关当事人资格的规定。

3. 公民诉讼的救济措施

依照各污染防治法律的公民诉讼条款，法院可以采取以下各种救济措施。

（1）发布禁止令（injunctions）

所有的公民诉讼条款均授权法院发布禁止令，以停止污染行为或要求主管机关采取具体措施以贯彻法定要求。① 禁止令是法院判决所采取的最严厉的措施之一。

（2）采取补救措施（Remedies）

对于一些没有必要颁发禁止令的情况，最高法院可以责令行为人采取

---

① 如在田纳西流域管理局诉赫尔（TVA v. Hill）一案中，法院发布了一个禁止令，禁止修建一个耗资数百万美元的大坝。因为大坝修建完成之后将会威胁一种濒临灭绝的蜗牛鱼。法院认为大坝修建成后将违背《濒危物种法》，并除了停止修建大坝外，别无选择。虽然修建大坝已经耗去巨额资金，但是法院裁定，美国国会在通过法令时，已把拯救濒临灭绝物种看得比其他政府政策更为重要，并且判定拯救濒临物种高于一切，因而发布禁止令，停止大坝的修建。

相应的补救措施。比如，通过颁发许可证等来实现国家保护环境政策。①

（3）罚金（civil penalties）②

最早的《清洁空气法》中的公民诉讼条款并没有可以处罚金的明确规定。随后订立于《清洁水法》的公民诉讼条款却明文授权法院可处罚金。《资源保护回收法》的修正中也加入了相同的规定。1987 年《清洁水法》修正案通过之前，法院可按日处以一万美元罚金。1987 年的修正案调高至二万五千美元，大大增加了公民诉讼的威吓力。不过所处罚金均归国库而非原告。

（4）诉讼费用的负担

根据美国有关规则，胜诉的一方原则上不得向败诉的一方请求律师费，各方负责各自的律师费。然而在公民诉讼中法院可判决败诉方给付胜诉的当事人律师费等诉讼费用以减轻原告的诉讼成本。这是因为公民诉讼的目的并非损害赔偿，而是督促执法，是一种公益活动。但是，作为原告的公民必然要支付一定的诉讼费用。这对于公民来说是一笔额外的负担。为了减少不必要费用的负担，公民可能会放弃诉讼。为了鼓励公众参与公民诉讼、监督执法，美国《清洁水法》规定，法院对根据公民诉讼条款提起的任何诉讼做出任何最后判决时，可以裁定由任何占优势或主要占优势的当事人承担诉讼费用（包括律师和专家证人的合理费用），只要法院认为该决定是合适的。③ 根据此一规定，本来应当由原告承担的诉讼费用，法院也可以判决由被告承担。这样就大大减轻了原告的负担。④

二　日本公害审判·环境保护诉讼制度的形成和发展

1. 日本公害审判·环境保护诉讼制度的概念与称谓

日本是建立环境公益诉讼制度较早的国家之一，但对于日本环境公益

① 如在温伯格诉罗梅罗一巴赛洛（Weinbergerv. Romero - Barcelo）一案中，法院认为该案的违法问题是海军在训练演习之前没有得到许可。军需品浸入水中，从技术上讲必须经过许可，而沿海水域事实上并未因此受到损害。在这种情形下，法院认为命令海军申请一份许可证作为补救就已足够，不需要颁发禁止令。

② 这里的"罚金"特指美国民事诉讼的民事罚款措施，直译为"民事惩罚性罚款"，它不同于我国刑法中的"罚金"概念，后者是我国刑法的一种刑罚处罚方法。

③ 见《美国法典》第 1365 条第 4 款。

④ 李艳芳：《美国公民诉讼制度及其启示——兼论建立我国公益诉讼制度》，载《中国环境与资源保护法学会 2002 年年会论文集》。

诉讼的称谓，我国学者说法不一。有的将其列入环境公害救济法的一部分，称为"公害审判"，有的又将其称为"环境保护诉讼"，还有的将其称为"公害审判与环境保护诉讼"。① 在判断采取何种称谓之前，我们有必要对日本公害审判和环境保护诉讼的概念做一分析与比较。

日本过去实行以《公害对策基本法》和《自然环境保护法》为主的二元环境立法体制。在日本，依据前者提起的诉讼往往被称为公害诉讼，依据后者提起的诉讼被称为环境保护诉讼。公害审判与环境保护诉讼一直是日本公众就环境公益保护提起诉讼的两个重要组成部分，二者属于并列关系，各自独立、互为补充而又不可相互代替。

公害审判是指针对各种公害，尤其是环境污染导致的公民和个人人身健康受害而提起的诉讼；环境保护诉讼是指针对各种环境要素的保护尤其是环境污染和破坏所导致的公共利益受害而提起的诉讼。日本于20世纪90年代初开始制定《环境保护基本法》，该法草案趋于将两类诉讼适用的法律规则和理论逐步统一起来。但在长期的诉讼实践中形成具有日本特色的公害审判和环境保护诉讼制度仍将长期并存，基于这一现状，笔者认为将日本环境公益诉讼称为公害审判·环境保护诉讼较妥。

2. 日本公害审判·环境保护诉讼制度的历史发展

日本公害审判·环境保护诉讼发展也很迅速。自明治维新开始，日本已出现较严重的公害问题，主要有矿业公害、煤矿公害、工厂公害、都市公害、水质污染等问题，早期出现的公害纠纷主要是以农业生产受损害的农民为中心发起的抗议行动，如足尾矿毒事件、别子山铜矿事件、四孤岛烟害事件等。这些纠纷的处理结果是：一方面由矿业主支付赔偿金，另一方面迫使政府根据矿业法发布了建设预防污染的设施的命令，并采取相应措施在矿业主与受害居民之间达成在一段时间内减少甚至停止作业的协议。这种处理方式十分局限且没有真正发挥作用，实际上放任了污染的进一步恶化。

20世纪60年代是日本公害爆发高峰期，各种公害被告发，各种环保民众运动、公害审判运动也异常活跃。此时，日本出现了著名的"四大

---

① 梅冷、付黎旭：《日本环境法的新发展——〈环境法的新展开〉译评》，载韩德培主编《环境资源法论丛》第2卷，法律出版社2002年版，第155页。

公害"审判。① 这些公害审判掀起了日本环境公害审判·环境保护诉讼的序幕，随着公害审判中原告的不断胜诉，全国范围内的反公害舆论和反公害运动高涨，迫使国会修订立法，1970 年，以修订《公害对策基本法》为中心，日本共对 14 种法律进行审议、修订。部分修改了《公害对策基本法》《大气污染防治法》《噪声污染法》《道路交通法》《毒物、剧毒物管理法》等，新制定了《水污染防治法》《海洋污染防治法》《公害犯罪处罚法》等。值得注意的是 1972 年对《大气污染防治法》和《水质污染防治法》作了部分修改，设立了公害的无过失责任制度，并于第二年制定了《公害健康受害补偿法》。该法规定，在指定与大气污染有关的第一类地区及与二种水俣病、富山胃病、宫崎士吕久、岛根屉谷的神经中毒症有关的第二类地区，要付给被确认为公害病的患者及其遗族补偿金。这是日本公害审判·环境保护诉讼发展的第一阶段。

第二阶段以米糠油中毒症、斯蒙病为首的食品公害、药害诉讼为代表，原告对加害企业追究了损害赔偿责任，特别值得注意的是这些诉讼中还对拥有监督责任、义务和权限的国家和地方公共事业行政机构追究了国家赔偿责任。第三阶段主要为对大阪机场、名古屋新干线、横田基地等公共事业、设施提起的中止请求和将来损害赔偿请求公害诉讼。在这些诉讼中，因有飞机的剧烈噪声、振动及排气引起的损害，所以各原告不仅要求作为受害救济的损害赔偿，还提出了为预防将来受害的中止请求。法院最后认可了原告以前所受的、过去的损害赔偿请求，但对于中止请求和将来损害赔偿请求，则以驳回请求或不受理的方式未予支持。近年来，日本环境公害审判·环境保护诉讼又有了新的发展，如在群马县安中公害诉讼中，对被告东方亚铝（公司）安中冶炼所排放出来的物质引起"农业受害的结果，形成了农业经营、生活受到总体性破坏这一事实"，追究了损害赔偿责任。在这次诉讼中，各原告克服了传统中个别损害积累方式的难点，使用了"概括式请求"方式来说明所受的损害并提出了赔偿要求。该案 1986 年在东京高院达成和解，在和解条款中包括支付总额 4 亿 5 千

---

① 即 1967 年新潟、1969 年熊本两地水俣病诉讼、1967 年 9 月的四日市的哮喘病诉讼、1968 年 3 月的富山痛痛病诉讼、1969 年 12 月的大孤机场诉讼等，参见见梅冷、付黎旭《日本环境法的新发展——〈环境法的新展开〉译评》，载韩德培主编《环境资源法论丛》第 2 卷，法律出版社 2002 年版，第 215 页。

万日元的赔偿。①

　　另一个值得注意的是水俣病事件，该事件虽然发生在 20 世纪 60 年代的日本，从 1959 年至今已有 50 余年了，但为寻求受害赔偿而展开的斗争未曾间断过，提起诉讼的原告从开始时仅为 80 人如今已发展到一万几千人。而且，当事方在得到受害赔偿之后，多数退出了斗争的第一线。由于认识程度的差别、偏见及对水俣病的不同看法，在时代、地区特征的不断变迁发展中，斗争也发生着变化。但受害者的斗争运动围绕着症状认定及健康损害赔偿，50 年来一直不断地展开着，其支援活动作为该活动的补充，始终从受害调查及法律程序上援助，开展着具体的活动。并且，医院及医疗的各个相关领域也形成了对受害者提供政策支持的强大支柱。另外，在学校里许多老师也积极地向孩子们传授水俣病方面的知识，通过各种媒体向国内外广泛地传播着水俣病带给人们的教训。同时，我们认识到，日本与公害病的斗争得到了广大公众的积极参与并形成了声势浩大的反公害运动。如果当初的公害病只是个别问题，没有形成社会性问题的话，水俣病事件或许只是发生在九州地区农村的一个小问题，有可能悄无声息地葬送在历史的浪涛中。但实际情况是，随着公害法院裁判的不断出现，医生、辩护律师以及各领域的专家和众多公众都以志愿者的身份参加到这场斗争中，各地相继出现了各种支援组织团体，水俣病事件成为一个全国性问题，受到了社会各界的广泛关注，并进一步影响到日本政府对公害事件的态度，它与以后发生的一系列公害诉讼事件一起，对日本一系列环境保护政策和法律的出台，起到了重要的推动作用。

　　3. 日本公害审判·环境保护诉讼制度的理论

　　日本法学界对于公害审判·环境保护诉讼的理论研究也是较为深入的。特别是日本环境法学者对于公害审判·环境保护诉讼目的和价值的争论十分具有参考价值。

　　日本富井利安等三位教授出版的《环境法的新展开》一书认为，公害审判·环境保护诉讼，是日本环境法实践的重要内容。一方面，它使得环境法的原则性规定经过适用而具体化，并形成有拘束力的判例；另一方面，它又为环境立法提出了实践课题，促进环境法的进一步发展。

---

　　① 参见梅冷、付黎旭《日本环境法的新发展——〈环境法的新展开〉译评》，载韩德培主编《环境资源法论丛》第 2 卷，法律出版社 2002 年版，第 245 页。

第二次世界大战前，日本即开始了公害审判·环境保护诉讼。到了20世纪70年代以后，环境公害审判、环境保护诉讼、环境权诉讼等案件激增，最多时竟有1000件左右的案件在法院同时审理。案件来源在哪里？在日本，人们为什么如此趋向于运用诉讼手段，借助于司法权来与公害行为抗衡呢？日本的富井利安等教授认为，在日本，公害审判·环境保护诉讼有如下意义：（1）作为受害者的事后救济方法，除诉讼外，还有受害者与加害者自行交涉、协商加以解决的方法；但是当加害者为企业时，应受害者的要求积极迅速地采取措施的几乎没有。（2）防止公害于未然及环境保护方面的目标本质上应通过建立严格的公害制度性及环境保护立法措施来实现。（3）公害审判和环境保护诉讼必然是在受害者救济运动和全民环境运动的推动下才得以进行的。（4）环境公害诉讼案件大量增加的重要原因还有：初期的"四大公害审判"是原告全面胜诉，国民对法院的信赖感增强，环境权利意识增强，积极担负环境公害诉讼任务的司法界、律师集团和各种环境公益保护组织大量产生等。①

他们还认为：环境运动与诉讼如车子上的两个轮子，共同推动环境保护事业的发展，而且公害诉讼、审判更多是作为环境运动的一项被提起的。在这个意义上，公害诉讼与通常的民事诉讼属于不同性质的问题。要实现防止公害于未然，保护自然、保护环境等目标，舆论的高涨和民众运动的发展担负着重大的使命，公害审判·环境保护诉讼在推动环境运动方面发挥着重要作用。公害审判·环境保护诉讼中形成的判决、判例，构成了系列的判例法，判决所采用的法律准则不管好坏都成为一个先例，为今后发生的类似事例提供了具有实际约束力的准绳。公害、环境判例在提供了解决个别和具体事例的标准的同时，其内容也有浅显易懂、丰富多彩的特点。判决中清楚地判明了有罪无罪、确定责任承担的原理、区分责任大小的标准等，对一般民众来说具有启发和指导意义，对产生公害的企业和社会集团来说，是一种明显的警告和威慑。

关于公害审判·环境保护诉讼的依据和目的，日本学者原田尚彦在其《环境法》一书中指出，日本"环境权"的发展对日本的公害审判·环境保护诉讼产生了积极的影响。日本在20世纪70年代由大阪律师会环境法理研究所为代表提出了"环境权"的主张，他们主张应该从推进环境保

---

① 韩德培主编：《环境资源法论丛》第2卷，法律出版社2002年版，第255页。

全的角度出发，确认每一个居民的至高的权利，即当污染乃至破坏区域环境的行为将要进行时，可以立即向法院请求命令停止该行为。他们认为，大气、水、日照、通风等自然环境是人类的共有财产，各个人都享有在良好的自然环境中享受舒适生活的环境权。因此，当一部分人破坏环境时，该地域的居民们为维护各自的环境权可以向法院起诉，请求命令停止对环境有恶劣影响的行为。根据这种权利，对于工厂的选址和作业、海滨的填埋、宅基地的建造这类伴随环境污染乃至破坏的一切行为，周围的居民可以提起诉讼通过裁判制止这些行为；如果这一权利得到承认的话，恢复困难的所有环境破坏行为，就会基于各个居民的起诉，通过裁判，在很早的阶段被制止，在公害防止方面将会发挥极其有效的作用。

　　同时，原田尚彦又从另一方面探讨了此项问题。他认为，换一个角度来看环境公益诉讼，我们可以推论：如果给予环境权以至高的力量，根据区域居民的起诉，法院就让无论是作业中的还是建设中的所有的构成环境恶化原因的行为都停止下来的话，那么就会有产业停废的危险，国民进行文明生活的权利（这种权利也包含在日本《宪法》第13条追求幸福的权利之中）反倒在环境权之前受到威胁。考虑到这种情况，对于提倡环境权的理论，就它揭示了环境问题的重要性本身这一点来说应该给予高度评价；但如果把它作为市民对各个环境污染源直接提起停止行为请求的根据就不得不说是有问题的。不过，这并非从完全相反的立场否定环境权，而是应该强调环境权的目标和理想。所有公害对策都必须把环境权理念的实现作为最终目标，环境行政、公害行政上的方针政策都必须集中于为了国民环境权的实现。再者，在公害诉讼方面，作为判定忍受限度的价值标准之一，必须高度重视环境上的利益。但是，把环境权看作排除一切利益衡量的绝对至高无上的价值，从而可以约束法院就不适当了。这将导致环境权的内容自身构成了束缚他人自由的法律概念。因此，从本质上说，推进公害审判·环境保护诉讼的目的应该是在与其他各种法益的实现相协调之下达到的，实现这种协调的程度和方法，作为政策上的问题，首先应该是通过立法、行政的过程民主地加以选择决定。从这个意义上说，环境权即使是宪法上的纲领性权利，也很难把它解释为应通过法院直接加以实现的绝对性私权。司法实践中否定环境权实务上的事例也很多。例如，福田地方法院在关于"丰前环境权诉讼"的判决中指出，由于环境权概念本身就是不明确的，要承认此种权利具有法的权利性是不可能的。另外，否定环境权的概念及根据的案例还有，关于大阪机场噪声案的判决、关于伊达火力事件的札幌地方法院决定，在这些判例中都将侵犯环境权的行为视为侵犯人格权。① 笔者认为法院的判决结果是理性的。因为，这些诉讼本质上就是环境的侵权诉讼，是对公民的人格权的侵害。试图以所谓的环境权来代替民法中业已存在的财产权及人格权，不仅导致民事权利设置的重复、混乱，也不利于真正地确立环境权。这也是日本法院一直以来没有确认环境权私权性质的原因。②

日本环境会议理事长淡路刚久在其《日本环境纠纷处理的历史与现状》③一文中指出，"在日本，环境纠纷始于因环境污染造成损害而发生的纠纷亦即公害纠纷，概观公害纠纷的历史，我们可以指出的是，公害被害人不被救济、被害人权利得不到确立，就不能防止公害。为确立公害被害人的权利，公害裁判特别是四大公害裁判起到了极其重要的作用，此后所进行的公害裁判也为被害人权利的确立起到了很大的作用"。四大公害裁判后，大规模公害诉讼一般均呈现出把和解作为最终解决方式的倾向。但是，建立在法院判决所认定的被害人享有的权利、加害者应承担法律责任的基础之上而实现的和解，一般都包含推动被害人权利救济的实现，或者促进公害对策的实施的内容。值得一提的是，日本"四大公害"诉讼发生在远离大都市的山村、渔村等，这些地方属于所谓与法律的权利义务无缘的偏远地区。最初，这些事件的被害人以他们最大的耐心期待着县厅、国家能采取针对被害人的救济对策以及公害对策。但是，在他们实在不愿听任地方政府漫长的谈判不能解决问题的情况下，在深入到当地开展被害人救济活动的律师们的说服下，经与支援者磋商后，选择了提起诉讼的道路。而诉讼在大众传播媒体上作了大量的报道，获得了众多的支持者，成了国民普遍关注的热点。由此，把这一为争取环境权利而战的公害被害人运动也扩展到了其他地方，形成了"四大公害"诉讼之战，并最后以被害人获得胜诉而告终。接着，诉讼促使人们对公害事件的认识深刻化。在"四大公害"诉讼所表现出的要求采取公害对策的国民议论之声

---

① 杜钢建：《日本的环境权理论与制度》，《中国法学》1994年第6期。
② ［日］原田尚彦：《环境法》，于敏译，法律出版社1999年版，第34页。
③ ［日］淡路刚久：《日本环境纠纷处理的历史与现状》，杨素娟译，载王灿发主编《环境纠纷处理的理论与实践》，中国政法大学出版社2002年版，第21—24页。

中，政府推进了对公害规制的立法。于 1970 年召开公害国会，制定或者修改了公害 14 法，其后也不断地制定了有关的公害法。对于"四大公害"诉讼，也许从被害人的角度看救济是不充分的，但无论怎样，是以被害人的胜诉判决而告终的。这样，从那时开始，关于公害事件，无论是损害赔偿请求，还是禁止请求，将纠纷诉讼诸法院解决已不是什么少见的事了。此后，关涉公共性问题的诉讼有大阪国际机场公害事件、新干线公害事件的诉讼，四日市哮喘事件判决后，在千叶、西淀川、川崎、仓敷等大气污染地区，也都提起了公害诉讼。进一步地，熊本水俣病、新潟水俣病事件的被害人，除熊本（二次、三次诉讼）、新潟（二次诉讼）以外，在东京、大阪也提起了诉讼。这些诉讼更进一步推动了日本环境保护相关政策和法律的修订，为日本环境法的发展提供了实践基础。

三　对美国和日本环境公益诉讼制度的效用评价

总体来说，从"保障公众参与环境保护权利的实现"这一层面上来理解，不论在美国还是在日本，环境公益诉讼制度发挥着重要的作用。

首先，环境公益诉讼制度能够实现公众参与对污染者污染环境行为的制约。公众参与到环境行政决策之中，无论是计划、规划的制订，还是各种标准的颁布以及环境影响评价及许可证的颁发等行为，更多体现的是一种参与，目的是预防环境问题的新出现。但是，对于已经出现了或正在发生以及将要发生的污染和破坏环境行为，公众仍然可以通过环境公益诉讼权的行使，达到救济的目的。在美国，根据《清洁空气法》《清洁水法》等法律规定，任何个人、公民或公众团体都可以在法院对污染者提起要求其遵守环境法的诉讼，而不问违法者是个人、公司还是联邦或州政府。通过公众对污染者提起诉讼，法院发布禁止令来制止污染者的违法行为。禁止令适用于各种形式的污染案件，如空气污染、水污染等；还可被用来制止可预见的污染。除禁止令外，法院还可判决罚金。为了鼓励公众保护环境，积极地行使法律赋予的环境权，公众诉讼制度还规定，法院可授予作为原告的公众以调查权，即在合理的时间进入被告污染源场所进行必要的采样与检测；同时，在公众诉讼的费用分担上作了有利于原告的规定，法院如认为合适，可将诉讼费用（包括合理数额律师费和专家作证费）判给诉讼的任一方。之所以有如此规定，在于公众诉讼的目的并非损害赔偿，而是保护环境不受污染和破坏，本身蕴含浓厚的公益性。①

其次，环境公益诉讼能够实现公众参与对环境管理行政权的制约。环境管理无疑是环境保护的主要手段。在某种意义上说，一个国家环境保护目标能否实现，主要取决于国家的环境行政权的运作状况。由于环境行政过程中可能受到多方面利益平衡的牵制，加上环境问题的复杂性和高度科技性，往往导致环境行政机关不积极行政或是滥用行政权力以致环境公共利益受到损害，这种情形下，必须依赖一种外部权利的实施来对环境行政权予以监督和制约。在美国，任何公民、公众团体或其他法律实体都可以以保护环境为目的以自己的名义在法院提起，旨在迫使环境行政机关依照环境法作出一定行为或不作出一定行为的诉讼。随着我国环境法的发展，我国学者们已经开始重视和研究美国环境公益诉讼制度，并形成了一些初步的认识。如关于美国环境公益诉讼的目的，有学者认为"更多的是保护公众环境利益，诉讼参加人虽然应主张其与所争事件有一定的利益关系，但诉讼的目的往往不是个案的救济，而是督促政府或企事业单位积极采取某些促进公益的法定作为。各种环境组织通过民众诉讼不仅仅是为了弥补其成员中的个人的损害，重点在于实施国会通过的各项公共政策。环境诉讼的民众诉讼制度当事人所寻求的并非只是赔偿他们蒙受的损害，也是为了保护公众利益，进而保护过去、现在和将来的环境权益"②。

又如关于美国环境公益诉讼制度的意义，有学者分析主要有三个方面："第一，通过诉讼获得司法支持，从而有效地制止违法排污行为，达到保护环境、维护公民环境权益的目的；第二，督促联邦环境保护部门和各州执行其法定义务，加强环境管理；第三，推动法院在诉讼中做出新的司法判例，平息对有关环境法律条文的争议，堵塞法律漏洞，发挥法律的政策形成机制作用，从而促进环境法制的发展和完善。事实上，公众环境诉权的确立在一定程度上缓解了公众对政府的不信任和对主管执法机关的执法诚意的疑虑。"③

---

① 朱谦：《美国环境法上的公民诉讼制度及其启示》，《世界环境》1999 年第 3 期。

② 巫玉芳：《美国环境法上的民众诉讼制度及其启示》，《重庆环境科学》2001 年第 5 期。

③ 李艳芳：《美国公民诉讼制度及其启示——兼论建立我国公益诉讼制度》，载《中国环境与资源保护法学会 2002 年年会论文集》。

第六章　我国环境公益损害救济的困境

通过正确的研究方法发现问题、分析问题、才能更好地找到解决问题的方案，我国当前环境公益损害救济的现状是令人担忧的，虽然政府采取了层级官员问责制，但由于环境公害具有长期潜伏和逐步积累的特性，现任官员"讳疾忌医""掩瑕藏疾"现象十分普遍，它们已经成为埋藏在当前经济繁荣表象背面的一颗颗定时炸弹，随着时间的推移，已有不少引爆，更多的即将爆发或者正在形成，其危险性和爆发力与日俱增。笔者撰写本书的目的之一，就是试图给政策制定者和决策者一些力所能及的线索，并通过这些线索发现"炸弹"的生产原理和排除方法。笔者认为，理论来源于实践，法学家们手中缺少的不是环境"炸弹"引爆的案例，而是如何选择正确的工具去分析"爆炸"产生的原因，进而设计合理的防范措施。以下的分析就是运用社会经济学的"公地的悲剧"理论这一工具，重新审视我国环境公害救济的缺陷与症因。

前述"公地的悲剧"理论分析中，我们已经知道，从社会经济学的角度，"公地"的管理制度设计应当考虑宪法规则、集体选择规则和日常操作三个层次，其中，宪法选择规则决定如何成立公地管理组织或者谁有资格制定公地管理规则，集体选择规则决定公地管理组织或外部当局如何选择并制定公共资源管理规则，包括政策决策的制定、管理和评判，日常操作规则是在资源管理使用规则的强制实施和监督的操作过程，它直接影响"牧民"的日常决策。在我国当前频发的环境纠纷中，笔者总结出一些共性存在的缺陷，符合上述"线索"条件，以下分别予以简述。

第一节　宪法选择规则层面的缺陷

一　公众参与原则的缺位

在环境保护领域，公众参与原则正式形成于 20 世纪 60 年代的美国，1969 年美国在其《国家环境政策法》中明确规定了公众有参与环境政策制定和决策的权利。此后，公众参与原则作为实现环境民主、环境法治和环境正义的重要监督环节而被世界各国普遍接受。目前，世界许多国家的环境政策法律以及国际性法律文件都将公众参与作为一项基本法律原则确定下来。但是，由于历史的原因，我国公众参与环境保护工作存在缺位，而公众参与原则作为环境法的一项重要原则，没有在环境保护基本法中得到明确确认。

近年，我国进入环境事故高发期，环境问题及其引发的社会矛盾正成为困扰我国社会发展的重大问题，[①] 这促使越来越多的国人关注环境，并积聚起参与环保的热情，我国的环保事业面临着"一呼百应"的机会。但是，有统计表明，80% 以上的公众最近 3 个月没有参加过环保活动，参与的公众仅占 6.3%；环境信息下情上传的不通畅竟位居公众最不满意的环境问题之首，绝大多数公众不知道如何参与环境保护。这反映了我国公众参与的突出问题：公众环保热情高而参与能力差。这意味着，如果我们不能及时引导、呼应公众参与环保的殷殷期待，我们就将失去借助"群力"推进环境保护事业的宝贵机会。环境法中，公众参与原则与环境民主、环境法治以及环境正义等原则具有同等重要的地位，然而在我国的环境立法中，公众参与原则存在法理基础、立法形式和制度设置三个方面的缺位，已经影响到我国环境公益损害救济制度的建立与完善。[②]

（一）公众参与原则在理论中的缺位。

确立公众参与原则在环境法理论中的基础性地位，对我国环境法的发展具有重大的理论和现实意义。目前，环境法学理论界对该原则的研究取

---

① 参见《2006：中国环保事业在艰难中毅然前行》，2006 年 12 月 20 日，http：//www.sina.com.cn。

② 下述观点参见傅剑清《环境保护呼唤公众参与》，《信阳师范学院学报》（哲学社会科学版）2008 年第 3 期。

得了一定的成绩，但过于侧重对其内容和实施机制的精研，而对其理论基础的研究深度不足，导致理论界对公众参与原则是否能够确立为环境法理论的基础性原则仍存在分歧。笔者认为，从社会学、政治学和法学三个角度分析，均需要将公众参与原则确定为环境法的基本原则之一。①

1. 从社会学的角度分析，世界环保事业的最初推动力量来自公众，没有公众的参与就没有世界环境运动，公众参与原则对环境保护工作的推动作用是有目共睹的。从改革开放以来，我国一直处在一个长期的社会转型时期，不同地区间、阶层间、阶层与个体间出现了明显的利益分化，推动了社会价值观念的多元化。一些传统固有的主流价值观念，如"不患寡而患不均"的平均主义等，受到巨大的冲击，体现利益诉求、个性自由、平等开放、自主自律、竞争参与等内容的新型价值观念逐渐得以树立。在环境保护方面更是如此，一方面，受国家发展政策的影响，产生了东、中、西部区域环境利益分化，而各区域的利益具有相对的独立性，区域环境污染转移现象增多。受生态破坏之苦的区域主张受益区域进行生态补偿的呼声甚高，但法律未对此提供救济渠道和途径。另一方面，由于阶层、利益和价值观念的分化，我国环境保护工作中的不同利益群体之争更为纷纭复杂。追求经济利益者不惜牺牲环境以换取经济增长，环保论者则坚持为保护良好的生存环境主张限制经济发展。然而，这些争论却未能在体制内展开，导致了两者之间冲突的日趋尖锐化。据原国家环保总局的统计，仅投诉到环保部门的环境纠纷，2001 年就超过了 40 万件。大量的环境纠纷长期得不到妥善解决，许多受害群众被迫采取自力救济的途径参与环境保护，导致抗争走向街头，这不仅造成了受害群众与政府之间的对立，而且也危及一些地方社会的安全与秩序。如何消解以上的分歧与平衡各方的利益？这确实是需要我们审慎对待的问题。笔者认为，面对这些纷争的理性做法应该是对其加以疏导，而其前提是让人们都能够通过法律途径参与到环保中来。环境法应该为人们提供一个自由主张环境权益的平台，为各方提供就纷争进行沟通和协商的机会，使各方的利益能够得到协调。让公众能够参与环境法的制定、环保决策、环境纠纷的解决等环保工作过程中，从而将体制外的冲突纳入体制内予以消解。这也就是将公众参与确立为环境法基本原则的重要价值之一。

---

① 参见黄锡生、黄猛《环境公众参与原则理论基础初探》，http：//www. riel. whu. edu. cn/。

2. 从政治学理论角度分析，公众参与与民主思想如影随形。民主意指"人民的统治"。它为人们提供了一种方法，使人们得以用一种和平的方式影响政府行为，使之符合多数人意志。民主所指涉的乃是确定政府决策的一种方法或一种程序。由于参政的各政治主体的利益不同，必然出现政治期望和政治目标的冲突。各利益主体按照既定的规则参政，可以创造公平竞争、和平共处和稳定合作的局面。这正是民主的程序价值所在。在某种程度上，民主就是意味着保障每一个体自由、平等地参与政治，为各政治主体影响和参与决策提供表达和交流的机会，使各种政策和法律既能真实地反映广大人民群众的根本利益和公共意志，又能够比较有效地避免出现损害公众利益的政策失误——这种失误往往比少数人闹事更容易导致社会混乱和脱序，导致经济的衰败和社会倒退。况且环境事务的决策产生的后果是长期的。它不但对当代人的利益造成损失，也将会为子孙后代人的利益造成无法估量的损失。因此，环境政策和法律的制定更需加倍斟酌，更需要广泛地听取社会公众的意见，更需要公众的积极参与。同时，法律本身要获得大多数人的服从，不在于对法律制裁的恐惧，而是基于公众对"法律是公正的"的认识，这一认识过程需要广泛的公众参与。[①] 只有民众认同为"合法"的东西，民众才会把它转化为内在的行为规则而自觉地遵守和维护，法律价值才能充分实现。只有允许公众充分论辩的法律，才能赢得人民对它的尊重和支持。

从政府行使行政管理权的需要来看，也要求扩大公众参与环境事务的范围。这一方面是因为政府统揽管理环境的成本过于高昂，另一方面是政府应付日趋严重的环境危机的立场和能力受到挑战。法国思想家孟德斯鸠认为："一切有权力的人都容易滥用权力，这是万古不易的一条经验。""一个拥有绝对权力的人试图将其意志毫无拘束地强加于那些为他所控制的人。"[②] 如果政府的环境管理权力得不到有效的规制和约束，也随时存在着异化的可能。况且，政府并不总是环境权益的最忠实守卫者，由于中央和地方政府各自承担着诸多不同的职能，当它们相互之间产生利益冲突

---

① 参见［澳］菲利普·佩迪特《共和主义———一种关于自由与政府的理论》，刘训练译，江苏人民出版社 2006 年版，第 274 页。

② ［美］E. 博登海默：《法理学——法哲学及其方法》，邓正来、姬敬武译，华夏出版社 1987 版，第 55 页。

时，其中立性是有限的，如果各级政府在制定经济政策或环境政策时，没有广泛的公众参与，公众的环境权益难以保障。因此，构建公众广泛参与环境保护的社会势在必行，通过立法确立公众参与原则的基础性地位，让公众能够切实参与到环保的各个环节，以社会公众的力量监督环境权力的行使，阻止环境权力的异化和纠正环境决策与环境行政等环节可能出现的错误，是实现环境保护领域民主的必然选择。

3. 从法学理论的角度分析，公众参与原则是在人们对环境要素认识深化和环境危机日益严重的背景下得到发展的。当人们对环境的认识从"可以带来经济利益的资源"转变为"只有一个地球""环境是人类共同继承的遗产"等观念时，法学界开始结合环境的特点构建全新的理论，试图将环境诸要素纳入法律的调整范围，以改变传统法律在环境保护上的无功能。1970 年，美国密歇根大学的约瑟夫·萨克斯教授提出了著名的"公共信托理论"。[①] 该理论将环境要素界定为全体国民的"公共财产"，国家环境管理权力来源于国民，国民基于此对国家的环境管理行为进行监督。这打破了环境资源无主的局面，为国民参与环境管理提供了理论上的正当性和合理性。不过，"公共信托理论"所界定的这种公众监督的范围仍是狭窄的，公众直接参与环境管理的权利依据仍显不足。此后，随着环境权理论的日益成熟，公众参与环境保护有了法律权利基础。环境权理论认为每一个公民都有在良好环境下生活的权利，公民的环境权是最基本的权利之一，应该在法律上得到确认并受到法律的保护。虽然理论界就环境权的性质而言，还存在一些争议，但对环境权的基本内容的认识，特别是其中包括环境使用权、知情权、参与权和请求权的内容，已经逐步趋向一致。环境权的确立，为公众参与环境管理及其相关事务提供了权利来源。公众参与原则，作为环境权理论与公共信托理论共同承载的重要内容，必须成为环境法的基础原则之一。

（二）公众参与原则在立法上的缺位

梳理现有与环境保护有关的法律，我们不难发现，我国法律法规中虽然有一些反映公众参与环境保护的条文，但是，这些规定普遍还是停留在抽象式的宣言层面，或者仅涉及某一单方面的权利。在宪法和环境保护基本法中，公众参与的实体性权利和程序性权利是缺位的。我们看到的是，

---

① 转引自汪劲《环境法律的理念与价值追求》，法律出版社 2000 版，第 240 页。

《宪法》规定："人民依照法律规定，通过各种途径和形式，管理国家事务，管理经济和文化事业，管理社会事务。"《环境保护法》第 6 条第 1 款规定："一切单位和个人都有保护环境的义务。"《固体废物污染环境防治法》第 9 条规定："任何单位和个人都有保护环境的义务，并有权对造成固体废物污染环境的单位和个人进行检举和控告。"《水污染防治法》第 5 条规定："一切单位和个人都有责任保护水环境，并有权对污染损害水环境的行为进行监督和检举。因水污染危害直接受到损失的单位和个人，有权要求制害者排除危害和赔偿损失。"此外，《噪声污染防治法》《海洋环境保护法》《大气污染防治法》《环境影响评价法》等法律法规也作了相类似的规定。其中，2002 年的《环境影响评价法》规定了一些具体的公众参与途径。如第 5 条规定："国家鼓励有关单位、专家和公众以适当方式参与环境影响评价。"第 11 条规定了具体的参与方式："专项规划的编制机关对可能造成不良环境影响并直接涉及公众权益的规划，应当在该规划草案报送审批前，举行论证会、听证会，或者采取其他形式征求有关单位、专家和公众对环境影响报告书草案的意见。但是国家规定需要保密的情形除外。""编制机关应认真考虑有关单位、专家和公众对环境影响报告书草案的意见。并且应当在报送审查的环境影响报告书中附具对意见采纳或不采纳的说明。"

总体来说，这些规定仍是笼统和抽象的，实际可操作性不强。表现在：对于公民环境权的内涵，包括公民对环境有什么使用权、知情权、参与权等具体的权利没有明确规定；对于公民参与环境保护的方式、方法、形式、途径等程序规定不具体；对于妨碍公众参与环境保护的个人、单位的制裁措施不明。这些缺陷和不足，影响了公众参与的实际效果。政府与公众在环境问题的解决程序上没有形成良性互动。一部分公众面对具体的环境问题，不知道应该用何种方式参与，有人甚至采用非法手段来引起政府对问题的关注，以此谋求自己问题的解决；而另有一部分公众，则把自己当作国家和政治管理的附属物，怠于参与环保活动，消极逃避。对此，有必要通过完善立法从制度上为公众参与环保活动创造条件。值得提及的是，2007 年以来，我国政府在政策层面对公众参与做出了承诺，温家宝总理在十届人大二次会议作的《政府工作报告》指出："要进一步完善公众参与、专家论证和政府决策相结合的决策机制，保证决策的科学性和正确性。加快建立和完善重大问题集体决策制度、专家咨询制度、社会公示和社会听证制度、决策责任制度。所有重大决策,都要在深入调查研究、广泛听取意见、进行充分论证的基础上,由集体讨论决定。这些要作为政府的一项基本工作制度,长期坚持下去。"这无疑为我们将公众参与原则纳入环境基本法的制定和修改内容以及进一步将公众参与制度化提供了政策依据。

(三)公众参与原则在法律制度上的缺位

从发达国家贯彻公众参与法律原则的经验来看,制定一套行之有效的法律制度十分必要。笔者认为,我国当前公众参与环境保护方面存在的制度缺陷主要表现在五个方面:

1. 从公众参与环境保护的主体来看,法律法规中关于"公众"的概念界定不清晰,特别是对于现实生活中群体化的公众,如企事业单位、民间环保团体及其他社会组织等,是否有资格直接以自己的名义参与环境保护活动不明确。从目前参加政府公共事务决策听证程序的主体来看,一般是将参与的"公众"局限于个体化的公民,而将那些群体化的"公众"排除在参与资格以外。实际上,这些群体化的"公众"往往比个体化的公民更具有参与环境保护活动的条件和能力。

2. 受历史传统的影响,政府机构对于环境保护公共事务还沿用大包大揽的管理模式,容易使公众产生依赖和抱怨心理,消极参与环境保护事务。目前,各级政府对于环境保护事务主要是自上而下的管理模式,政府为民做主的观念比较浓厚,把制定政策看作仅仅是政府的事,忽视公众的参与。还有一些政府决策机构则过于强调决策主体的"职业化""专业化""精英化",公众在政策制定中的参与主体地位被削弱。

3. 政策信息资源仍相对封闭,公众缺乏实现环境知情权的制度化途径。公众参与环境保护活动需要掌握相关环境公共事务的知识与信息。目前,我国政府部门在公共事务的决策过程中,往往疏于公开决策的详细信息。法律法规虽然有政府信息公开的要求,但没有对信息公开的种类及程度做出制度化要求,使信息资源不对称或信息沟通渠道不畅,造成公众不能准确理解政策的价值目标,缺乏对政策的认同感,进而不能对政策制定或政策调整发表正确的意见和建议,同时也使公众参与的热情和效力大大降低,影响到政策的实施。以环境影响评价为例,对公众的信息公开与社会的监督等规定仍存在可规避性和非强制性。目前,许多工程项目在公众不知情或者知情不充分的情况下,规划通过了,项目开工了,《环境影响评价法》的实施效果堪忧。曾经引起公众强烈关注的圆明园防渗工程①以及厦门 PX 化工项目停建事件②就是典型的例证。

4. 公众对于环境公共事务的意见表达途径不畅通，民主监督制度不完善。我国现行法律制度中，公众除通过人民代表或政协委员在会议期间发表意见或建议的制度化程度较高外，在其他的途径上，公众意见的表达制度化程度仍较低，自下而上的民意表达和沟通协商不够。

5. 缺乏对公众参与环境保护活动的司法保护制度。

二　国家环境保护责任不明

国家作为特殊的主体，在环境法中处于双重主体地位。一方面，国家基于保护人民的生存权的义务，负有管理环境保护工作的职责，如对环境污染行为，负有监控、管理和排除的义务，另一方面，国家基于自己公权力行为主体的身份，对国家行政行为可能对环境造成的影响，负有承担责任的义务。国家环境保护义务的法理在于国家对于任何可能造成人民侵害的行为有加以防卫和抵抗的责任，环境损害直接体现为环境品质的下降使得人民生命和财产面临危险，为此，国家首先要对环境损害危险加以防卫、抵抗和排除，其次要确保人民生存的最低环境品质，维持人民生活的最低需求，满足人民精神文化的进步。我国现行环境立法中，尚没有国家环境保护责任的法律规定，而中央政府仍采用"家长式"的管理思路推动地方政府和官员推行环境保护政策；地方政府及行政机关的环境损害的法定救济职责不明，容易出现以下弊病：（1）对于环境质量信息、潜在的环境污染企业信息和环境污染物信息掌握不力；（2）"政出多门、分别执法"，反而造成管理的真空，救济不力；（3）对突发环境损害事件反应迟缓、互相推诿、瞒报、漏报；（4）对缓释性的环境损害，政府主管官员在没有法定整治责任的情况下，常常基于节省整治费用的考虑，不愿整治或者留给下任解决，从而客观上助长了积累性污染事件扩散与加重；（5）客观上造成原因不明的污染物损害或者行政区域交界地的"三不管"地带的环境损害无法救济。从管理成本来看，行政救济是最直接、最有

---

① 参见殷玉生《环保总局：圆明园防渗工程破坏生态》，2005 年 7 月 6 日，http：//www.sina.com.cn。

② 参见《厦门市政府决定缓建 PX 项目》，2007 年 5 月 30 日，www.xmnn.cn。

效、成本最为低廉的救济途径，但是行政救济的现状却不容乐观。我国履行环保职能的行政机关较为分散，其中循环经济、产业政策、自然资源保护分散在农业、林业、国土、水利等众多部门。这固然起到了分工协作、分权制衡的作用，但与环境和自然生态的统一性和整体性要求有所背离，很容易造成管理权力的交叉、冲突和真空地带，"九龙治水"就是这一问题的突出体现。具体到环保部（局），其职能主要集中在污染控制，对自然资源和流域生态的管理涉及很少。虽然行政机关之间有相互协调的义务，但这种协调容易成为"互相推诿"的借口和理由。①

三　环境司法不力

我国的司法救济对解决环境纠纷的作用十分有限。据调查，法官和律师普遍认为，法院处在各类矛盾的"风口浪尖"上，当纠纷通过其他方式无法调和时，寻求司法救济是最后的希望。但是，受政治体制的局限，法院又是我国权力体系中最脆弱的一环，容易受到来自各方的责难和非议。因此，对于环境纠纷这类影响广泛、涉及利益体众多的社会问题来说，受立法和执法条件的掣肘，法院的声音往往是弱小而无力的。具体的环境司法救济程序中，法院面临适用法律的四大困难：一是缺乏相关的技术性支持，损失数额不能准确地确定，没有一套合理的损害评价标准和体系。二是对《最高人民法院关于民事诉讼证据的若干规定》的运用存在分歧，主要集中在举证责任是否倒置、何种程度上倒置、证明标准等问题上。三是《信访条例》的出台虽然在处理纠纷、构建和谐社会的进程中发挥了很大作用，但不可否认的是，它在一定程度上与司法所要求的审级、审限等要素有所冲突。四是重大环境公益损害案件容易受到地方保护主义的干扰，司法裁决的履行很大程度上有赖于地方政府的支持。

---

① 2009年8月，造成湖南浏阳镉污染的长沙湘和化工厂早在2004年4月建成投产后就开始污染环境。多年来，镇头镇的居民一直在反映这一问题。但是，正是在这一关乎百姓身体健康和公共安全的事件上，当地的一些部门消极作为甚至不作为，对群众的投诉互相推诿、敷衍了事。就这样，把一件并不难解决的问题硬是在"正在调查""还在研究"之类借口中拖了5年之久，从而为事件的恶化埋下了祸根。参见李慧《湖南浏阳镉污染事件的启示》，2009年8月4日，http://opinion.people.com.cn/GB/9782248.html。

第二节　集体选择规则层面的缺陷

具体来说，这些缺陷包括：

第一，制度内的救济渠道不畅。据相关学者调研，环境纠纷，能够进入到行政救济渠道的不超过 10%，最后能够以司法救济的方法得以解决的则不足 1%。大量的纠纷不了了之，或者采取了制度外救济渠道，比如群众堵厂、集体上访等私力救济。

第二，政府管理者的趋利性。由于我国仍以公有制为主体的经济模式，中央和地方政府有保护和扶持国有企业的职责，而国有控股或者参股的大中型企业往往又是地方的污染大户，因此，政府在环境纠纷中，常常既是裁判员身份，又是保护一方利益的运动员身份，在强势的环境行政管理权力下，没有足够的监督机制保证政府环境决策和救济行为的正当性。

第三，救济模式单一。从受害人的角度看，当环境权益受到侵害，首选就是找环保部门解决。这一方面与公众的环保意识增强、环境诉求增多有关；另一方面又与公众基于对"环保部门"的朴素理解，对其职能期待普遍过高有关。其实，诸多与环境有关（比如矿产、水务、环卫和城管）的工作，并不归口在环保部门管理，而且，从环保部门处理纠纷的程序来看，环保部门对环境公益损害行为人多进行行政处罚，涉及民事赔偿的问题，环保部门采用的"行政调解处理"程序没有法律强制力，所以，环保部门在调解的时候可能会流于随意，使当事人缺乏行政调解的积极性，转而寻求私力救济。[①]

第四，私力救济的随意化。在制度内救济途径不畅的情况下，私力救济成为目前我国多数环境受害人无奈的选择。有的受害人采取切断侵害人电源、水源，堵住侵害人排污设施等多种过激方法，有的则采取向媒体反映和曝光的方法。很多当事人都认为，越是闹得凶，问题解决得就越好。这种不正常现象值得我们反思，成熟的法治社会中，纠纷的解决应当是法定化、程式化的一套流程和机制，当侵权事件发生后，法律应当给当事人提供合理的预期并指引其具体操作，而非指望"闹大闹凶"等非理性的

---

① 崔木杨：《湖南浏阳上千群众上街抗议污染》，2009 年 8 月 1 日，http://news.163.com/09/0801/03/5FJO6JP20001124J.html。

途径。①

第五，缺少制度化的社会救济与保险救济。环境责任保险制度、环境补偿基金制度、强制性的财务保证金、环境合同等一些在国外已实行的专门环境救济辅助机制，在我国均未建立。对于多个侵害主体以及多种因素混合造成的重大、复杂和长期性环境公益损害纠纷，受害人的范围广、因果关系复杂、侵害后果持续时间长，单一的主体也无力承担巨额的赔偿责任，而以保险、基金、合同等多角度、全方位的社会救济方式，具有十分重要的补充救济作用。

第六，环境信息资源不对称。公众参与环境保护活动必须具备相关的环境公共事务的知识与信息。相关政府部门在公共事务的决策过程中，往往疏于向公众公开决策的详细信息，法律法规也没有对信息公开的种类及程度作出制度化要求，使信息资源不对称或信息沟通渠道不畅，造成公众或政策对象不能准确理解政策的价值目标，缺乏对政策的认同感，进而不能对政策制定或政策调整发表正确的意见和建议，同时也使公众参与的热情和效力大大降低，影响到政策的实施。以环境影响评价为例，没有对公众的信息公开与社会的监督，许多工程项目在公众毫不知情的情况下，规划通过了，项目开工了，最终使得《环境影响评价法》的实施很不理想。曾经引起公众强烈关注的圆明园防渗工程就是一个很好的例子。

第三节　日常操作规则层面的缺陷

环境公益损害救济在具体的操作层面上，主要表现为传统侵权行为责任理论在实践中适用困难。按照传统民法的过错侵权行为责任理论，其成立条件主要有以下五个方面：一是有加害行为；二是加害行为具有违法性；三是行为人须有故意或过失；四是须有损害结果发生；五是加害行为与损害间须有相当因果关系。对于以上要件的举证责任，依当前的侵权行为责任理论和审判实务，均须由起诉主张受有损害的被害人负担。在我国环境公益损害救济实践中，受害人寻求救济面临重重困难。

---

① 参见张忠民《环境侵权救济的艰难之旅》，《绿叶》2007年第12期。

一　损害形式多样、因果关系难以查明

以典型的环境公益损害——环境污染为例，按多个污染源分别排放污染物互相结合后所产生的效果，及对损害人所负的责任范围及关系，可以归纳为以下 7 种情形：

1. 相抵效应：A 污染源排放某一污染物，本可造成 5 单位损害，B 污染源排放的污染，可造成 5 单位损害，两者结合后，仅产生 6 单位损害。

2. 等加效应：同前例，A 与 B 两者结合后，产生 10 单位损害。

3. 累进效应：A 与 B 两者结合后，产生 12 单位损害。

4. 互补效应：A 与 B 所排放的物质原本皆属无害，但结合后却产生 10 单位损害。

5. 竞合效应：A 与 B 各自排放的废气均足使某区域内动物死亡，恰巧同时排放，并均进入该区域，导致区域内的动物全部死亡。

6. 区分不明效应：各个染源分别仅单独造成某一部分的损害，但每个污染源究竟造成哪一部分的损害，却无法判定。①

7. 多选一的因果关系：有多数污染源均可能是加害人，但究竟何者为真的加害人却无法判定。

二　损害影响范围广泛、持续时间长

1. 环境污染所涉及的范围通常比较广泛，从地域上看，受影响的地区可能限于几个村庄、县市，也可能跨越几个省区、国家；从利益内容看，公害污染往往同时侵犯公民生命健康权、财产权等多项权利；从受害人人数上看，此种类型污染中受害人人数往往较多。

2. 损害的持续时间长。累积型公害污染损害常常通过广大的空间，经历长久的时间，经过多种因素的复合积累后形成，因此而造成的损害是持续不断的，短期内很难被发现。同时，由于受科学技术水平和人们认识上的限制，对某些类型的污染常常缺乏有效的治理方法。事故型公害污染

---

① 湖南环保厅公布镉污染事件调查结论，结论称此次污染主要原因是长沙湘和化工厂废渣、废水、粉尘、地表径流、原料产品运输与堆存，以及部分村民使用废旧包装材料和压滤布等造成。参见晨星《湖南浏阳化工厂镉污染主要原因查明》，2009 年 8 月 4 日，http：//news. 163. com/09/0804/00/5FR5NQCR0001124J. html。

往往对环境具有更大的破坏性，其损害持续时间也较长，切尔诺贝利核电站的泄漏和爆炸事故使附近数十万居民背井离乡，至今尚有数万居民不能回到故土，当地环境也遭到了毁灭性的破坏。

三　损害者与受害者地位不平等

无论是事故型公害污染，还是累积型公害污染，加害人和受害人的地位和能力都有很大差别。加害人多为经济基础雄厚，有着良好风险控制能力的企业或集团，加害人凭借其资力及对污染物知识的了解，可动员权威从业者或专业顾问加以粉饰或反驳指控，对于被害人和调查人员进入污染厂址调查的要求，常借口企业秘密或厂区封闭管理加以拒绝。而受害人则多为经济薄弱，没有风险抵抗能力的普通农民、渔民和市民，他们普遍缺少调查研究环境公益损害因果关系必要的科学知识及费用。在政府调查效率不高、鉴定机关设备不完善的情况下，不易在第一时间收集到损害者排放的证据。此外，有些污染中受害人人数较多，损失比较严重，责任人即使赔到破产，受害人也难以得到有效救济。

四　举证困难

按侵权行为之债，须损害结果发生与侵权行为间有相当肯定的因果关系才能成立，所谓相当肯定的因果关系，是指行为人的行为，依当前人类的认识和经验判断，必然会发生某一结果。但是，该因果关系判断及于环境公益损害领域，受人类科学知识和认知水平的局限，无法提出一个精确的认定基础或价值中立的逻辑法则，仍属不确定的法律概念，不免造成歧义。如前所述，公害纠纷中的污染，除单一突发事件者外，其他形态的污染，尚须从时间上考虑污染物累积的总量，是否会造成损害。从科学上去分析何种污染物可能会造成何种损害。例如仅会导致农、渔作物减产或直接死亡，导致妇女的不孕或流产，导致何种癌症，或直接导致死亡。这些问题，都要有较精确的科学研究及鉴定。因此，以传统侵权理论中相当肯定的因果关系判断标准，难以厘清前述复杂的污染行为与侵害后果间的因果关系。而且，如果限于传统侵权行为理论，要求由被害人就前述问题举证，势必造成被害人求偿无门。

五　实证分析：以《侵权责任法》为例

于 2009 年 12 月 26 日立法通过、2010 年 7 月 1 日起施行的《侵权责任法》，是我国最新的一部与环境损害救济有关的立法，遗憾的是，该法仍存在日常具体操作规则不清晰的缺陷，实施效果不容乐观。具体分析如下：

首先，该法值得肯定的是，专设第八章规定了"环境污染责任"，并在有限的程度上设定了无过失责任，如该法第 7 条规定："行为人损害他人民事权益，不论行为人有无过错，法律规定应当承担侵权责任的，依照其规定。"另外，对于环境污染的共同责任，在第 67 条规定："两个以上污染者污染环境，污染者承担责任的大小，根据污染物的种类、排放量等因素确定。"第 68 条规定："因第三人的过错污染环境造成损害的，被侵权人可以向污染者请求赔偿，也可以向第三人请求赔偿。污染者赔偿后，有权向第三人追偿。"还有因举证责任倒置产生的过失推定责任，如第 65 条规定："因污染环境造成损害的，污染者应当承担侵权责任。"第 66 条规定："因污染环境发生纠纷，污染者应当就法律规定的不承担责任或者减轻责任的情形及其行为与损害之间不存在因果关系承担举证责任。"对于赔偿责任范围，则主要在第 20 条和第 77 条，其中第 20 条规定："侵害他人人身权益造成财产损失的，按照被侵权人因此受到的损失赔偿；被侵权人的损失难以确定，侵权人因此获得利益的，按照其获得的利益赔偿；侵权人因此获得的利益难以确定，被侵权人和侵权人就赔偿数额协商不一致，向人民法院提起诉讼的，由人民法院根据实际情况确定赔偿数额。"第 77 条规定："承担高度危险责任，法律规定赔偿限额的，依照其规定。"而且，该法还在第九章中规定了高度危险物品或者危险作业引起的"高度危险责任"，其中有不少与环境损害相关，如第 70 条规定的核设施污染责任："民用核设施发生核事故造成他人损害的，民用核设施的经营者应当承担侵权责任，但能够证明损害是因战争等情形或者受害人故意造成的，不承担责任。"与危险品污染损害责任有关的第 72 条规定："占有或者使用易燃、易爆、剧毒、放射性等高度危险物造成他人损害的，占有人或者使用人应当承担侵权责任，但能够证明损害是因受害人故意或者不可抗力造成的，不承担责任。被侵权人对损害的发生有重大过失的，可以减轻占有人或者使用人的责任。"第 74 条规定："遗失、抛弃高度危险物造成他人损害的，由所有人承担侵权责任。所有人将高度危险物交由他人管理的，由管理人承担侵权责任；所有人有过错的，与管理人承担连带责任。"第 75 条规定："非法占有高度危险物造成他人损害的，由非法占有人承担侵权责任。所有人、管理人不能证明对防止他人非法占有尽到高度注意义务的，与非法占有人承担连带责任。"

其次，虽然《侵权责任法》规定对环境污染责任中实行过失推定、对高度危险行为实行有限情形适用的无过失责任，这是我国环境损害救济立法的一大突破。但是，现有条文总计不过区区十余条，稍显简略，覆盖面窄，仍不符合环境公益损害救济对立法全面性和系统性的要求。主要表现在：

1. 受立法形式的限制，该法的责任形式仍限于民事责任范围，无法突破前述私法救济形式在环境公益损害救济中罚不责众、执行力度弱的先天缺陷。

2. 该法仍是单独民事责任立法，未与环境行政、刑事责任以及社会保险和社会救助责任相衔接，亦未对损害认定的程度和标准与环境行政法规配套对接，不符合复杂动态生态观和现代环境法要求建立整体统一的环境法律体系的要求，无法摆脱因部门立法冲突导致的法律适用难题。

3. 该法的保护客体仍限于人身和财产有关的直接损害，对于影响人类生存环境质量的生态品质损害，并未纳入责任人赔偿范围。

4. 该法未明确污染者的范围和界定方法，对于合法排污、跨区域污染、复合性污染和原因不明的污染，如何确定责任人，无以为据。

5. 对于损害范围广而损失难以查明情形下的赔偿数额，该法没有一个明确的裁判依据和数额范围，既无上限，也无下限，不符合清晰界定边界的经济学原则，反而造成法律适用的困难。

6. 该法对环境污染因果关系的确定，实质仍属于举证责任上的"过失推定"原则，在我国没有建立相应的证据失权制度之前，举证责任的倒置仅是立法者的良好愿望，实际在司法实践中仍无法实行，形同虚设。

7. 该法未涉及政府的环保救济责任，无过失责任原则不仅要求受害人获得民事上损害赔偿，还要求国家真正承担起公法上的整治责任，而《侵权责任法》不仅未明确当环境损害是国家机关或者政府公权力行为造成时如何救济，更未明确当责任人无力赔偿或者下落不明时，如何救济。

8. 该法未放宽环境损害主张权利的救济时效，不符合因生态效应的广泛性、隐秘性、迟延性和不确定性导致的长期污染损害救济的需要。

第七章 建立我国环境公益损害救济制度之构想

第一节 "公地的救济"之法律构思

国内外环境公益损害救济制度的理论与实践中，不乏可资借鉴的好的做法，国内学者已经提出或者正在呼吁对环境损害制度进行改革，并提出了很多制度建设与变革的建议。笔者通过前述理论分析与梳理，也拟提出一些建立我国环境公益损害救济制度的设想。不过，提出的这些设想如果脱离了"公地的救济"这一根本需要，或者背离了环境立法需要遵循的从"摇篮"到"坟墓"的整体系统观的要求，仍将会"一无是处"。因此，笔者坚定地认为，环境法学研究者在归纳和提炼各类立法、修法建议时，应尽量避免出现"零敲碎打"式的"零散化"，和"头痛医头、脚痛医脚"式的"片面化"倾向；不仅要在宏观的制度构想上提出完整而系统的建议，而且还要在微观的制度搭建上提供丰富多样的改革措施，并在宏观制度框架内尽量做到制度措施的多样性、互补性和可替代选择性。同时，我们对环境公益损害救济制度的研究，也是一个在法律领域逐步解决环境领域"公地的悲剧"问题的过程，所有关于环境公益损害救济的制度创新与设想，都必须回归到"从'公地的悲剧'到'公地的救济'"这一研究基本路径上来，研究时有必要尊重已有社会经济学关于"公地的悲剧"解决之道的有益研究成果，并将其中已被经济学实践证明有效的理论和原则，作为一把新工具"标尺"，用它重新审视旧制度和评价新制度。

如2009年诺贝尔经济学奖获得者美国埃莉诺·奥斯特罗姆教授分析的那样，环境"公地"资源是一种人们共同使用整个资源系统但分别享用资源单位的公共资源。在这种资源环境中，理性的个人可能导致资源使用拥挤或者资源退化的问题。这时，理性的个人的问题就是如何通过组织避免独立行动的不利后果。根据已有的理论，组织问题可以由外部代理人解决，也可以由成员集体自治解决。不论是外部代理人还是集体自治，都必须通过某种组织工具（如国家、企业、单位或者集体管理机构）建立有效的管理制度和法律制度，而社会科学家们在判断某制度是否有效时，主张从三个横向的维度和三个纵向的层次进行分析和评价。其中，三个横维度包括：提供管理新制度、给予成员可信的承诺、对管理者和成员进行有效监督。①三个纵向的层次包括：宪法规则、集体选择规则和操作规则。这一新的视角和工具对我们分析评价现有环境公益救济制度以及决定是否采用新的制度十分有用。另外，埃莉诺·奥斯特罗姆教授关于研究影响"公地"成员使用资源的行为和结果的制度分析方法，也对建立符合我国国情的环境公益损害救济制度颇有帮助。

通过前述章节的分析和比较，笔者拟提出以下设计和改革我国环境公益救济制度的规划建议，并将这些纷繁多样的制度变革建议，按照新生态主义理论的"整体观与动态观"的要求，并根据社会经济学关于"公地的悲剧"解决之道的基本原则和方法予以类型化、系统化，力图勾勒出一幅我国环境公益救济体系的全景规划，同时兼顾该规划的细化，在制度变革的无限远景规划基础上描绘出现实可能的一些直观近景。该规划的宏观架构如下：

首先，从横向三个维度上构筑环境公益损害救济制度的主体框架，包括增加制度的供给、提高可信承诺和完善监督机制。其次，从纵向三个层次充实环境公益损害救济制度的内容，以保证制度的协调性，包括：第一层次，从宪法选择规则层面确立环境保护国家义务、环境司法监督权、公民环境权利和环境自治组织原则、公众参与原则、环保契约自由等根本性的法律原则。第二层次，从集体选择规则层面上夯实诸如环境质量标准、损害责任人认定原则、损害赔偿原则、损害者不明或者无力赔偿时受害人的损害填补方法等基本政策基石。第三层次，重视对环境资源的分配、信息的交换、奖励与制裁等法律实施的日常操作规则的完善与修正。上述环境公益损害救济制度的构建设想就好比一幅轨道交通运行体系规划，横向三维构筑就是铺设列车运行轨道的过程，而纵向三个层次充实内容就是分

---

① ［美］埃莉诺·奥斯特罗姆：《公共事务的治理之道——集体行动制度的演进》，余逊达、陈旭东译，上海三联书店2000年版，中文版序言，第3页。

配车辆管理控制权和设定道路交通规则的过程。以下逐一分述之。

第二节　横向环境公益损害救济制度体系的架构

一　提供多元化的环境公益损害救济方式

如前所述，多元化的救济方式既是"公地的悲剧"理论解决之道中增加"制度供给"的要求，也是新生态主义理论对环境法提出的要求。新生态主义理论要求建立整体统一的环境法律体系，既要打破传统的管辖边界，建立跨越政治、行政和商业边界的环境法体系；又要建立整体统一的环境法律体系，打破以水、大气、土壤等为要素的分部门环境立法。而且，环境法律制度设置要能够应对生态系统的复杂多变性和不可预测性，如动态生态观提倡人类行为及其管理体制的多元化以分散风险，面对不可预测的自然灾害，建立各种灵活的反应系统和弹性机制，以缓冲灾难性后果；保持异质性以增加适应复杂系统的弹性；保护冗余，以保持一种制度功能对另一种制度功能的可替代性，等等。因此，笔者认为，针对我国环境损害救济途径单一、司法救济无力的弊病，有必要建立以严格的民事、刑事和行政救济为主，以国家救济和社会救济为补充的全方位救济体系。第一，以刑事惩罚和行政管理手段共同加强对环境违法者的惩处力度，以达到对违法者分级制裁的目的，维护环境救济法律制度的权威，增加公众对制度的信心。第二，建立以无过失责任为核心的民事责任追究制度，责令违法者对受害人的损失以及环境质量损失予以全面赔偿。第三，建立强制性环境责任保险制度，对责任人无力赔付的部分损失予以补充赔偿。第四，对责任人难以确定、污染源来历不明或者责任人未加入保险的环境损害设置特别环境补偿基金制度，对受害人予以社会救助。第五，建立政府责任救济制度，对于重大自然灾害、紧急环境事故的应急处置、国家机关行为引起的环境损害、跨国污染损害等特殊情形，由政府救济或者政府补偿。上述五种制度相互配合，构成一个完整的环境公益损害救济体系，使受害人和环境质量损失得到补偿与满足，维护社会稳定。

二　建立高效的司法监督和公众监督制度

环境"公地"管理制度的成败还要解决"可信承诺"问题。当制度建立的初始阶段，在大多数占用者同意遵循规则的情况下，每个成员基于"互惠"的动机，在"如果你遵守承诺，我也遵循承诺"的信条约束下，大家会自觉遵守规则；但是，一旦某个成员此后违反规则取得不当利益却没有相应制度监督和惩罚，或者成员之间对其他成员是否遵守了承诺产生了合理怀疑，这时，没有人想成为"受骗者"去遵守其他人都在违背的承诺，集体的背叛会再次出现，"公地的悲剧"不可避免。因此，"可信承诺"问题是环境公益损害救济制度设置必须要考虑的问题，一般来说，人们之间"可信承诺"的维持，一方面需要外部强制力量保证，即通过外部强制者（如警察、法院）在未来的所有阶段对违规行为给予强硬制裁，以督促人们遵守可信的承诺，从而获得他们不这么做便不可能得到的收益；另一方面，在没有外部强制的情况下，可以通过完全信息的方式减少违规和猜疑，提高成员的道德自律，其主要实现方式是加强成员之间的有效信息沟通与公布，并以此激励他们自己（或他们的代理人）去监督其他人的活动、拒绝与不互惠的人合作，惩罚违背信约的人，以保持集体对规则的遵守。回视我国当前的环境纠纷解决机制，不论是对个人损害的民事救济制度还是环境事故刑事、行政责任追究制度，其对违法者的制裁力度均非常软弱；同时，在对环境违法行为的日常监督方面，既没有形成强有力的政府行政执法监督以及权威的司法监督机制（外部监督），也没有给公众提供参与内部日常监督和有效信息沟通的具体路径和程序。上述缺陷直接导致环境"公地"内成员之间的相互背叛和对制度承诺的背叛，使违法搭便车者有机可乘，进而腐蚀整个环境法律制度的公信力。

据此，笔者建议，环境公益救济制度体系中，必须建立强有力的监督机制，当务之急须完善以下两个方面的监督权：一是设立专业的环境司法监督权，提高司法机关（特别是法院）的权威，将司法权作为环境法律制度实施的强力保证。如设立专业的环境法院、培养专业的环境法官，赋予环境法院对政府环境行政决策行为和企业行为的监督审查权，扩大法院对环境刑事、民事、行政纠纷的受案范围，以有效的司法监督机制提升公众对环境法律制度的信心。二是赋予公众广泛而深入的环境监督权，群众监督是对政府和企业行为进行日常监督的有效方式，当前缺少的不是公众监督的热情，而是要给公众监督权以合法的实现路径和规范的法律程序，从而使公众的诉求得到满足、民众的呼声有所回应。监督机制的完善，必然会使违法者无所逃遁，守法者诚信加强，"公地的救济"有章可循。

第三节　纵向环境公益损害救济制度内容的充实

一　宪法选择规则层面

确立国家的环境保护责任、环境司法特别监督和裁判权、公民环境救济权利、区域环保自治、环保契约自由等根本性的法律原则。

（一）明确国家的环境保护责任

环境保护规范的对象并不限于个人、企业，只要有可能造成污染行为的主体，都属于法律要规范的对象。国家作为特殊的主体，在环境法中处于双重主体地位。一方面，国家基于保护人民生存权的义务，负有管理环境保护工作的职责；另一方面，国家基于自己公权力行为的主体，对国家行政行为可能对环境造成的影响，负有环境保护的义务。对于前者来说，国家对所有环境污染行为，负有监控、管理和排除的义务，例如从一般家庭废弃物的处理到核废料的处理，都必须通过国家直接或者间接的行为完成，即使国家可以将这些事务委托企业或者第三方完成，也不能因此免除国家的责任，处理不当的责任仍应由国家来承担，因此，国家责任中，国家对自己的环境保护责任与其为私人和企业设定环保义务或者禁止环境损害行为常常互相结合，国家有责任对企业行为进行监督，同时也有义务承担监督不严或者原因不明造成的损害救济责任。国家环境保护义务的法理在于国家对于任何可能造成人民侵害的行为有加以防卫和抵抗的责任，环境损害直接体现为环境品质的下降造成人民生命和财产面临危险，为此，国家首要先对环境损害危险加以防卫、抵抗和排除，其次要确保人民生存的最低环境品质，维持人民生活的最低需求，满足人民精神文化的进步。①对于后者，即国家自己的行为可能对环境造成的损害来说，国家应尽量减少或者避免自己所造成的污染，例如国防军队行动或者国家机关日常行为对环境的污染。国家及其政府机构均应模范遵守环境法规，没有任何理由使国家在环境法中有豁免的特权。正如德国联邦行政法院提到的，在国家主权行为当中，不能免除对环境法规的尊重和遵守，虽然为了公共

————————

① 参见陈慈阳《环境法总论》，元照出版社 2003 年版，第 253 页。

行政任务的完成，必要时，亦可以减低国家对环境法遵守的限度。① 国家责任中比较有争议的问题是环境行政机关对于其他国家机关的污染行为能否采取干预措施，传统的见解认为同级行政机关不可以用命令或者强制力来对另一个行政机关的行为加以强制或者干预，但目前环境法的发展表明，基于环境保护的特殊要求以及国家的环境保护责任，任何一级国家机关对于自身行为造成的环境损害，都有义务进行国家赔偿，那么，基于预防可能发生的国家赔偿，环境行政机关完全可以在合理的范围内对其管辖区域内的其他国家机关不适当的行为采取干预措施，当然，如果发生紧急危难事件或者国家重要事项，为执行公务（如消防、国防）的需要不在此限制范围。

　　另外，对于国家承担的环境保护责任，还有发展经济和增进社会福利的义务，三者之间孰重孰轻，难以决断；不过，无论是经济优先还是环保优先，防卫人民不受侵害仍是国家的首要责任，这就要求国家在组织经济发展的同时，必须保证环境品质满足人民生存和日常生活的基本需要，那种杀鸡取卵、涸泽而渔的经济发展方式是国家要严格限制与抵抗的。例如，在高度工业化的社会里，容忍合理的社会所能接受的排污危险应是容许的，因此，经济建设中的大型开发项目（如核电厂），虽然造成一段时间内周边环境质量的下降，但通过国家法定的环境影响评估程序批准后，是可以实施的。不过，一旦将来发现该项目会对人民生命财产造成根本性的损害，国家不仅负有排除危险的责任，还要就审批和管理不严的过错承担相应的赔偿责任。此时，国家不能以自己发展经济为由拒绝其环境保护责任。如蔡守秋教授所述，在国内法中，特别是在宪法和行政法中，国家的职权或职责既是国家的权力也是国家的义务，国家环境权既是国家的基本环境法律权力又是国家的基本环境义务。因此，国家环境权就是国家的基本环境职责，国家的基本环境职责与国家的环境权具有基本相同的含义。② 在这里，国家环境保护责任就包括危害排除、危险预防和国家赔偿三个方面，从一定程度上也可以说，这也是环境损害救济之无过失责任原则在国家主体方面的扩张。

　　笔者认为，基于上述分析，结合我国环境保护工作由政府主导的国

---

① 转引自陈慈阳《环境法总论》，元照出版社2003年版，第254页。

② 参见蔡守秋《论环境权》，《金陵法律评论》2002年第1期。

情，国家环境保护责任有必要在专门的环境立法中予以重视和明确。具体来说，有以下四个方面的建议：一是在环境基本法中确立各级政府和国家机关的环境保护职责和义务，各级行政机关对于自己或者其工作人员非必要的公共行政行为造成环境品质的损害，应当承担排除危险和损害赔偿的责任，并不得以执行公务或者国家行为而随意豁免；二是在环境特别法中，赋予环境保护机关对其他行政机关行为的环境监督与管理权，其他行政机关非法定事由，不得以行政级别或者公务需要为由拒绝接受管理；三是明确各级政府审批重大项目的危险预防责任和监管责任，一旦经审批的项目发生环境事故，审批该项目的政府应当对环境损害承担排除危险和连带损害赔偿责任；四是国家要通过立法制定能够维持各地居民基本生存及满足日常生活需要的最低环境品质标准，并以此作为政府履行环保义务的责任底线，各地政府有保证辖区内的环境品质达到该标准的义务，否则要承担管理不善或者防卫不力的责任。

（二）建立司法权与行政权并重的环境纠纷解决机制

如前所述，有效的监督和完备的冲突解决机制，是环境"公地"解决机制中不可或缺的要件，而所有的监督和冲突解决机制中，司法裁判是最终也是最权威的方式，同时，司法又是监督行政权的有效手段。但是，不论是环境公益救济还是环境司法监督，都必须保证司法机关有不受外部干扰独立裁判的司法权威。当代的环境法已不再仅仅局限于对某种环境权利和义务的确定或者某种抽象价值的宣示，更重要的是要使环境法所确立的权利和义务得到切实的落实。环境法已经开始从确立秩序的规则转向维持公正的规则。所以，目前环境法的发展进程中，一个引人注目的发展倾向是：司法方式愈来愈多地为各发达国家所重视，环境纠纷解决机制呈现出较为明显的司法权与行政权并重倾向。我国环境法的实施机制中，一直以来都是以环境行政管理机关的执法为主导，容易导致公民环境权利和环境保护意识的弱化，以及环保工作过分依赖行政管理权的倾向；同时，由于缺少专业的环境法院或者专业的环境法官对行政机关行为的合法性进行有效的监督和审查，政府职能在缺乏监督的情况下有异化的可能。对于环境司法审查权，法学界较有争议的是法院的审查程度如何界定，这不仅涉及传统行政机关与法院之间的职权界限，更涉及是否要将环境损害的时空积累判定和因果关系推定等专业判断纳入环境司法审查范围。行政法学上，法院审查限于行政行为是否符合法定程序，或者符合法律立法目的，而不是取代行政机关的决定；但是在环境法学上，法院仅仅判断行政机关的行为是否符合法定程序是远远不够的，由于环境行政管理很多涉及对具体危险的制止或者对可能发生危害的预防；或者当事人对行政机关不作为的异议，这需要法院对于行政机关的行为是否符合环境法的立法目的以及所采用的执法手段是否有违科技常识做出专业判断。因此，环境司法审查权应较一般的行政诉讼审查更为专业和严格，而当前我国司法审判体系中尚不具备能够行使环境司法审查权的专业法官和裁判组织。

综上所述，根据我国当前大量环境纠纷投诉无门以及环境行政执法受地方政府左右的不良局面，笔者建议国家应当考虑建立强有力的环境司法防线，设立专门的环境法院，培养专业的环境法官，建立司法权与行政权并重的环境纠纷解决机制，赋予环境法院对行政机关的特别监督权和审查权。这不仅是环境公益损害救济的需要，更是维护环境"公地"管理制度稳定，保证"公地"成员互惠合作、履行承诺的需要。笔者相信，通过强化法院在环境纠纷中的司法救济和司法监督职能，能够让司法权在公民环境权利保护和环境行政权力监督方面发挥出其应有的作用。

（三）确立以损害救济为核心的"公民环境权"

如前所述，环境权的法理难以在具体的环境立法中体现的主要原因在于权利内容太抽象，难以固定为具体可操作的法律规则。笔者通过对上述国家的环境保护责任的分析，发现从国家有义务保障公民的基本生存权，可以推导出国家有义务保障人民基本生存及满足日常生活需要的最低环境品质，否则要承担管理不善或者防卫不力的责任，对于公民因此遭受的人身和财产的损害，有采取措施或者提供救济途径以保证排除危险、弥补损失并预防危险继续的责任。依此逻辑逆向推导，则说明公民有要求国家保证其生存及日常生活必需的最低环境品质的权利，也有要求国家对自己受到的环境损害提供有效的救济途径以达到排除危险、弥补损失并预防危险继续的权利。笔者认为，这不失为当前中国环境法定义公民环境权最实际也最有效的一种思路。与其一味模仿英美环境法中抽象的法律原则，提出将环境权定义为诸如"公民享有适宜健康和良好生活环境以及合理利用环境资源的基本权利、在不被污染和破坏的环境中生存及利用环境资源的权利"这样抽象的宣言，不如采用如前述李启家教授和罗吉教授总结的环境权之定性"保护环境的目的是为个体和集体的可持续的安全健康生存和发展，是公民个体与集体环境安全的利益和要求；环境权是人在一种能够过尊严的和福利的生活环境中，享有自由、平等和充足的生活条件的基本权利"。笔者有意在此基础上采用更加务实的态度，直接将这种"可持续的安全健康生存和发展的环境"界定为"人民生存及日常生活必需的最低环境品质"，这样，我国公民的环境权完全可以落实到具体的可界定的环境品质标准上来。

由此，笔者拟将我国环境法中的公民环境权定义为"公民要求国家保证其生存及日常生活必需的最低环境品质的权利，以及要求国家对公民因环境品质不合格而受到的环境损害提供有效的救济途径，以达到排除危险、弥补损失并预防危险继续的权利"。虽然这只是笔者从环境公益损害救济角度提出的一家之言，但笔者相信，如果这一具体而明确的环境权利得到立法的确认，必将能够极大改变当前我国公民与环境损害抗争时"有权利无救济""环保呼声高、责任追究少"的尴尬局面，对我国环境法的发展多有裨益。

（四）确立环境合作原则

社会经济学的研究表明，"公地"救济的重点在于努力安排"公地"内的人们建立"互惠"的社会规则，形成一种信任合作的社群观念，以达到"公地的繁荣"。而社会学家对人们合作行为的研究表明："当不允许占用者相互沟通时，他们倾向于过分占用，其总的占用水平逼近所预料的水平；当允许占用者相互沟通时，他们所得到的共同回报明显高于其不能相互沟通之时；当占用者公开讨论并就其自己的占用水平和惩罚体制达成协议时，违背协议的水平就非常低，其结果接近最优结果。……当协议约定对违约者进行监警和惩罚，但需要费用，占用者将愿意支付这些费用，以惩罚那些过分占用者。"① 这说明，促成成员之间的沟通和合作，是环境"公地"的救济必须要面对和解决的基础性问题。

反思我国传统的环境保护立法，立法者与行政机关通常会基于政府职权主义思想，采取政府集权式的直接管制措施，以达到政府设定的环境保护目标的任务。但这种政府集权化倾向，由于阻断了环境"公地"内部信息的沟通与协商，往往会出现事与愿违的"政府失灵"现象，典型的例子是我国对淮河污染限期治理中出现的"中央政府决心大，地方官员

---

① ［美］埃莉诺·奥斯特罗姆：《公共事物的治理之道：集体行动制度的演进》，余逊达、陈旭东译，上海三联书店 2000 年版，第 136 页。

一阵忙；群众隔岸观火忧，淮河十年依旧脏"的怪相。笔者认为，我国当前环境管理中出现的问题与国外社会经济学关于"公地"的管理及成员合作行为的研究结果是吻合的，即政府集权式管理存在的五个明显的缺陷：一是增加了"公地"内部成员与管理制度间的对立情绪。在直接管制模式下，规避政府监管意味着能获得比他人更多的制度外利益，这将成为人们争相追求的"潜规则"，受此影响，政府官员出现制度性腐败的几率也成几何数递增。二是增加了内部成员对外部政府的依赖性，如果没有外部政府的解决方案，他们便不能从困境中解脱出来。三是过强的环境管制措施，必将阻碍市场经济的发展，恶化地方投资环境，迫使企业向外迁移。四是政府外部强制实施的解决方案，不可避免地存在信息不完全和时效滞后的弊病，会出现不符合地方实际的"水土不服"现象，增加制度性磨合与损耗。五是政府事无巨细地直接管理，需要投入大量的人力、物力与财力，其监督和实施成本巨大，难以持久。上述缺陷在环境保护领域，受环境因子多样性和环境损害复合性、潜伏性的影响，其在信息沟通与成员合作方面的劣势更加突出。

　　为此，外国不少环境法学者均主张在政府管理模式外，以环境合作原则为基础建立环境自我管理模式，允许公民与企业间就环境自我管理进行灵活多样的协商和合作，以发挥这些制度所带来的全面信息优势和监督实施成本优势，这正成为环境法发展的一种世界潮流。

　　环境合作原则，是指包括政府、人民、产业界在内的所有的环境使用者，都有相互合作、共同保护环境的责任，进而，国家与所有的社会力量在环境保护领域，有共同合作来保护环境的义务。环境合作原则不仅是环境政策，也是法律原则，[①] 它是环境公害防止协议或环境行政契约的法源基础，是一种较温和达到环境保护的措施及要求。"此原则之内容主要在说明环境保护并不仅是国家的责任，也非仅靠经济或社会单一方面的力量可以达成的，欲达成此目的主要还是需要所有相关之力量的共同合作。"只有相关当事人之共同负责及共同参与环境保护的事务，才能达到个人自由及社会需求一定的平衡关系。从另一方面来说，合作原则也是国家机关、产业界以及人民应共同合作来为环境保护行为的义务性要求。[②] 笔者

---

① 参见陈慈阳《环境法各论——合作原则之具体化》，元照出版社 2006 年版，第 8 页。

② 同上书，第 9 页。

认为，环境法之合作原则的确立，有助于以下制度的完善和形成：（1）促使行政机关与公民、产业界在法律容许的程度及范围内对环境保护事项进行非正式的磋商；（2）促成行政机关、公民与产业界之间，在法律容许的最低环境品质标准以上，就环境污染防治的特别事项进行约定，以达成相互信赖与合作的环境公害防止协议；① （3）保障在法令制订之时，特别是法令公布之前，相关范畴的利益当事人有参与听证会的机会及要求合理修订的权利；（4）为社会力量（如环保团体、环保受托组织等）参与环境保护提供合法依据。这些制度的建立，必将为环境公益损害救济提供灵活多样的可选择途径。目前，我国环境法学对环境合作原则的研究甚为欠缺，对此，笔者建议，在我国环境法中，必须明确环境合作原则应有的基础性地位，并以其作为完善我国环境公益损害救济制度的重要法源依据。

（五）确立环保公众参与原则

"公地的悲剧"理论表明，公共资源的使用存在"囚徒困境"的重复博弈，囚徒打破博弈困境的有效方式是两者采取沟通合作，并且相互信守承诺、接受对方监督。环境"公地"中，由于参与博弈的成员众多，要形成有效的沟通与合作，更需要形成每个成员在"互惠"的社会规则上遵守承诺及接受监督，形成一种信任的社群观念，以达到"公地的繁荣"。根据"互惠"形成的条件要求，所有成员必须能够确定以下信息：（1）"公地"内的其他人涉及谁；（2）其他人是否有合作的可能性；（3）其他人是否会违背承诺；（4）违背信约是否会受到制裁。当"公地"内的人们认识到许多人都在运用"互惠"规则时，每一个人都能够因值得信任和作为一个互惠者而得到尊重，并因此获得利益。因此促进成员约束自己的行为，实现共同利益的增长。在"公地"成员达成共识的过程中，信息的沟通与反馈将是决定大家采取合作还是背叛行为的关键，如果公众没有一个稳定而准确的信息交流的平台（又称为"论坛"），或者信息流不畅通，甚至出现虚假信息欺骗公众，"囚徒"基于自身损失最小化和短期利益最大化的心理动机，唯一的选择只能是"背叛"。一个能够保证信息真实性的公共信息交流平台，在没有有效的公众参与情况下是

---

① 罗吉、吴志良、李广兵：《适应市场机制的环境法制建设问题研究》，李启家、蔡守秋审阅，载吕忠梅等主编《环境资源法论丛》第 4 卷，法律出版社 2004 年版，第 378 页。

不可能形成的。一方面，公众参与的"论坛"，能够准确而全面地反映大多数人的想法与顾虑，能够使各阶层的人充分发表自己的观点，体现各自的诉求，共同寻找利益的平衡点；另一方面，公众"论坛"的存在也便于每一个公众个体了解他人的想法和做法，互相监督和共同执行已经达成的合作规则，及时发现和举报不合作者，实现有效的监督和制裁。对于环境保护这样一个复合型的"公地"领域而言，建立一个真实而可信的公众参与制度平台，是任何类型解决制度设计者所必须优先考虑满足的条件。因此，公众参与原则必然是环境法的基本原则之一，这已为发达国家环境管理实践所验证。

在我国，由于历史的原因，公众参与原则存在环境法理论基础性地位、基本法立法形式、相应法律制度设置和环境保护工作实践四个方面的缺位，导致公众普遍存在依赖、漠视和背叛现象。国内外环境保护的经验和教训，都昭示了公众参与的重要性。公众参与是推进环境保护的巨大动力，其参与的广度与深度，在很大程度上决定着环境保护和环境损害救济水平。在我国经济建设高速发展、环境保护纷繁复杂的情势下，公众参与的迫切性和必要性就更加突出。因此，笔者认为，公众参与原则具有保障环境法基本价值实现的重要功能，以公众参与原则为基础建立的信息互动平台，将直接决定公众是否配合政府环境管理，以及能否形成合力参与环境"公地"保护；况且，公民有权以个人、团体、组织等形式参与管理国家的事务，也是宪法规定公民的基本权利之一。因此有必要在环境保护基本法中将公众参与环境保护的原则作为基本法律原则正式确立下来。由于公众参与原则具有建立有效信息平台的作用，依据该原则可以衍生出一系列的新型环境权利和制度，如可以依此确立公民在环保方面的知情权、参与决策权、监督权、诉讼权等；进而明确规定公民参与环境决策和环境管理的合法程序，包括明确公民可以什么方式、渠道参与环境保护，参与的方向和界限，以及在参与过程中的行为规范等，确保可操作性。对于环境公益损害救济而言，公众参与原则的确立，能够为建立和完善环境纠纷诉讼机制提供有力的武器，如确立公民提起环境公益损害的诉权、承认环保团体参与环境公益诉讼的权利、建立环境公益诉讼制度等；从国家环境救济责任的角度，公众参与原则还有助于监督国家正确履行职责，如保证公众对环境信息的知情权和要求国家为受害人提供有效环境救济途径的权利。具体落实环境保护公众参与原则的制度包括以下五类：

　　1. 建立详细的环境信息公开制度。环境信息公开制度是公众参与环境事务的前提，政府要充分保证公众的环境知情权，应在保守国家机密的前提下采用各种形式，如实地将环境状况告诉公众，使公众认识到解决环境问题的紧迫性和责任感。公众的知情权要通过具体的信息公开制度来实现，具体应当明确以下内容：公共项目决策何时通告公民、公民是否可以参与决策规划过程、公民如何了解决策的背景信息、信息公开的种类和程度、公民有无机会得到决策依据文件、公民是否可以提交对有关项目的书面评论、政府或项目建议者是否必须对公众意见做出反应、有无公众听证程序、公众是否有权了解做出最后决策的理由、什么时间公众可以获得决策的有关信息、公民是否可质问决策的充分性，等等。其中，环境信息公开的种类应当包括：国家和省、市环境保护法律、法规、规章和其他规范性文件；国家和省、市、环境保护政策、环境保护规划和计划；各类环境标准及环境功能区划；各类污染源企业排污状况和污染治理情况；行政区域环境质量状况；建设项目环境保护管理情况；排污费征收依据、标准和使用情况；行政处罚依据、标准、程序和执行情况；环境保护部门主要职责、办事程序和服务承诺；重大环境治理、环保外资引进项目；以及其他环境信息等。而且，环境信息公布后应设立相应的反馈制度，公众可以通过电话、传真、信件、电子邮件等多种方式，向环境保护行政主管部门提出意见，环境保护行政主管部门应听取并采纳公众的合理意见，政府的决策批准文件上应当附具对有关单位、专家和公众意见采纳情况的文字说明等。同时，立法还应从信息公布的主体上拓宽公众获得环境信息的渠道，除了明确由政府公布的方式外，对于企业的环境信息公布也要设定强制性规定。特别是由环境管理部门认定的规模较大或污染排放量较大的企业应定期在媒体上公开其污染物排放总量及超标准排放污染物状况，污染物排放对环境造成的影响，污染事故的防范及对策，污染治理计划及年度实施情况，企业内部环境管理情况等信息。另外，考虑到环境侵权诉讼中，被害人无法顺利求偿的主要原因之一，就在于环境污染多涉及高科技或者复杂的工业生产程序，被害人往往难以掌握相关企业使用的技术资料以及内部设备的运行状况等信息，在无法取得此项信息的情形下，常常导致举证困难而败诉。因此，有必要立法赋予受害人强制潜在损害责任人提供必要信息的权利，以此减轻被害人的举证责任，同时，环境保护行政主管部门应在污染损害举证方面予以全面的信息支持，如全面提供相关环境监测数据、污染事故处理情况记录资料等。对于信息资料的调取方式，建议采用德国《环境责任法》第8条被害人对于设备持有人的信息请求权和对于行政机关的信息请求权的规定。①

2. 明确公众舆论和公众监督的具体形式和内容，强化违反公众参与规定的处罚。在我国现行的环境管理制度中，上级对下级环保部门、环保部门对环境义务人的监督，主要靠行政手段，而缺乏社会公众监督，因此，有必要明确公众舆论和公众监督的具体范围、程序和方式，明确公众、环保部门的权利义务。如规定政府部门对涉及公众环境权益的发展规划和建设项目，要通过听证会、论证会或社会公示等形式，听取公众意见，咨询专家意见，强化社会监督；明确公共决策征求公众意见的时间和期限；要求决策部门公开说明对公众意见是否采纳的理由等。同时，建议在立法中，对违反公众参与环境保护制度规定的行为都设立较为严格的行政、民事甚至刑事处罚规则，提高制度的可执行力度。

3. 建立为公众参与提供支持的专家论证和咨询制度。环保问题很多时候都涉及专业性、技术性问题，如果没有专家知识的支持，公众在参与过程中对很多关键问题往往不知就里，造成一种"在场的缺席"之尴尬。目前，专家咨询主要是为政府、相关企业提供支持，而为公众提供专业支持的专家咨询组织几乎还是一个空白，应当尽快完善公众参与的专家支持制度。

4. 明确社团组织代表公众参与环境保护活动的权利和途径。公众参

---

① 德国《环境责任法》第8条"被害人对于设备持有人的信息请求权"规定：（1）当一个事实存在，此事实说明：一个设备已经造成损害，只要这个信息请求是为确定损害赔偿请求权存在所必需，则被害人可向设备所有人请求相关数据的答复。可以被要求的报告仅限于关于使用的设施、使用物质的种类和其他从设备所产生的影响以及依据第六条第三项的特别运转义务。（2）事件依据法律必须被保密，或保密符合设备所有人或第三人的重要性利益时，则第一项之信息请求权不存在。（3）当设备所有人的答复不完整、不正确、不足够或答复未于适当的时间内给予时，被害人可向设备持有人要求审阅目前相关设备的资料。（4）德国民法第二百五十九条至第二百六十一条（计算义务的范围、代替宣誓保证、关于交付或告知财产的义务、发表代替宣誓的保证）准用之。该法第九条是被害人对于行政机关的信息请求权：当一个事实存在，这个事实说明一个设备已经造成损害，被害人可向核准设备的行政机关、监督设备的行政机关及其他了解环境影响的行政机关要求信息答复，只要这个信息是为确定损害赔偿请求权之存在所必需者。当信息的给予将影响行政机关的正常运作，或信息内容的公布将扩大对联邦或邦的公益损害，或事件依法律或依事件的本质，参与者或第三者的合法利益必须被保密，则行政机关没有答复信息之义务。第八条第一项第二段适用于核准设备的行政机关和监督设备的行政机关；关于设备持有人的姓名、地址、法定代理人及送达代收人皆可向行政机关要求信息答复。

与有两种方式，即个体参与和群体参与。尽管要实现有效的参与，必须以有组织的群体形式，但公众以个体身份参与国家事务是一项法定的基本权利，并且保障公众个人的参与是实现公众有组织的参与的基础。所以，在环境执法中，一方面要承认和保障公众个人参与的权利，另一方面，又要吸收各种非政府组织（如环保组织、社区组织）参与环保执法。尤其是环保组织，由于其与群众联系密切，可以将民意真实地反馈给政府，有利于政府正确决策，也便于政府在执法中适时地修正偏颇或失误。这样既增强政府决策的科学性、合理性、公开性，减少执法成本，又便于公众参与，提高环境执法效果。此外，环保组织还可以通过开展各种环保宣传、教育咨询活动，提高公众群体的环保意识。同时公众代表参与环境执法又能了解更多的环保信息，并将这些信息传达给其他公众，提高环保意识和丰富环保信息，促进公众更积极有效地投入环保活动中，从而为环境执法主体的执法奠定坚实的群众基础。为了使公众在行使权利方面形成合力，规定由公众代表参与的专门替公众行使环境保护权益的社团组织，可以聘请环境保护监督员，监督环境保护工作，为公众提供环境信息服务并代表公众对环境主管部门的工作提出评价。① 公众参与组织的形成将为行政机关开展与组织公众参与工作提供巨大的便利条件。

5. 在司法上给公众参与环保以有力支持。由于环境权益不仅仅属于私人权益，更属于社会公益，所以在欧美各国的环境法中，都普遍采用了环境公益诉讼制度。我国环境公益诉讼制度应当逐步扩大环境诉讼的主体范围，从环境问题的直接受害者扩大到政府环境保护部门，扩大到具有专业资质的其他环保组织，再扩大到更广阔的公众主体，将公众日趋增长的环境权益要求，纳入规范有序的管理。让公民、社会团体、国家机关等都可以为了社会公共利益而以自己的名义向国家司法机关提起诉讼，从而制止和处罚环境破坏行为，这无疑将大大提高公众有效参与环境监督的积极性。

（六）实行环境保护的区域自治制度

如前所述，埃莉诺·奥斯特罗姆教授的研究表明，环境法及环境公益损害救济立法完全可以跳出"产权的界定"这一两难困境，而将立法的

---

① 王树义、颜士鹏：《论俄罗斯生态社会团体在俄罗斯生态法实施中的法律地位》，《中国地质大学学报》（社会科学版）2006 年第 1 期。

重点转移到探索建立集体自治制度，使"公地"内的人们能够在一定条件下把自己组织起来，进行自主治理，从而能够使所有人都抵制搭便车、规避责任或其他机会主义行为的诱惑，取得持久的共同收益。① 如果制度设计得当，集体自治型制度模式的优势在于低成本解决制度供给、承诺和监督问题，自治管理组织依靠内在的力量解决"公地的悲剧"，一方面由内部成员在彼此了解和不断磨合试验基础上，提供长期的关于不同经济价值的公共资源在时间和空间上的具体信息，建立一套符合当地实际的精致管理规则，并以制度性的合作规则来保证团体中的个人自觉遵守自治规则，该规则的实用性和精致性是政府外部管理所无可比拟的；另一方面，自治模式对内部成员有较强的激励和约束，它能够将一群相互依赖的人组织起来为了持久的共同目标与共同利益，进行自主治理、自主协调，而不用担心因为引进了外界力量而削弱自身收益，团体内部依靠协商制定的成文规则与不成文的习惯风俗对每个人产生约束，迫使他们按照团体的规则办事，这种全体认同的约束机制，比较容易达到约束与激励的均衡。

因此，区域环保自治制度是解决环境"公地的悲剧"的一种高效途径。我国幅员辽阔，民族众多，各地区的地理和气候环境各异，不同地区的人们对环境品质的需求也差异巨大，仅仅借助政府管理等外部力量来解决环境资源问题，不可避免会产生政策"水土不服"的弊病，因此，笔者建议，在我国环境基本立法中应当为区域环保自治制度留下一席之地，政府不仅应当扶持和培育一批具有示范意义的环保自治区，而且应当帮助各自治区成立环保自治组织，制定符合当地实际的环境品质标准和资源使用与保护制度。需要指出的是，由于我国各地的经济和文化发展水平不一，在设计和制定环保区域自治制度时，要注意满足埃莉诺·奥斯特罗姆教授总结的公地自治管理必备的 8 项条件，② 特别是要注意清晰界定环境资源要素及其使用主体的边界，使大多数人能够参与制度的选择与制定，建立公开的信息披露渠道和全方位的内、外部监督机制，对违规者实行严格的制裁，建立公平的冲突解决机制，使环境区域自治制度在法定框架内得以长久稳定运行。

---

① ［美］埃莉诺·奥斯特罗姆：《公共事物的治理之道：集体行动制度的演进》，余逊达、陈旭东译，上海三联书店 2000 年版，第 308 页。

② 同上书，第 217 页。

二　集体选择规则层面

夯实诸如环境质量标准、损害责任人认定原则、损害赔偿原则、损害者不明或者无力赔偿时受害人的损害填补方法等基本政策基石。

（一）以无过失责任原则为中心建立环境损害责任认定体系

在环境损害事件中，受害者最迫切需要的，是得到合理的损害赔偿，以及请求行为人或责任人停止损害行为、恢复原状、采取必要措施紧急处理事故、避免损害扩大和损害后果发生。不过，不论受害者采用行政途径还是司法途径追究行为人的责任，不能回避的是法律将采用何种责任认定原则，或者说法律将为社会设定什么样的行为评判标准，用以在纷繁复杂的环境公害事件中准确定位责任人及其救济责任。从"公地的悲剧"相关理论的角度来看，责任判定原则的设定属于"清晰地界定边界"与"分级制裁"制度设计过程，以使公众和资源占用者明确各自在公地中的行为规矩及违规成本，从而增进公地内人们的合作与互惠关系，将逃避责任的"搭便车"行为和公众基于不信任而"背叛"公地使用规则的行为发生的可能性降到最低。鉴于环境损害事件之特殊性、多样性与复杂性，以及环境公地中损害责任人和损害原因常常复合混同造成传统民法救济途径失灵的问题，宜采用德国侵权行为法之由设备实际控制人承担无过失责任的解决原则。这样做的理由是，环境损害通常无法完全归咎于人类主观错误行为，而可能是因存在潜在危险的机器设备，或者操作设备不当所致（类似于车辆机械失灵引起的交通事故），设备实际控制人承担责任的理由在于其应当预见危险并积极避免危险的实现；同时，基于"谁获益、谁补偿"的原则，要求设施控制人负赔偿责任，也符合公平正义的法律要求；况且，导致风险实现的设施持有人，通常有能力对该危险加以提前控制，如添购防治污染设备、及时保养维修等。另外，从实施效果来说，无过失责任原则通过加重潜在环境损害责任人的责任，既可以提高对被害人的救济水平，反过来又能促使企业重视环境保护义务，为避免可能发生的重大环境责任，而加强企业环境保护工作。

具体到我国立法，虽然最新的《侵权责任法》（2010年实施）规定对环境污染责任实行过失推定、对高度危险行为实行有限适用无过失责任，这是我国环境损害救济立法的一大突破。但是，如前所述，现有条文总计不过十余条，稍显简略，覆盖面窄，不符合无过失责任立法的全面性和系统性的要求，例如，该法的保护客体仍限于人身和财产有关的直接损害，对于影响人类生存环境质量的生态损害，并未纳入责任人赔偿范围；又如，该法未明确污染者的范围和界定方法，对于合法排污、跨区域污染、复合性污染和原因不明的污染，如何确定责任人，无以为据；再如，对于损害范围广而损失难以查明情形下的赔偿数额，该法没有一个明确的裁判依据和数额范围，既无上限，也无下限，不符合清晰界定边界的经济学原则，反而造成法律适用的困难；另如，该法对环境污染因果关系的确定，仍采用举证责任上的推定过失原则，在我国没有建立相应的证据失权制度之前，纯属"画饼充饥"条款；况且，无过失责任原则不仅要求受害人获得民事上损害赔偿，还要求国家真正承担起公法上的整治责任，而《侵权责任法》不仅未明确当环境损害是国家机关或者政府公权力行为造成时如何救济，更未明确当责任人无力赔偿或者下落不明时，如何救济。

综上所述，笔者认为，在环境公地救济制度中能够满足"分级制裁"要求的最有效方式是实行无过失责任原则，而无过失责任原则的实现，不仅需要环境基本法的确认，更需要一套系统而精确的法律适用制度与之配套辅助。当前，我国有必要以该原则为核心，制订一部专门的环境损害赔偿特别法。具体制度设计时至少需考虑以下三个方面的需求：一是污染受害人民事上的损害赔偿请求权如何获得迅速而合理的赔偿；二是如何避免因损害过巨使得污染者无力赔偿，导致受害人无法获得赔偿问题；三是当污染者下落不明时，其所造成之损害应如何填补。在环境损害赔偿特别法中，首先，不仅要明确受害者的人身和财产损害赔偿请求权，更要明确各级政府作为受公众委托的环境管理义务人和责任人，对辖区内的影响居民生存环境质量的生态损害，有权代公众提起环境损害赔偿请求；如果公众认为政府未正确履行该请求权，经公众或者环保团体要求政府仍怠于行使请求赔偿权的，受损害地区的公众个体或者团体可以以自己的名义直接向责任人提出生态损害赔偿请求，或者向政府提起不作为行政诉讼。其次，环境损害赔偿特别法要采取彻底的无过失责任与原因推定原则，以保障受害人的损害赔偿请求权得以迅速而合理的实现。再次，针对因损害过巨而责任人无力赔偿导致受害人救济的问题，实行强制责任保险制度，使潜在的污染者都成为环境责任保险的被保险人，负担保险费，使被害人在环境损害发生时直接向保险人求偿，且责任人恢复原状的整治责任也可通过强制保险制度获得整治必需的经费，这符合污染者付费的原则。最后，针对责任人不明，或者责任人未保险或保险失效的情形，立法建立环境补偿及整治基金制度，利用基金补偿上述制度仍无法顾及的损害及整治费用。这样建构一个完整的环境损害责任体系，既保护受害人，又可减轻单个责任人的负担，降低国家整治负担，使环境损害无论是经济损害赔偿还是公法上的整治都能获得全面的填补。同时，笔者建议我国可以借鉴德国《环境责任法》的做法，以可能影响环境的"设施"为制度突破点，立法要求这些"设施"的所有人或者实际控制人为责任主体，承担环境无过失责任。立法中，还要围绕无过失责任原则，适用因果推定方式，以避免传统被害人举证困难，同时强制制造污染的企业主公开必要的信息，进而完善环境损害责任认定体系。具体的制度措施包括以下五个方面：

1. 立法界定危害环境的概念

危害环境的概念，不以传统环境法上之公害事故发生为限，还应包括损害虽未发生，但有即将发生损害危险的情形。这可以参考《欧盟环境责任指令》对环境损害所下的定义；环境损害重点是对被保护物种以及自然栖息地有重大负面效应的损害，或者对于生态学、化学、数量地位及生态潜能上，造成重大负面效应的土地、水域的损害，或者因污染直接或间接对人类健康有造成负面效应之重大风险性损害，该损害表现为一种直接或间接的自然资源功能减损或者环境品质下降。

2. 立法界定"设施"的范围

现代社会的环境问题大部分由工业化产业引发，环境损害的发生，必然与产业生产场地和使用的设施有关，由于设施是相对固定或者可控的有形物，它就具备了"抓手"的功能，为界定责任人提供了明确的"标识"。需要指出的是，这里的设施不仅包括已建成正在运行的设施，也包括尚未建设完成的设施及已经停止使用的设施，"设施"的概念虽然只是借以界定责任主体及归责到其经营者之过渡，但其坐标指示意义对确定责任人范围十分关键，所以必须明确立法限定并具体化，特别是对于尚未完成建设或已经停止使用的设施，根据无过失责任原则的要求，仍应当立法明确，如果设施建设完成后产生环境损害，或者设施在过去运行期间产生危险导致现在的损害，其现在和过去的设施建设者及经营者均须就环境损害负无过失赔偿责任。

3. 立法明确责任主体

基于无过失责任原则，实际占用某项设施或者对该设施有支配权及营运权的单位或者个人，均应对该设施所造成的环境损害负责，这里设施经营的责任主体，不以设施所有人为限，而以是否有控制权，是否具有阻止设施运转的权限及能力，或者是否能够降低设施危险或排除危险的单位或者个人为标准确定。此外，对于有多个责任主体情形时，确定责任人之间负连带赔偿责任，被害人可以向其中任何一主体或全部主体求偿，责任主体内部再划分责任份额。对于设施经营者下落不明或责任难以认定的情形，可以考虑先由环境保险机构或社会特别补偿救济基金先行补偿，然后再向责任人追偿。

4. 立法确定损害赔偿范围

就同一环境损害事件所造成的人身损害和物的损害，应当立法明确不同情形之下损害赔偿额的上限，以利于企业预判自己的环境责任风险，以及预定环境责任保险投保范围，为强制责任保险制度实施提供参考依据。如德国《环境责任法》第15条即规定最高损害赔偿金额为："赔偿义务人对死亡、身体和健康损失赔偿之最高金额为一亿六千万马克，对物的损害赔偿最高金额亦同为一亿六千万马克，只要两类损害由同一环境影响造成。当因相同环境影响造成多种必须赔偿的损害，当损害总数额超过上述最高金额，则各单一损害赔偿按其总额与最高赔偿额的比例相应减少。"不论采用何种赔偿限额，立法必须做到准确无误，以达到清晰界定赔偿边界、树立行为标杆的目的。

5. 引用疫学上的因果关系理论对环境公益损害因果关系举证责任进行突破

目前普遍为环境法理论界及实务界能够接受的是疫学上的因果关系理论。依据该理论，判断疫学上有无因果关系须具备以下四个要件：一是污染因子须在发病前已发生作用。二是污染因子的作用程度愈显著，疾病的患病率愈高。三是除去或减少污染因子时，疾病的患率愈低。四是污染因子发生作用的途径在生物学上可做无矛盾的说明。环境污染被害人只要通过鉴定，完成上述四个要件举证，即可认定因果关系成立。而且，针对第四个要件，还可借流行病诊断学上的五个条件予以补充说明：（1）要有客观的生理证据证明有疾病发生；（2）要有曾暴露于具有污染因子存在的环境的证据；（3）要符合时间顺序，即必须有一段最低的接触暴露期

（否则不足以致病），必须在最大潜伏期内发病，否则不足以认定损害由此污染因子所致病；（4）要合乎一致性，亦即须有世界上已有的流行病学研究或个案报告，已证实哪些疾病系由哪些特定的污染因子所引起；（5）要大致上排除其他可导致本病症的医学因素（含个人因素）。这一理论，在科学上较精密，在逻辑推理上亦较完备，因此普遍获得支持，缺点在于其适用范围受限于因公害污染导致疾病的案例，至于农、林、渔、牧作物的损害，仍须求助于盖然性理论。

（二）建立环境公益损害强制责任保险制度

环境损害有影响范围广、受害人数多、损害赔偿金额庞大的特点。例如日本水俣病至今已过去50多年，日本政府和企业已经支付受害者救助金近千亿日元，至2010年3月仍有2000余受害者要求索赔，估计还需要支付近30亿日元用于损害救济。① 此时，损害赔偿责任人往往无资力来负担此庞大之赔偿金额，往往只有宣告破产。对于受害人来说，虽然法律裁判得以胜诉，但赔偿责任人却无力赔付，其结果是受害人仍无法得到有效救济。对于这一难题，有的国家采用政府救济或者政府补偿方式，以政府信用作为损害赔偿的保证，虽然符合"公地的悲剧"经济学解决理论中的"可信承诺"要求，但国家补偿是利用全民的税收作为财源，这无异于将环境损害损失转为全民承担，有违污染者负责原则和"公地的悲剧"理论中的"分级制裁"要求，反而会纵容污染者逃避责任，形成污染者留下搭政府的"便车"之怪现象，留下污染者借机获利逃走而让政府"套牢"的法律漏洞，增加政府信用负担。也有的国家采用设立专项治理基金的模式，该模式虽然可以缓解部分困难，但因环保责任过于庞大，且基金性质只是社会救助和社会福利，其财源仍来自政府税收或者公众捐助，不仅规模有限，不符合"可信承诺"要求，而且该模式仍存在污染者与基金"责任脱节"的弊病，污染者仍会借此"搭便车"规避责任，转嫁风险，也有违污染者负责原则和"公地的悲剧"理论中的"分级制裁"要求。相对而言，另一种可以考虑的方式是环境责任保险模式，环境责任保险所保障的是帮助被保险人分担其环境赔偿风险。② 保险之社

---

① 《日本法院高额赔偿提议欲彻底解决"水俣病"诉讼》，http：//japan. people. com. cn/35467/6920964. html。

② 参见易阿丹《日本的环境责任保险》，《保险职业学院学报》2008年第2期。

会功能在于，透过保费之缴交，组成一个赔偿责任分担共同体。当保险事故发生时，将特定的个体损害赔偿责任通过保险、再保险及成本转嫁等过程，转嫁由该共同体分担，最后使该损害化于无形。责任保险最早始于英国，负责承担被保险人因第三人（如雇员）造成他人的损害赔偿。后随着侵权行为理论由过失责任走向无过失责任，责任保险的功能也从填补被保险人因第三人造成的损害，转向以填补被害人的损害为目的，并且，责任保险也有从任意性保险向强制性保险转变的趋势。从经济学关于提供"可信的制度供给"要求看，环境责任保险能够有效支持"无过失责任"原则，并与之配合共同支撑环境损害赔偿救济体系，具体来说有以下优点：

第一，满足"可信承诺"要求，能够提高"公地"内所有成员对于企业抗环保风险能力的预期，有利于成员间形成"互惠合作"。环境责任保险既能满足填补受害人损失的需求，也能为责任人分担赔付负担。首先，受害人的损害可以借助保险这一平台，通过日常保费的积累或再保险制度，集合社会责任共同体的力量共同填补。其次，对于潜在的环境损害责任人（如污染企业）而言，只需通过日常稳定保费的缴纳，即将巨大的不确定的环保赔付风险转由责任共同体负担，能够避免因突发事故责任引起企业破产等"灭顶之灾"，有利于投保人稳定经营。最后，环境责任保险既能让无辜受害者获得合理赔偿，又能减少政府社会福利支出，增加社会成员对环境公益损害救济制度的信心。

第二，符合"分级制裁"原则，由于环境责任保险的投保人一般都是潜在的环境损害责任人，他们通过缴纳保费形成一个责任共同体，一旦损害发生时，赔偿责任由这个环境损害责任人共同体负担，即损害救济仍是由环境损害责任人（污染者）付费，体现了对环境损害责任人（污染者）的制裁。同时，保险公司会根据环境管理的优劣以及事故风险大小对投保人进行评估，并实行不同的保费率，这实际上是通过保费调整在环境损害责任人（污染者）共同体内部形成了"分级制裁"，以促使被保人自觉增加环保设备上的投资，并加强管理，减少事故率，减低保费。因此，环境保险责任制度能够成为环境"公地"解决制度中实现"分级制裁"的措施之一。

第三，体现"有效监督"原则。在保险公司减少赔付风险的经营需求驱动下，保险公司会加强对投保人的日常监督和帮助，督促被保人加强环保危险防范措施，减少环境事故的发生，因此，环境责任保险制度为环境"公地"内的成员提供了一个既能分担赔付风险，又能实施日常监督的"巡视员"，有利于及时发现和制止违规行为，保持"公地"社会的稳定。

虽然环境责任保险有以上优点，但是该保险具有出险率高、理赔费用高的特点，非国家法令强制推行不可。原因如下：（1）环境责任保险所要救济的环境损害在时空上均远远超出一般意外事故责任的范围。一般事故责任保险保障的是时间较短的意外事件，如职业意外、道路意外、火灾、爆炸或者在一段时间内存续的产品责任及职业责任，而环境污染是由环境因子（空气或水）间接传播，既有突发性污染，也有渐进性或者缓释性污染，不论是哪种污染，其损害和影响都会在相当长时间或者大范围内存在，这就要求环境责任保险在承保事项、承保时间和赔付金额上均采取宽泛的形式，以保证在污染事故发生相当时间内，相关受害者仍将受到保障。由于环境损害的赔偿金额一般较高，因此相应的保费和理赔标准也较高，保险公司难以营利，如果没有强制性要求，不论是"潜在的环境损害责任人"还是保险公司都没有投保和承保的积极性。（2）由于保险具有转嫁风险之功能，污染可能性高的设施经营者可能将环境损害之庞大赔偿责任，利用保费转嫁给污染可能性低的经营者。如果采用自愿投保，可能发生污染可能性高的设施经营者主动要求投保责任保险，而污染可能性低的经营者不愿投保的现象，导致被保险人是高危险群的集中，提高出险率，破坏保险资金结构。因此，只有通过强制保险，要求不论投保者的污染可能性高低，都必须投保，而后通过出险率高低在制度内部对保费进行适当调整，以维持保费与理赔的对价平衡。

如上所述，在我国建立强制性的环境责任保险制度势在必行，但是在保险制度设计时，需要特别注意以下三个问题：

第一，必须利用差别的保费调节机制和高效的监督机制促使投保人加强自我管理。对于普通的任意型责任保险而言，保险人必须在投保人的责任确定后才理赔，因此，保险人可以采用对出险率高的投保人拒绝承保的方式降低承保风险；而环境责任保险在实行强制投保的情况下，保险公司无法拒绝承保，如果制度设计不当，也可能导致投保人在缴纳保费后怠于自律，对其行为的注意意愿降低，使环境事故增多和出险率上升。为此，保险制度内部必须根据投保人的自我环境管理优劣和事故发生风险几率而实行保费的差别缴纳，对于恶性事故，还应赋予保险公司对投保人的追偿权。

第二，当保险人为多数时，因污染者即被保险人不明，会导致不容易确定由哪位保险人负赔偿责任的问题。若由全部保险人共同负责，则要考虑是否会造成责任过重，产生人人自危的混乱，影响环境责任保险的前途和理赔危险的合理分配。因此，环境责任保险，可以与环境损害赔偿采用的无过失责任，和针对不明污染源之损害而设置的特别补偿基金两制度相互配合：在污染者明确时，由该污染者负无过失责任，污染者已投保的，由保险人负责赔偿，在无法得知污染者或污染者未加入保险或保险已失效时，则由特别补偿基金负责。三个制度，完整架构出一个环境污染损害赔偿支付体系，使受到污染之受害人的赔偿请求权得以实现与满足，以维护社会稳定。

第三，必须对不履行强制投保义务的责任人设置严刑重罚，以刑事"高压线"维护强制投保的权威。通过强制投保的方式，能够保证被害人获赔及补偿环境恢复的经费。设备持有人若不投保，也不履行法定损害赔偿金，在没有足够的刑事惩罚措施抵消其违法成本时，便会产生"搭便车"效应，助长集体的背叛。建议借鉴德国《环境责任法》的规定，对于不履行强制投保义务的责任人，除其设备可能会被全部或部分责令停止运转外，可以判处设备所有人有期徒刑或并处罚金。

三　日常操作规则层面

重视对环境资源的分配、信息的交换、奖励与制裁等法律实施的日常操作规则的完善与修正。

（一）环境救济制度的柔性要求——登记与报备制

环境损害救济总体上说属于事后措施，但是，从日常操作层面看，事后救济的成效很大程度上取决于事前对环境信息的监控与掌握，特别是对于潜在环境污染源及责任人的先期掌握。

不论是环境管理机关、司法裁判机关还是受害人，在决定采取何种事后救济措施或者选择何种救济途径时，如果欠缺对环境损害发生前相关环境品质和污染源分布、责任人流转等重要信息的先期掌握，可能枉费更多社会资源，仍错过最佳的补救时机。因此，有必要立法在各地区建立日常环境品质信息监测与备案制度，以便于在事后环境救济时，根据需要随时为管理机关和受害人提供准确而及时的环境品质变化信息；同时，还要在各地建立严格的以"设施"为单位的登记与报备制度，全面而精确地掌握潜在的环境污染源及相关的责任人，以免造成事后各方均难以收拾的损害。登记与报备，是对某种行为从开始到结束的过程进行记录，包括对行为主体和行为时空信息的记录。例如有毒性化学物质的制造、运输、贮存、使用、处理过程到管理控制主体的变化，以及毒性化学物质的成分、性能、管理方法等有关数据，均应依法全面记录并在事前和事后向主管机关登记、报备。登记与报备制度的作用有两方面：一是能够及时掌握污染源及其危险性，以便于预防和补救，特别是紧急意外状况发生时，能使损害减至最轻（例如载运毒性化学物质的车辆翻覆，必须要先了解其物质特性，才能采取相应的救助行为）；二是便于事后判断事故原因并界定责任，根据登记和报备的信息，救济机关可以全面了解环境损害行为过程中持续性的变化信息，从而准确分析因果关系，确定责任人。笔者认为，目前我国环境立法中，虽然已有部分关于环境信息监测及危险品的登记与报备的规定，但是，其信息监测的覆盖面仍显狭窄，存在日常数据不准确或者登记报备不规范、不及时的缺陷，十分有必要在环境救济制度立法中对此项工作予以明确和细化。另外，虽然登记与报备制度严格来说不属于强制性的刚性要求，但为避免出现虚假信息干扰决策，仍应设定严格的违法责任，对瞒报、虚报者予以严惩。

（二）环境救济制度的弹性要求——环境公害防止协议制度

如前所述，环境公害防止协议制度有利于增进企业与公众之间的沟通与互信、减少环保监督和实施成本、促进社会和谐稳定、提升企业商誉，更重要的是，它能够因地制宜、因时制宜、因事制宜及因案制宜提出符合当地特点的公害防治方法和标准，有利于克服政府行政管理中因不完全信息造成的决策失误或者制裁失误。目前，我国在环境保护政府主导硬性管理模式下，未给环境公害防止协议制度留下足够的成长空间，这无疑堵塞了公众、企业和政府之间有效沟通与协商的渠道，不利于三者之间的互信、互惠。因此，笔者建议，立即在我国建立环境公害防止协议制度，允许地方公众、地方政府与企业在预防公害的共同目标之下平等协商签订环境公害防止协议，确定双方采取一定作为或者不作为措施，预防公害和处理公害；并使各方在当地生产、生活中形成和谐互利的共同体，通过协议将企业行为置于所在地居民的监督之下，将企业外在的环保压力转为内在的环保动力。笔者相信,环境公害防止协议凭借其具有的完全信息优势和灵活、科学而富有弹性的内生协作机制以及低成本管理优势,完全能够成为我国环境公益损害救济制度的重要组成部分。

(三) 利益衡量与环境容忍程度划分

怎样平衡受害人与企业主的利益,怎样兼顾经济发展与环境保护的关系,是环境立法始终要考虑的问题。正确的立法思想指导着立法的走向。以下列举一些关于环境公益损害利益衡量的划分标准,供立法者参考:(1) 根据受害利益是否重大进行划分。如果受损害的利益为人的生命健康,则属于重大侵害,应对加害人适用严格责任。如果受损害的利益是单纯的精神痛苦或者生活上的不方便,则在加害人采用了注意措施后,受害人要承担一定的容忍义务。(2) 依地域功能特点进行划分。对于自愿居住在工业区或者商业区的居民,相对于居住于纯住宅区的居民,应有较高的容忍义务。(3) 依土地利用的先后顺序划分。例如,排放污染的某企业先进驻某地,则后搬迁进入该地域的居民对先进入该地区的企业排污有较高的容忍义务。这一划分可以充分发挥市场选择功能,促使居民向无污染的地区转移,迫使严重排污地区主动治理污染,以吸引居民入住。①

(四) 放宽环境损害救济的请求时效

由于生态效应的广泛性、隐秘性、迟延性和不确定性,使得环境法不能保持与传统法律相同的时间尺度。比如,公民权利时效最长是 20 年,但是有时生态危害经历 20 年还没有体现出来或用现有的技术手段检测不出来,因此,有必要放宽环境公益损害救济的请求时效,以保证受害人在侵害事件发生后的相当长时期内,都能获得全面而有效的救济。

四　刑事责任层面

刑罚虽然不是私法意义上的环境损害救济手段,但是从公共利益救济的角度来说,刑罚是国家公权力代表公众对损害者追究责任的重要方式之一,也属于广义上的救济措施。而且,罪刑相适应的刑罚处罚措施,是符合"公地的悲剧"理论制度设计中的"分级制裁"原则的,有助于监督并维护"公地"成员群体内的"互惠与合作",其积极意义不言而喻。不

---

① 参见詹顺贵《我国公害纠纷民事救济的困境与立法建议》,《台湾律师杂志》2000 年 5 月总第 260 期。

过，值得探讨的是，在环保领域，究竟何种情形下选择适用刑罚，怎样适用刑罚？笔者认为，环境问题的解决难点在于它有高度的科技背景和决策风险，以及广度的利益冲突与决策平衡。受科技水平和认识水平的局限，许多污染行为或物质往往是经年累月后才被发现，污染因果关系的认定也常牵涉到科学上的极限，这对环境刑罚制度设计提出了很高的要求。

（一）刑罚模式的发展

发达国家环保制度发展趋势，大致可总结为民刑法沿用、行政管制主导以及多元化综合治理三大模式：（1）民刑法沿用模式：人类初识环境问题时，现代环境管制立法尚未建立，遇有纠纷，大都由法院针对个案，引用传统的民刑事法律原则与制度处理，在民事上多用普通法上的相邻侵害和损害赔偿，大陆法系国家则引用相邻关系法则处理，此阶段以个案解决为主线，很难顾及生态全貌，更难形成系统的环境政策。错误认为对付环境问题与对付犯罪问题一样，只要严刑重罚，加上更确实的执法，就能解决。（2）行政管制主导模式：当法院的个案审理已无法应对更广泛的污染公害时，环境问题浮上政治台面，社会上普遍存在谴责污染的呼声，政府则向污染宣战，一时间将污染犯罪化的呼声高涨。如20世纪六七十年代，美国在环境政策上迫于民众压力，选择了"高压型"行政管制措施，设机关、订标准、定禁制，对违法者予以强势制裁。随着环保机关的扩充和行政管制权限的扩大，民刑法沿用的格局发生转变，虽然法院个案功能并不因此消失，但其运用已受行政管制内容的相当牵制。民法上的污染损害责任归责要件，往往以行政管制的内容（如排污许可、排污标准）为前提。刑罚的这种关联则更为明显，通常环境刑罚都规定于行政法律当中，以违反行政管理为构成要件（如重大环境污染事故罪），而不是独立自主性刑罚。刑罚手段在此时的功能是打击违反环境行政管理行为，维护行政管理秩序，定位是配合环境行政机关实施管理的一种执行手段。我国的当前的环保制度则正处于这种模式阶段。（3）多元化综合治理模式：现代社会的发展证明，以行政管制为主导的管理模式，会因行政权的过度膨胀和行政机构的庞大支出，以及环境问题的"公地悲剧"，出现"政府失灵"及"行政寻租"现象。因此，美国、日本、欧盟等发达国家和地区通过对庞大环境行政管制体系的检讨，已发展到第三种模式——多元化综合治理。其主要特征在于：（1）以市场机能为本位的经济诱因（如排污费、污染税、资源税、排污权交易等）逐渐受到重视；（2）用公众参与及民主协商（如环保团体、公害防止协定等）的做法，取代过度的法律对抗；（3）对直接破坏环境本身的行为，倾向于采用严厉的刑罚制裁。在多元化的趋势下，国家环境政策的形成及治理措施的选择，必须敏感认识到具体的社会、经济、政治、科技发展条件和法律传统，针对不同类别的环境问题特点，做出最佳的调配组合，刑罚不再仅仅是配合行政管制的执行手段，而逐步转变为一项可以独立选择使用的环境政策工具。此时，对于污染行为，根据不同的环境政策，可以选择直接适用刑罚，也可以不适用刑罚而处以民事赔偿或者行政制裁。

（二）环境保护领域中适合选择刑罚措施的情形

每一种环保政策措施都有其独特的功能。刑罚本身具有隔离、威慑及满足社会正义感三大功能。隔离功能是指隔离犯罪人，使其不能再实施危害社会的行为。在污染治理中，刑罚的隔离功能作用并不明显，对肇事企业负责人的徒刑隔离，并不能阻止该企业继续排污；相反会引起该企业的经营管理混乱，无法组织人力物力进行治污和赔偿损失等善后工作。威慑功能是指刑罚是所有环保措施中最严厉的，"重判"的警钟，能够遏制潜在的污染犯罪行为。满足社会正义感功能是指刑罚可以让社会公众和污染事件的受害者从中获得了成就感和满足感，使环境正义得到伸张，污染者受到惩罚，这是其他措施所无法替代的。不过，相对于其他措施，刑罚措施必须付出的执法成本也是最高的，它需要行政机关、公安机关、检察机关、法院、监狱等一系列执法机构，其程序要求严格、过程漫长，且因定罪量刑和取证难度的不同，参与人员众多，成本高昂。根据上述特点，笔者认为，在环保领域适用刑罚措施，应重点考虑以下四大情形：

1. 明知故犯的恶意污染者

刑罚的适用对象不应指向所有的排污者，而应当是有选择、有区别的。为此，国外有学者提出按污染者的道德水平，将其分为四类：有社会责任感的排污者、不幸的污染者、疏忽大意的污染者和恶意的污染者，其中，恶意的污染者是刑罚重点适用的对象。[①] 对于有社会责任感的污染者，其环保意识和社会责任感较强，只要其认识到错误，便会自觉治污，对此，只需采取环境教育和行政指导即可。不幸的污染者多是夕阳产业或

---

① K. Hawkins, *Environment and Enforcement：Regulation and the social definition of pollution*，转引自叶俊荣《环境政策与法律》，中国政法大学出版社 2003 年版，第 151 页。

者衰败企业，无力自行从事污染防治，此时教育的作用不大，刑罚措施更无必要，软性的行政指导和产业重组、社会资助是最好的办法。对于疏忽大意的污染者来说，污染行为主要起因于缺乏管理经验，在其有经济能力的情况下，采用教育、行政指导和监测、限期治理等管制措施能够达到治理目的。对于明知故犯的恶意污染者，是有意利用违法排污以节省成本，非法牟利，对此要采用严厉的制裁措施，刑罚正能满足这一需要。至于如何判别恶意的污染者，建议立法在程序规范的前提下，赋予环境执法人员以裁量权，在执法人员用尽教育、指导、管制等手段仍无法阻止排污行为时，可以认定污染者有恶意，应尽早选择适用刑罚措施。

2. 足以造成重大环境污染事故的行为

从排污行为的情节来看，有少量行为和大量行为，少量行为又可分为单人行为与多人行为、单次行为与连续积累行为等。一般来说，考虑到环境本身有一定的污染容量，单一少量排污和多人微量排污均不致造成严重问题，对于此类行为，应针对其污染的长期性和积累性，选择具有行为引导功能的教育、行政指导措施以及具有阻止功能的不间断行政管制与监测措施，不能适用刑罚。只有多人集中排污和单人大量排污以及剧毒物品泄漏，会在短时间内造成严重的生态与环境损害，对此要严格防范与杜绝，这时选择具有很强的事前预防和阻吓功能的刑罚就显得尤为重要。

3. 污染者的谎报行为

污染者的谎报行为并非直接对生态环境造成危害，而是扰乱整个环境管理体系的行为。谎报在高度危险物品污染事故中的危害性更大，它会导致决策者对环境现状的误判，影响事故的防范、处理及善后救济。现代国家政府管理职能纷繁复杂，行政管制要求政府介入企业生产经营活动越细越好，然而，这一理想状态，因政府人力物力限制和尊重企业经营自主权的局限，是无法实现的。因此，政府往往赋予被管理者就特定事项申报的义务（如纳税、排污等），行政机关一方面信任被管理者提出的申报资料是真实的，另一方面又要有选择性地稽查，以确保申报资料的真实性，一旦发现有谎报行为，必须运用最强大的威慑措施，阻吓其他对象效仿谎报。刑罚作为最强大的极限威慑措施，无疑是首选。

4. 损害人体生命健康的污染行为

环境污染的损害，可分为人体生命健康的损害、经济财产的损害和自然生态体系的损害。对于经济财产而言，可以通过民法途径进行救济，刑罚不是首选。对于自然生态体系的公益损害，因受害人不明显，管制措施的选择应重点考虑预防危险与生态修复，此时过分强调对肇事者的刑事制裁也于事无补，如因一味满足人们的社会正义感，而忽略了追究肇事者的生态修复责任，则有"舍本逐末"之嫌。对于污染致人体生命健康的损害，是对人类最高、最根本的利益——生存权和生命健康权的侵犯，不论从哪个角度来说，都适合用刑罚作为保障措施。值得注意的是，对于这类损害，没有必要创设专门的环境污染罪名，已有刑法中关于伤害人体生命健康的罪名均可以使用。

结语：对我国环境公益损害救济
法律制度的寄语

当代中国，环境保护思想已经占据道德阵地的制高点，国家机关、企业、组织、个人，无不知其利害，各级政府亦常抓不懈地开展各种形式的环境保护运动，确定各类污染治理目标、下达节能减排指标，责任到人、限期达标；近年来，因突发性环境事故而被追究责任的官员比比皆是，其中不乏省部级高级官员。行政管理的家长式、命令式管理模式，似乎已用到了极致；相比之下，环境法治的步伐却略显落后。本书写作的初衷便是试图寻找推动中国环境法治进步的"起动机"，笔者通过细致的研究，发现不论从公法、私法还是社会法的角度，环境公益损害救济问题始终是环境法学无法回避的焦点问题，在法律的规范功能与社会环境保护现实需求之间，为环境公益损害救济设定正确的法律原则和立法方向，将会成为启动我国环境法治变革的"金钥匙"。

中国环境公益损害救济立法已在"公地的悲剧"难题面前徘徊多时，现代中国社会良性发展，行政管理之功不可没；中国社会和谐，行政机关为民服务，以德治国，成效卓著；松花江污染事故、太湖绿藻危机、南方冻雨灾害、汶川地震、玉树地震、西南旱灾……政府举国之力驰援、开国库财力救助，国家政府应对环境灾害和污染突发事件之团结、高效、有力，举世瞩目。但以我国政府擅长之此类"集中运动"战，对待环境污染之"公地悲剧"现象，则如大堤寻蚁穴，草原战野鼠，非常规短时可以制胜，亦无明确对手可寻；如战术不当，又似水中按瓢，此起彼伏；以抗灾之势长期排兵布阵，徒耗费人力财力。而且，环境公益损害之救济，如过分强调政府出面补偿，是以国税收入弥补污染之损害，乃抽国库之血汗，回哺污染之外伤，徒失血于内而养患于外；且民众对于环保政策执行已形成依赖政府哺育之风，被动等待、各自为政、互相推诿之思维盛行；并受"搭便车"心理影响，众人皆不患寡而患不均，治理东家之污染而排污于西家，争吸他人之血而养自身之气，渐呈多占之风。长此以往，日侵月蚀，在经济增长与资源耗费之长久对峙中，此消彼长，效用堪忧。

故环境公益损害救济之满足，不仅在于政府管制与补助，更在于完善事前防范、公众参与、企业自治和责任追究制度；政府之人力、财力，须与公众参与形成合力，才能达到四两拨千斤之功效，其核心在于强化立法、树立司法权威，善用公共事务治理之道，建分配公平之制，严赏罚分明之度，立严格责任之法，树互助谦让之风，引导公地成员诚信互勉、共生共荣，将祖国壮美的河流山川世代传承下去。

关键词索引

参考文献

一 中文著作

1. 韩德培主编:《环境保护法教程》, 法律出版社 1998 年版。

2. 韩德培主编:《环境资源法论丛》第 2 卷, 法律出版社 2002 年版。

3. 金瑞林主编:《环境法学》, 北京大学出版社 1994 年版。

4. 王树义:《俄罗斯生态法》, 武汉大学出版社 2001 年版。

5. 蔡守秋主编:《环境法学》, 法律出版社 1995 年版。

6. 王曦:《美国环境法概论》, 武汉大学出版社 1992 年版。

7. 吕忠梅:《环境法新视野》, 中国政法大学出版社 2000 年版。

8. 汪劲:《环境法律的理念与价值追求》, 法律出版社 2000 版。

9. 沈宗灵:《比较法研究》, 北京大学出版社 1999 年版。

10. 吕忠梅:《环境法新视野》, 中国政法大学出版社 2000 年版。

11. 魏振瀛主编:《民法》, 北京大学出版社 2000 年版。

12. 周林彬:《物权法新论———一种法律经济分析的观点》, 北京大学出版社 2002 年版。

13. 梁慧星主编:《中国物权法研究》(上), 法律出版社 1998 年版。

14. 世界环境与发展委员会:《我们共同的未来》, 王之佳、柯金良译, 夏堃堡校, 吉林人民出版社 2007 年版。

15. 陈新明:《德国公法学基础理论》(上册), 山东人民出版社 2001 年版。

16. 江平、米健:《罗马法基础》, 中国政法大学出版社 1991 版。

17. 龙卫球:《民法总论》, 中国法制出版社 2002 年版。

18. 郑玉波:《民法总则》, 中国政法大学出版社 2003 年版。

19. 梁慧星:《民法总论》, 法律出版社 2001 年版。

20. 周枏:《罗马法原论》(上), 商务出版社 1994 年版。

21. 张乃根:《西方法哲学史纲》, 中国政法大学出版社 1993 年版。

22. 马新彦:《美国财产法与判例研究》,法律出版社 2001 年版。

23. 高鸿业:《西方经济学》(微观部分),中国经济出版社 1996 年版。

24. 王曦:《美国环境法概论》,汉兴书局 1995 年版。

25. 黄锦堂:《台湾地区环境法之研究》,台湾月旦出版社股份有限公司 1994 年版。

26. 陈慈阳:《环境法总论》,元照出版社 2003 年版。

27. 汪劲:《环境法律的理念与价值追求》,法律出版社 2000 版。

28. 叶俊荣,《环境政策与法律》,中国政法大学出版社 2003 年版。

29. 陈慈阳:《环境法各论——合作原则之具体化》,元照出版社 2006 年版。

30. 韩德培主编:《环境资源法论丛》第 2 卷,法律出版社 2002 年版。

31. 王灿发主编:《环境纠纷处理的理论与实践》,中国政法大学出版社 2002 年版。

32. 高鸿钧主编:《清华法治论衡》(第一辑),清华大学出版社 2000 年版。

33. 高鸿钧主编:《清华法治论衡》(第二辑),清华大学出版社 2002 年版。

34. 章武生等:《司法现代化与民事诉讼制度的建构》,法律出版社 2000 年版。

35. 夏勇主编:《公法》第 1 卷,法律出版社 1999 年版。

36. 李祖军:《民事诉讼目的论》,法律出版社 2000 年版。

37. 李亚虹:《美国侵权法》,法律出版社 1999 年版。

38. 韩志红、阮大强:《新型诉讼:经济公益诉讼的理论与实践》,法律出版社 1999 年版。

39. 吴汉东主编:《私法研究》,中国政法大学出版社 2002 年版。

40. 郑少华:《生态主义法哲学》,法律出版社 2002 年版。

41. 王名扬:《美国行政法》,中国法制出版社 1995 年版。

42. 王名扬:《英国行政法》,中国政法大学出版社 1987 年版。

43. 陈新明:《德国公法学基础理论》(上、下),山东人民出版社 2001 年版。

44. 叶俊荣:《环境政策与法律》,台湾月旦出版社股份有限公司 1993 年版。

45. 高家伟：《欧洲环境法》，北京工商出版社 2000 年版。

46. 胡建淼：《十国行政法——比较研究》，中国政法大学出版社 1993 年版。

47. 汪劲：《日本环境法概论》，武汉大学出版社 1994 年版。

48. 王树义等：《环境法基本理论研究》，元照出版社 2012 年版。

49. 台湾研究基金会：《环境保护与产业政策》，台北前卫出版社 1994 年版。

二 中文译著

1. ［日］原田尚彦：《环境法》，于敏译，法律出版社 1999 年版。

2. ［美］罗杰·W. 芬德利、丹尼尔·A. 法伯：《环境法概要》，杨广俊等译，中国社会科学出版社 1997 年版。

3. ［古希腊］亚里士多德：《政治学》，吴寿彭译，商务印书馆 1965 年版。

4. ［法］A. 史怀哲：《敬畏生命》，陈泽环译，上海科学院出版社 1992 年版。

5. ［美］A. 利奥波德：《沙乡的沉思》，侯文蕙译，经济科学出版社 1992 年版。

6. ［美］V. 奥斯特罗姆、D. 菲尼、H. 皮希特：《制度分析与发展的反思——坚持与抉择》，王诚等译，商务印书馆 1992 年版。

7. ［英］亚当·斯密：《国民财富的性质和原因的研究》（下卷），郭大力、王亚南译，商务印书馆 1972 年版。

8. ［美］埃莉诺·奥斯特罗姆：《公共事物的治理之道：集体行动制度的演进》，余逊达、陈旭东译，上海三联书店 2000 年版。

9. ［美］萨缪尔森、诺德豪斯：《经济学》（第 18 版），萧琛主译，人民邮电出版社 2008 年版。

10. ［美］奥尔森：《集体行动的逻辑》，陈郁等译，上海人民出版社 1995 年版。

11. ［美］哈丁：《生活在极限之内：生态学、经济学和人口禁忌》，戴星翼、张真译，上海译文出版社 2007 年版。

12. ［美］科斯：《企业、市场与法律》，盛洪、陈郁译，格致出版社 2009 年版。

13. ［美］科斯等：《财产权利与制度变迁——产权学派与新制度学派译文集》，刘守英等译，上海三联书店 1994 年版。

14. ［德］拉德布鲁赫：《法学导论》，米健译，中国大百科全书出版社 1997 年版。

15. ［德］拉伦茨：《德国民法通论》，王晓晔等译，法律出版社 2004 年版。

16. ［英］韦恩·莫里森：《法理学》，李桂林、李清伟、侯建、郑云端译，武汉大学出版社 2003 年版。

17. ［法］卢梭：《社会契约论》，何兆武译，商务印书馆 1980 年版。

18. ［日］原田正纯：《水俣病没有结束》，清华大学公管学院水俣课题组编译，中信出版社 2013 年版。

19. ［美］爱蒂丝·布朗·魏伊丝：《公平地对待未来人类：国际法、共同遗产与世代公平》，汪劲、于方、王鑫海译，法律出版社 2000 年版。

20. ［美］西蒙·A. 莱文：《脆弱的领地：复杂性与公有域》，吴彤、田小飞、王娜译，上海科技教育出版社 2006 年版。

21. ［美］詹姆斯·C. 斯科特：《国家的视角：那些试图改善人类状况的项目是如何失败的》，王晓毅译，社会科学文献出版社 2004 年版。

22. ［澳］菲利普·佩迪特：《共和主义——一种关于自由与政府的理论》，刘训练译，江苏人民出版社 2006 年版。

23. ［美］E. 博登海默：《法理学——法哲学及其方法》，邓正来、姬敬武译，华夏出版社 1987 年版。

24. ［美］芬德利、法伯：《环境法概要》，杨广俊等译，中国社会科学出版社 1997 年版。

25. ［奥］凯尔森：《法与国家的一般理论》，沈宗灵译，中国大百科全书出版社 1996 年版。

26. ［日］小岛武司：《诉讼制度改革的法理与实证》，陈刚等译，法律出版社 2001 年版。

27. ［日］谷口安平：《程序的正义与诉讼》，王亚新、刘荣军译，中国政法大学出版社 1996 年版。

28. ［意］莫诺·卡佩莱蒂编：《福利国家与接近正义》，刘俊祥主译，法律出版社 2000 年版。

29. ［俄］拉扎列夫主编：《法与国家的一般理论》，王哲等译，法律出版社 1999 年版。

30. ［美］卡里・W. 约埃：《萨缪尔森和诺德豪斯〈经济学〉学习指南》，汪祖杰等译，复旦大学出版社 1995 年版。

31. ［罗马］查士丁尼：《法学总论》，张企泰译，商务印书馆 1993 年版。

三　主要论文

1. 汪劲：《伦理观念的嬗变对现代法律及其实践的影响——以从人类中心到生态中心的环境法律观为中心》，《现代法学》2002 年第 2 期。

2. 蔡守秋：《建设和谐社会、环境友好社会的法学理论——调整论》，《河北法学》2006 年第 10 期。

3. 王树义、黄莎：《中国传统文化中的和谐理念与环境保护》，《河南省政法管理干部学院学报》2006 年第 2 期。

4. 陈泉生、何晓榕：《生态人与法的价值变迁》，《现代法学》2009 年第 2 期。

5. 傅剑清：《环境公益诉讼若干问题研究》，硕士学位论文，武汉大学，2003 年。

6. 吕忠梅：《环境公益诉讼辨析》，《法商研究》2008 年第 6 期。

7. 包茂宏：《日本环境公害及其治理的经验教训》，《中国党政干部论坛》2002 年第 10 期。

8. 盖志毅：《英国圈地运动对我国草原生态系统可持续发展的启示》，《内蒙古社会科学》（汉文版）2006 年第 6 期。

9. 廖靓：《破解环保博弈的"囚徒困境"》，《经济管理》2006 年第 11 期。

10. 董保华、郑少华：《社会法——对第三法域的探索》，《华东政法学院学报》1999 年第 1 期。

11. 童光法：《公法与私法划分之探讨》，载《首都高校哲学社会科学研究文集》，知识产权出版社 2005 年版。

12. 夏光：《旗帜方向定位——环境保护工作地位与政策的有关思考》，《中国环境报》1997 年 11 月。

13. 吴真：《公共信托原则研究》，博士学位论文，吉林大学，2006 年。

14. 蔡守秋：《环境权理论研究的成就和发展方向》，http://www. riel. whu. edu. cn/article. asp? id =29623。

15. 肖厚国：《我们凭什么取得物权——洛克的劳动财产哲学解读》，载梁慧星主编《民商法论丛》第 25 卷，金桥文化出版（香港）有限公司 2002 年版。

16. 张顺伟：《公共信托及对该理论的质疑》，http：//www. yadian. cc/paper/42092/。

17. 李启家、罗吉：《论环境权的基本构成》，http：//www. riel. whu. edu. cn/article. asp？id＝29476。

18. 蔡守秋：《论环境权》，《金陵法律评论》2002 年第 1 期。

19. 袁越：《外国也有天人合一》，《三联生活周刊》2009 年第 24 期。

20. 李典友：《冗余理论及其在生态学上的应用》，《南通大学学报》（自然科学版）2006 年第 1 期。

21. 张荣等：《冗余概念的界定与冗余产生的生态学机制》，《西北植物学报》2003 年第 5 期。

22. 曹明德：《日本环境侵权法的发展》，《现代法学》2001 年第 3 期。

23. 叶俊荣：《环境理性与制度抉择》，三民书局 1997 年版。

24. 李玲：《日本公害防止协定制度研究及其借鉴》，硕士学位论文，中国政法大学，2007 年 3 月。

25. 蔡守秋、郭红欣：《环境保护协定制度介评》，《重庆大学学报》（社会科学版）2005 年第 1 期。

26. 黄锡生、黄猛：《环境公众参与原则理论基础初探》，2004 年中国环境资源法学研讨会会议论文，重庆，2004 年 7 月。

27. 吕忠梅：《论环境纠纷的司法救济》，《华中科技大学学报》（社会科学版）2004 年第 4 期。

28. 崔木杨：《湖南浏阳上千群众上街抗议污染》，《新京报》2009 年 8 月 1 日。

29. 张忠民：《环境侵权救济的艰难之旅》，《绿叶》2007 年第 12 期。

30. 罗吉、吴志良、李广兵：《适应市场机制的环境法制建设问题研究》，李启家、蔡守秋审阅，载吕忠梅等主编《环境资源法论丛》第 4 卷，法律出版社 2004 年版。

31. 王树义、颜士鹏：《论俄罗斯生态社会团体在俄罗斯生态法实施中的法律地位》，《中国地质大学学报》（社会科学版）2006 年第 1 期。

32. 易阿丹：《日本的环境责任保险》，《保险职业学院学报》2008 年第

2 期。

33. 詹顺贵：《我国公害纠纷民事救济的困境与立法建议》，《台湾律师杂志》2000 年 5 月总第 260 期。

34. 吕忠梅：《论环境法的本质》，《法商研究》1997 年第 6 期。

35. 傅剑清：《环境保护呼唤"法治"——对我国环境保护"管理型法制"的定位思考》，《湖南公安高等专科学校学报》2002 年第 6 期。

36. 李艳芳：《美国公民诉讼制度及其启示——兼论建立我国公益诉讼制度》，载《中国环境与资源保护法学会 2002 年年会论文集》。

37. 朱谦：《论环境权的法律属性》，《中国法学》2001 年第 3 期。

38. 王明远：《环境行政诉讼与环境侵害的排除》，《中国社会科学院研究生院学报》2002 年第 1 期。

39. 杜钢建：《日本的环境权理论与制度》，《中国法学》1994 年第 6 期。

40. 巫玉芳：《美国环境法上的民众诉讼制度及其启示》，《重庆环境科学》2001 年第 5 期。

41. ［日］淡路刚久：《日本环境纠纷处理的历史与现状》，杨素娟译，载王灿发主编《环境纠纷处理的理论与实践》，中国政法大学出版社 2002 年版。

四　外文资料

1. Karl S. Coplan, "Direct Environmental Standing for Chartered Conservation Corporations", 12 *Duke Envtl. L. & Pol'y F.* 183 (2001).

2. Harold J. Krent, "Laidlaw Redressing the Law of Red reusability", 12 *Duke Envtl. L. & Pol'y F.* 85 (2001).

3. Gene R. Nichol, "The Impossibility Of Lujan's Project", 11 *Duke Envtl. L. & Pol'y F.* 193 (2001).

4. Jone D. Echeverria, "Critiquing Laidlaw: Congressional Power to Confer Standing and The Irrelevance of Mootness Doctrine to Civil Penalties", 11 *Duke Envtl. L. & Pol'y F.* 287.

5. Franks F. Skillern, *Environmental Protection*, McGraw-Hill Inc., 1995.

6. Roger W. Findley and Daniel A. Farber, *Environmental Law*, West Publish Company, 1991.

7. G. Alan Tarr, *Judicial Process anc Judical Policymaking*, West Publishing

Company, 1994.

8. Robert. J. Brulle, "Federal Regulation in Historical Perspective", 38 *Stan. L. Rev.* 1189, 1298 (1986).

9. Richard J. Lazarus, *The Making of Environmental Law*, The University of Chicago Press, 2004.

10. Antonin Scalia, "The Doctrine of Standing as an Essential Element of the Separation of Powers", 17 *Suffolk U. L. Rev.* 881, 884, 897 (1983).

11. Frank B. Cross and Emerson H. Tiller, "Judicial Partisanship and Obedience to Legal Doctrine: Whistleblowing on the Federal Courts of Appeals", 107 *Yale L. J.* 2155, 2175 (1998).

12. Thomas Lundmark, "Systemizing Environmental Law on a German Model", 7 *Dick J. Env. L. Pol.* 1, 27 (1998).

13. Richard J. Pierce Jr., "Is Standing Law or Politics?" 77 *N. C. L. Rev.* 1741, 1760 (1999).

14. John Wiley, "A Capture Theory of Antitrust Federalism", 99 *Harv. L. Rev.* 713, 723 (1986).

15. Daniel A. Farber & Philip P. Frickey, "The Jurisprudence of Public Choice", 65 *Tex. L. Rev.* 873.

16. John P. Dwyer, "The Pathology of Symbolic Legislation", 17 *Econ. L. Q.* 233, 236 (1990).

17. Marc Ereshefsky, "Where the Wild Things are: Environmental Preservation and Human Nature", *Biology and Philosophy*, Volume 22, Number 1, 2007.

18. Zigmunt J. B. Plater, Robert H. Abrams, William Goldfarb, Robert L. Graham, *Environmental Law and Policy: Nature, Law, and Society (Second Edition)*, West Group, 1998.

19. Menzer V. Village of Elkhart Lake, 186 N. W. 2d 290, 296 (Wis. 1971).

20. William Futrell, Celia Campbell Mohn, Barry Breen, *Sustainable Environmental Law*, West Publishing Co., 1993.

21. Julie Thrower, "Adaptive Management and NEPA: How a Nonequilibrium View of Ecosystems Mandates Flexible Regulation", 33 *Ecology L. Q.* 871,

2006.

22. Nancy K. Kubasek, Gary S. Silverman, *Environmental Law (Fourth Edition)*, New Jersey: Pearson Education, Inc., 2002.

23. Illinois Central Railroad Company v. Illinois, 146 U. S. 387 (1892).

24. Share Close, "New Eye on Nature: The Real Constant Is Eternal Turmoil", *New York Times*, July 31, 1990.

25. Corinne Zimmerman, Kim Cuddington, "Ambiguous, Circular and Polysemous: Students' definitions of the 'Balance of Nature' Metaphor", *Public Understanding of Science*, Vol. 16, No. 4, 2007.

26. Eugene P. Odum, "Great Ideas in Ecology for the 1990s", 42 *BioScience* 542, 1992.

27. Tom Spears, "Study of ocean life shows a 'chaotic' balance of nature", *The Ottawa Citizen*, February 13, 2008.

28. Marc Ereshefsky, "Where the wild things are: environmental preservation and human nature", *Biology and Philosophy*, Volume 22, Number 1, 2007.

29. Dan Tarlock, "Environmental Law: Ethics or Science", *Duke Environmental Law & Policy Forum*, 1996.

30. Jonathan Baert Wiener, "Beyond the Balance of Nature", 7 *Duke Envtl. L. & Pol'y F.* 1 (1996).

31. Fred P. Bosselman, "What Lawmakers Can Learn from Large – scale Ecology", 17 *Journal of Land Use & Environmental Law* 207 (2002).

32. B. A. Hepple and M. H. Matthews, *Tort: Cases and Materials*, London, 1980.

33. Clifford Fisher, "The Role of Causation in Science as Law and Proposed Changes in the Current Common Law Toxic Tort System", 9 *Buff. Envtl. L. J.* 35.

34. Pub. L. No. 94 – 580, 90 Stat. 2795 (1976), Codified in the Solid Waste Disposal Act at 42 U. S. C. § 6901 et. Seq (1988 ed. & Supp. V).

35. Pub. L. N0. 96 – 510, 94 Stat. 2767 (1980), Codified at 42 U. S. C. § 9601 et. seq (1988 ed. & Supp. V).

36. Frank P. Grad, "A Legislative History of the Comprehensive Environmental Response, Compensation, and Liability (Superfund) Act of 1980", 8 *Colum. J. Envir. L.* 1 (1982).

37. Environmental Protection Agency, *The Brownfield Law* 2002, http: // www. epa. gov/brownfields/pdf/bflawbrochure. pdf.

38. Jochen Taupitz, "The German Environmental Liability Law of 1990: Continuing Problems and the Impact of European Regulation", 19 *Syracuse J. Int'l L. & Com.* 13 (1993).

39. Thomas Lundmark, "Systemizing Environmental Law on a German Model", 7 *Dick J. Env. L. Pol.* 1, 26 (1998).

后　记

本书是在我的博士毕业论文基础上修改而成的。忆千禧之年，学生才疏学浅，然恃初生牛犊之勇气，为恩师王树义教授慧眼识中，得入门攻硕，经师雕琢，以《环境公益诉讼若干问题研究》一文，初露端倪。2006年，学生凭对环保事业之热爱，再以环境公益损害救济入手，重入学堂，潜心攻博；寒暑四载，七易其稿，初得拙作，但持诚惶诚恐之心；经年苦读，始悟学海之道，在于自身参悟；师之一言一行、字斟句酌、纲举目张，虽寥寥数语，皆出自学术之深厚积淀，须再三揣摩、品其深味；师之学者风范，爽朗英姿、智趣大度、博学高瓴，为学生景仰。珞珈之麓，幸蒙恩师之教诲，常得师母温敏女士之关心与点拨，得益良多，学生唯有悉心耕作，勤笔为报。

纵观今日中国社会，环境法事业蒸蒸日上，诸如"可持续发展""环境权""环境法制""公益诉讼"之呼声不绝于耳。但是，耳熟未必能详，风移未必俗易。正如一切流行之物那样，环境法还真有些"剪不断，理还乱"。真理是朴素的，未曾深入便难以浅出。即或有所深入，要讲出让普通人一听就懂且心悦诚服的道理来，也委实不易。环境公地有跨区域、跨世代的特点，其保护离不开公众参与和行政管理，有效的行政管理是预防公地悲剧的抓手，而无效的行政管理却可能将公地悲剧推向极致。所以，以司法权保护公众参与，对破坏环境者和无效的行政管理行为形成足够强大的制约力成为必要。我在国内较早关注环境公益诉讼制度研究，欣慰地看到近年《环境保护法》和《民事诉讼法》修订时纳入了公益诉讼制度，法院开始设立专门的环境法庭审理环境案件。不过，司法权是否足够强大，关系到环境公益诉讼制度的成败，对此我们拭目以待。

本书的写作，要感谢武汉大学法学院环境法研究所各位老师的大力支持，其中，蔡守秋老师博学温和、李启家老师睿智健谈、秦天宝老师坦诚宽厚、罗吉老师开朗热情、李广兵老师幽默风趣、杜群老师典雅和善、胡斌老师热心活力，还有我所尊敬的别涛老师、张梓太老师、柯坚老师、吴志良老师、张炳淳老师、许莲英老师，都让我感到大家庭般的温暖，他们一点一滴的帮助与指点，都使我获益匪浅。对在我攻博期间提供协助的朋友与同学：梁剑琴、汪再祥、解铭、铁燕、刘国涛、曹树清、颜士鹏、吴宇、晋海、王宏巍、李静云、刘功文、程雨燕、吴卫星、邱秋、张炳淳、蔡学恩、吴贤静、黄莎、伊媛媛、曹可亮、韩晶、范俊荣、李建勋、黄莎等表达我诚挚的谢意。更感谢武汉市中级人民法院的领导和同事们给我工作上的理解与支持，使我体会到团队的精神，积累了丰富的实践经验。

感谢我的家人。"慈母手中线，游子身上衣。"我的母亲何长菊女士，持病弱之身四十余载，凭对生命和家庭之坚强信念，悉心操持家务、举力支持儿子求学，家训"安定团结、后继有人"，定当传承；父亲傅宗才先生，医术高明、勤勉实干、于细微之处见功夫；愿有时日，向父母"报得三春晖"。感谢岳父母在我求学期间对家庭的大力支持；特要致谢的是贤妻建英女士，其对真善美的追求和精致敏锐的评语，如明镜警醒，激励我完善写作的每一个细节；还有小女傅洋，出生于我步入环境法学堂之时，聪明灵巧、顽皮善思，其成长中不时蹦出的哲理问题，总让我重新审视自己的研究，给我新的启示和活力，其中，最让我难堪的问题是"如果你们现在把长江水弄脏了，那我的宝宝们将来到哪里找水喝呢？"这个涉及世代间平衡的环境法难题，从她的小嘴里蹦出来，竟然如此有说服力！

收稿之际，回视拙作，本人更感自己绠短汲深，拙著难免有疏漏之处。吾人生之寄旅，对学业、事业与家业，常怀敬畏之心，静行潜研，力图秉承古人所言——"路漫漫其修远兮，吾将上下而求索！"

2016 年 2 月 26 日于武汉